绿色教育奠基绿色人生

基于学科的辅助课程融合构建和实践创新

王子川　主编

Green Education

西南大学出版社
国家一级出版社 全国百佳图书出版单位

图书在版编目(CIP)数据

绿色教育奠基绿色人生:基于学科的辅助课程融合构建和实践创新/王子川主编. — 重庆:西南大学出版社,2021.10
ISBN 978-7-5697-0755-7

Ⅰ.①绿… Ⅱ.①王… Ⅲ.①小学—课程改革—研究—彭水县 Ⅳ.①G622.3

中国版本图书馆CIP数据核字(2021)第043590号

绿色教育奠基绿色人生:基于学科的辅助课程融合构建和实践创新
LÜSE JIAOYU DIANJI LÜSE RENSHENG:JIYU XUEKE DE FUZHU KECHENG RONGHE GOUJIAN HE SHIJIAN CHUANGXIN

王子川　主编

责任编辑:赖晓玥
责任校对:张　丽
装帧设计:殳十堂_朱　璇
排　　版:瞿　勤
出版发行:西南大学出版社(原西南师范大学出版社)
　　　　　　网址:http://www.xdcbs.com
　　　　　　地址:重庆市北碚区天生路2号
　　　　　　市场营销部:023-68868624
　　　　　　邮编:400715
印　　刷:重庆俊蒲印务有限公司
幅面尺寸:170mm×240mm
印　　张:17.75
字　　数:410千字
版　　次:2021年10月第1版
印　　次:2021年10月第1次印刷
书　　号:ISBN 978-7-5697-0755-7

定　　价:58.00元

编委会名单

主编：王子川

编委（按姓氏音序排序）：

陈　容	陈小敏	何　婧	何祖学	洪伦胜
黄　伟	廖福金	凌　俐	罗远超	任永龙
谭明华	田　华	庹建荣	王元辉	向　超
熊　敏	姚耕容	晏建红	杨世生	杨晓亚
余成容	张　容	张小玉	周　玲	周艳华

MULU 目录

第一章 绿色教育的三重意蕴 ················01

第一节 绿色教育的理念意蕴 ················03
一、国际生态文明理念的发展 ················03
二、国内绿色发展的思维向度 ················07
三、重庆市彭水县绿色教育实践 ················12

第二节 绿色教育的时代定位 ················14
一、绿色教育的形成条件 ················14
二、绿色教育的时代意蕴 ················16
三、绿色教育的未来导向 ················18

第三节 绿色教育的文化根基 ················20
一、绿色发展的生态文化传统 ················20
二、绿色教育的哲学内蕴 ················23

第二章 绿色教育的理论构建 ················25

第一节 绿色教育的价值理念 ················27
一、绿色教育的发展历程 ················27
二、绿色教育的理论基础 ················30
三、绿色教育的价值取向 ················33

第二节 绿色教育的内容体系 ················35
一、生态环境教育 ················36
二、科学人文教育 ················37

三、社会关系教育 ……………………………………………………39
　　四、身心发展教育 ……………………………………………………40
　第三节　绿色教育的推进落实 ……………………………………………42
　　一、国家和社会层面 …………………………………………………42
　　二、学校层面 …………………………………………………………44
　　三、课程层面 …………………………………………………………46

第三章　基于学科的绿色辅助课程方案 ……………………………………49
　第一节　课程目标 …………………………………………………………51
　　一、绿色辅助课程目标的内涵 ………………………………………51
　　二、绿色辅助课程目标的确定依据 …………………………………52
　　三、绿色辅助课程目标的指向 ………………………………………54
　　四、绿色辅助课程目标的层级 ………………………………………56
　第二节　课程内容 …………………………………………………………58
　　一、绿色辅助课程的整合性 …………………………………………59
　　二、绿色辅助课程的拓展性 …………………………………………60
　　三、绿色辅助课程的针对性 …………………………………………62
　　四、绿色辅助课程的整体布局 ………………………………………63
　第三节　课程组织与实施 …………………………………………………65
　　一、课程组织的含义 …………………………………………………65
　　二、课程实施 …………………………………………………………66

第四章　绿色辅助课程体系的构建 …………………………………………71
　第一节　绿色德育课程——责任与担当 …………………………………73
　　一、课程定位 …………………………………………………………73
　　二、课程依据 …………………………………………………………74
　　三、课程目标 …………………………………………………………76
　　四、课程内容 …………………………………………………………85
　　五、课程实施 …………………………………………………………89

六、课程评价 ·· 90
第二节 绿色科技课程——科技与创新 ·· 93
一、课程定位 ·· 93
二、课程依据 ·· 94
三、课程目标 ·· 95
四、绿色科技课程内容 ·· 98
五、课程实施 ·· 100
六、课程评价 ·· 101

第三节 绿色运动课程——运动与健康 ·· 104
一、课程定位 ·· 104
二、课程依据 ·· 105
三、课程目标 ·· 107
四、课程内容 ·· 108
五、课程实施 ·· 110
六、课程评价 ·· 112

第四节 绿色艺术课程——艺术与审美 ·· 114
一、书法课程 ·· 115
二、美术课程 ·· 119

第五节 绿色劳动课程——劳动与实践 ·· 123
一、课程定位 ·· 123
二、课程依据 ·· 124
三、课程目标 ·· 125
四、课程内容 ·· 127
五、课程实施 ·· 128
六、课程评价 ·· 129

第六节 绿色阅读课程——阅读与积累 ·· 130
一、课程定位 ·· 130
二、课程依据 ·· 132
三、课程目标 ·· 133
四、课程内容 ·· 135

五、课程实施 ………………………………………………………… 136
　　六、课程评价 ………………………………………………………… 146

第五章　绿色辅助课程环境的构建 ………………………………… 149

第一节　校园物质环境 ……………………………………………… 151
　　一、绿色之基：蕴含育人功能的绿色校园 ………………………… 151
　　二、绿色之翼：打造育人功能的特色平台 ………………………… 157

第二节　教学环境 …………………………………………………… 159
　　一、基于全面育人的环境创设 ……………………………………… 159
　　二、基于课程实施的时间设计 ……………………………………… 162
　　三、基于个性化发展的空间设计 …………………………………… 162

第三节　文化环境 …………………………………………………… 164
　　一、绿色校园文化 …………………………………………………… 164
　　二、绿色课程文化 …………………………………………………… 166
　　三、绿色精神文化 …………………………………………………… 169

第六章　绿色教育保障机制 ………………………………………… 173

第一节　绿色发展规划 ……………………………………………… 175
　　一、绿色发展规划的含义和特征 …………………………………… 175
　　二、绿色发展规划制定的依据和基础 ……………………………… 176
　　三、绿色发展规划的远景和目标 …………………………………… 181
　　四、绿色发展规划的实施和调整 …………………………………… 187

第二节　绿色教师 …………………………………………………… 188
　　一、绿色教育需要绿色教师 ………………………………………… 188
　　二、绿色教师的理念和特征 ………………………………………… 188
　　三、绿色教师队伍的培养和发展 …………………………………… 189

第三节　绿色班级 …………………………………………………… 191
　　一、绿色班级的理念和特征 ………………………………………… 191
　　二、绿色班级的远景与目标 ………………………………………… 193
　　三、绿色班级的形成和发展 ………………………………………… 195

第四节　绿色评价 ································198
　　　一、绿色评价的价值原则 ·······················198
　　　二、绿色评价的体系构建 ·······················200
　　　三、绿色评价的基本方法 ·······················201

第七章　绿色课程引领学生发展 ················209
　　第一节　学生综合素质发展 ·······················211
　　　一、学生德育素质培养 ·························211
　　　二、学生智育素质发展 ·························215
　　　三、学生综合素质发展 ·························216
　　第二节　优秀学生代表案例 ·······················220

第八章　绿色教育引领教师专业发展 ············229
　　第一节　教师专业发展 ···························231
　　　一、绿色教育理念下的教师教育观 ···············231
　　　二、绿色教育理念下的教师成长观 ···············233
　　　三、绿色教育理念下教师专业发展 ···············235
　　第二节　优秀教师代表案例 ·······················239

第九章　绿色教育引领学校发展 ················253
　　第一节　学校发展成就 ···························255
　　　一、绿色教育理念成为成就"人"的源动力 ········255
　　　二、绿色教育理念成为引领区域均衡发展的风向标 ·264
　　第二节　社会综合评价 ···························266
　　　一、荣誉篇 ···································267
　　　二、关怀篇 ···································267
　　　三、同行篇 ···································268
　　　四、社会篇 ···································270

第一章　绿色教育的三重意蕴

绿色教育是时代赋予人类世界的重任。走绿色发展之路，建绿色教育之平台已经是当今时代不可逆转的潮流。绿色教育不仅是教育改革发展的最优目标，也是教育教学的实践方式。而任何理念都是思维活动的结果，都有其发展的社会、历史、文化等方面的渊源。绿色教育理念不是无本之木，它既有外部促生条件，也有内部复杂因素，是在多方面影响下逐渐完善的。从环境保护到环境教育再到绿色教育，国际国内的教育改革虽然不完全同步，但都朝着绿色教育的方向发生着深刻的变化。马克思、恩格斯的思想理论为绿色教育理念的形成奠定了重要的理论基础；中国特色社会主义的理论创造和成功实践，特别是习近平生态文明思想，是我国实施绿色教育最为直接且最为关键的现实基础及背景；中华民族的"天人合一"文化，积淀涵养了绿色教育理念的文化和思想底蕴。本章从国际绿色教育的整体理论开始考察，以国内绿色教育的思想内涵作为重点，并将重庆市彭水县的绿色教育环境作为实践支点，探究绿色教育理念的思想精髓与时代意义。

第一节　绿色教育的理念意蕴

二十世纪六七十年代以来，世界上频繁发生环境公害事故，造成了巨大损失，人类生态意识由此开始凸显，绿化或生态化建设在世界各国，特别是社会主义的发展中变得日益重要。顺应人类文明发展的潮流，工业文明逐渐向生态文明转型发展。当今时代，生态环境的保护已经渗透到社会发展的各个层面，教育领域也充分贯彻绿色教育理念。

纵观生态文明的产生与发展，其背后深刻的社会历史背景和理念意蕴，为绿色教育的发展奠定了基础。

一、国际生态文明理念的发展

(一) 社会生态环境面临的现实问题

在远古时代和农业文明时期，由于自然经济和落后的生产方式，自然环境没有受到严重的破坏,人与自然基本上是和谐的,但是随着经济的发展和社会的变革,人类在其文明发展过程中不免具有破坏性和侵略性。到二十世纪中后期,随着第三次科技革命的迅速发展,生态环境不断遭到破坏,应用了最新技术的工业生产既依赖于生态环境的资源供给,又放肆地用工业废物污染和破坏着生态环境,造成了从区域到整体的生态危机。

另一方面,一个国家或者民族谋求发展也不应该将自身的问题转嫁到他国身上,这既损害了他国的利益,也损害了全人类的利益。但是有些发达国家在享受靠消耗自然资源带来的优沃生活的同时,却将高污染的产业迁移到发展中国家,以转移本国的环境压力。

人类生活在地球上,既受到自然的制约,也对自然有着能动的反作用。人脱离不了生态系统而存活,目前,生态环境正在遭受着前所未有的破坏,重视和保护生态环境、建设生态文明是人类文明演进的必然选择。而走绿色发展之路就是在这样的形势下逐渐被认可,并成为各国社会发展的核心理念和方式。

(二)生态文明建设的内涵演变

生态危机的现实存在引起了人们的普遍忧虑,随着人类对生态环境危机的广泛体认,保护自然环境、建设生态文明,走绿色发展之路的理念逐渐形成体系。

1977年,美国密歇根大学教授英格利哈特·罗纳德(Inglehart Ronald)概括了一种新的价值观——后物质主义(postmaterialism)的价值观。[①]后物质主义价值观反对以消耗和废弃为特征的旧的生产方式与物质积累手段,认为要依靠信息化与技术化创造一种基于智力的生态文明。后物质主义敦促人们优先重视全球环境保护,是西方生态环境保护运动和绿色政治得到日益广泛支持的重要精神资源。

20世纪70年代绿色运动的兴起,成为西方国家绿色发展观的理论源头,此后,绿色发展观不断演变,成为越来越广泛重要的社会政治思潮。90年代以后,绿色和平事业走向全面政治化阶段。各国绿党政治的核心主张包括反对对经济无限增长的畸形追求以及要求维护生态平衡,通过基层民主来实现社会正义。20世纪90年代,红绿联盟执政标志着生态社会主义事业达到顶峰。此时的绿色思潮理论核

---

① [美]罗纳德·英格尔哈特.静悄悄的革命——西方民众变动中的价值与政治方式[M].叶娟丽,韩瑞波等译.上海:上海人民出版社,2016:19-58.

心是将环境与发展看作同一系统的组成要素来加以考量,认为不能极端地追求经济增长,人类的未来在于对发展方式的变革,不能继续延续破坏生态环境的错误理念和行为,而是要通过构建人和自然之间和谐共处的新秩序来完成人类发展方式的绿色转向。

人类的生存依赖于自然环境,但同时,人类对自然环境也具有一定的主观能动性。为了实现对生态环境的切实的、永久性的保护,人类就需要规范居住环境,强化生态文明意识,使人与自然能够保持动态平衡、共生共享。人类经济的发展是以环境资源为依托的,如果环境日益变糟,持续的发展是不可能的,反过来还会造成环境问题。而经济的发展和环境的保护是可以共存的,1993年,联合国教科文组织的报告《转变关于地球的观念》在"环境的可持续发展"外明确提出了"社会的可持续发展"[1],自然环境的保护与社会发展概念中的可持续相对接,将生态环境纳入到社会整体发展的体系中来,衍生出新的理念蕴味。事实上,人与自然环境的关系问题,从根本上讲,是社会环境本身的性质问题。[2]人为因素间接或者直接导致了很多环境问题。只有将环境问题转化为社会问题来理解,才能真正理解环境问题的实质。自然环境和社会环境当然不同,但自然环境的可持续发展是社会可持续发展理念中非常重要的一部分。

(三)生态教育理念的形成

在全球生态危机日益加剧和可持续发展理念日益成为全人类共识的背景下,生态教育应运而生。生态文明除了经济内涵外,其更大的内涵是社会内涵,社会生态化最终会导致教育生态化。要实现人类文明的持续发展,就要形成良好的生态观念和生态道德,就需要生态教育体系的建构,在更广的范围内开展生态教育。近几十年,生态危机推动的世界生态教育运动已经深入到各国的发展计划中,昭示着现代教育的发展趋势,那么引领国际的生态教育理念究竟是如何发展形成的呢?

1.教育生态学的发展

"生态"是存在于生物和环境之间的各种因素相互联系、相互作用的动态关系。

---

[1] 赵中建.全球教育发展的研究热点:90年代以来联合国教科文组织的报告[M].北京:教育科学出版社,2003:13.

[2] 康永久.绿色教育的意蕴与纲领[J].教育学报,2011,7(06):62.

它始终与生命、生存保持着密切关联,而研究这种关系的科学就是生态学。从17世纪初开始,关于生态的理论不断发展和完善着,到20世纪50年代,生态学开始进入了深化和创新期。1935年,英国生态学家坦斯利(A.G.Tansley)提出了生态学界迄今为止最具创造性的概念——生态系统(Ecosystem),明确了生态学的研究对象,使生态学研究走向系统化和整体化。而生态学的内在价值观和根本属性使得生态学的研究势必牵涉到人类生活的方方面面,其在与自然学科和社会学科融合中产生了许多边缘学科,教育生态学便是其中的代表之一。它是由教育学、生态学、心理学、社会学等学科相互交叉形成的。

社会是一个"人—社会—自然"相互依存的复合生态系统,在20世纪中期,生态话语已经成为世界性的话语,学者用生态理论视角研究人与自然、人与社会的关系,而用生态学思维研究教育教学也已成为一种主流趋势。自20世纪60年代国外就开始研究"课堂生态",主要是从生态视角,以生态方法和生态理论来研究课堂现象,包括教师和学生的生态特点、课堂环境以及课堂与社会的关系等。1968年,国际教育大会通过的第65号建议书《学校环境的研究》开始从教育学的角度认识环境、理解环境,拓宽了人们日常生活的环境的定义。其对环境的理解不同于以往其他从环境学角度出发的理解——认为环境的保护主要是自然环境的保护和可持续发展。[1]到1979年,美国著名教育学家劳伦斯(Lawrence A.Cremin)在《公共教育》一书中提出了"教育生态学"的概念[2],将教育学的一些基本原理置于生态学中。这一理念直接衍生成为引领世界生态教育发展的理念。20世纪80年代末,国外教育界开始运用生态的整体观理论研究教育问题,标志着教育生态学研究已经从微观转向宏观。1988年,米勒(L.Miller)创办了《整体教育评论》杂志,在这家杂志主办方的呼吁和推动下,他们召开了多次整体教育国际研讨会,发表了《整体教育构想宣言》。[3]整体教育提出的十大原则中的一条是:求得共生的生态型教育。其主张把生态学的原理纳入课程和教学过程中,鼓励学生与自然对话,锻炼实践能力,学会生态关怀,以提升学生的生态意识和社会责任感。

---

[1] 赵中建,主译.全球教育发展的历史轨迹——国际教育大会60年建议书[M].北京:教育科学出版社,1999:362-363.

[2] [美]劳伦斯·A·克雷明.公共教育[M].宇文利译.北京:中国人民大学出版社,2016:20-42.

[3] 钟启泉."整体教育"思潮的基本观点[J].全球教育展望,2001(09):11.

2.生态教育的理念实践

生态教育,亦称绿色教育、教育生态化、生态化教育,是人类为了实现可持续发展和创建生态社会的需要,将生态学思想、理念、原理、原则与方法融入现代全民性教育的生态学过程。它有着极为丰富的内涵,涵盖各个教育层面,包括学校教育、社会教育、职业教育等。在学校教育中,其对象虽然是教师和学生,但更确切的指向应该是学生。事实上,关于世界生态教育的实践始于20世纪70年代。在生态教育的初始阶段,环境保护是主要目的。1972年,在斯德哥尔摩举行的联合国人类环境大会建议联合国教科文组织确立一种服务全体民众的环境教育国际计划,目的在于通过教育促进环境保护行动。自1972年以来,联合国环境规划署和教科文组织在生态及环境保护、教育方面召开了一系列国际会议,对全球生态教育起到了极大的推动作用。[1]与此同时,伴随着生态危机的蔓延和加深,世界上也兴起了一场生态教育运动,又称绿色教育运动。

在1992年召开的联合国环境与发展大会上通过的《21世纪议程》中有一章专门论述环境及生态教育问题,生态教育首次登上世界政府首脑会议,这标志着生态教育在国际上已进入大发展时期,教育生态化的新时代即将来临。1994年,联合国教科文组织提出"教育为可持续未来服务"的项目,要求把环境教育与发展教育、人口教育等相融合,转向可持续发展方向。可持续发展教育的概念得到大家的逐渐认可,环境的保护和社会的发展开始在教育中并行。在全球生态危机日益加剧和可持续发展理念日益成为全人类共识的背景下,生态教育走向更深入、更系统、更持续的发展局面。

目前国际上生态教育的相关理论还在逐步发展和探讨研究中,有一些不同的看法和分歧,但建构一个科学的教育生态系统是21世纪世界教育的中心课题,更是未来教育的核心发展方向。

二、国内绿色发展的思维向度

绿色发展的内涵即是建设生态文明,绿色发展的思想为生态文明建设提供了

---

[1] 温远光.世界生态教育趋势与中国生态教育理念[J].高教论坛,2004(02):53-54.

重要的文化支撑和理念支撑。全球面临环境恶化问题,中国也不例外。面对生态环境问题,国内也开始重视环境保护,并逐步推进绿色发展、绿色教育的进程。

(一)国内绿色发展的思维积淀

1.马克思、恩格斯的辩证自然观

马克思、恩格斯虽然没有明确提出绿色发展的系统理论,或者相关的概念界定,但是他们的理念中包含了很多生态哲学思想。马克思主义认为,"人是自然界的一部分"[1],人类是自然界长期进化和发展的结果。人的生存和发展离不开自然界,自然界给人类提供了赖以生存的资源。这些蕴含着绿色发展的思想对于今天的生态文明建设仍然有着重要的意义,为中国共产党绿色发展思想的生成奠定了理论基础。

在马克思和恩格斯之前,先后出现过神话自然观、有机整体自然观、宗教神学自然观与机械自然观。这些自然观共同的缺陷在于把自然与人类或者人类所构建的社会割裂开来,忽视了社会与自然的有机统一。马克思、恩格斯观察自然的视角则不同以往,他们既批判只从客体角度看待自然的旧唯物主义,也否定夸大人类主观能动性的唯心主义。人与自然是辩证统一的,但是人与自然的"交往"首先要遵循自然先在性的准则,人类利用自然、改造自然也必须建立在遵循客观规律的基础上,不能盲目去改造。

从马克思、恩格斯的自然观出发,深刻认识人类永远不能脱离自然界、永远要受制于自然界的事实,以及人类的社会实践活动应该遵从尊重和保护自然的原则,自觉调控自身的行为,才能缓解人与自然对立、经济发展与环境保护相矛盾的局面,才能实现人与自然的和谐相处。马克思和恩格斯追求人与人、人与自然之间的和解,深刻批判资本主义生产方式,最后提出了保护环境的生态化思想和政治制度变革等理论。

2.中国共产党人的生态文明思想

生态文明理念是历代中国共产党人的思想结晶。回顾党的发展历程,可以看出生态文明思想的形成不是一蹴而就的,在不同的发展时期均有不同意蕴,并逐渐趋于完善。

---

[1] 马克思,恩格斯.马克思恩格斯全集(第42卷)[M].北京:人民出版社,1979:95.

(1)社会主义革命和建设时期:"被动式"的环境保护。社会主义革命和建设时期,党对于有关生态方面的林业、水利、人口问题做过很多调查,形成了相关指导性文件,积累了宝贵的经验。中国第一代领导人毛泽东同志提出了关于水利建设的想法,面对洪涝灾害,决心治水兴农,后期又关注人口控制的问题,提出"有计划地生育"的论断。1956年3月,毛泽东还提出要种树造林,绿化祖国山河,改变自然已经被破坏的面貌,使农业、林业、畜牧业协调发展。毛泽东同志一次次的经验总结体现了环境保护的初步思想构建。

改革开放以后,党的第二代中央领导集体开始重视并加强生态环境的保护。中华人民共和国在成立之初,盲目追求经济的大发展,忽视生态环境的承受能力,获得了深刻的教训。河西走廊、黄土高原都曾经水丰草茂,由于毁林开荒、乱砍滥伐,生态环境遭到严重破坏,加剧了经济的衰落。邓小平同志在人与自然的关系上进一步探索,认识到环境污染是一个世界性的问题,我国不仅需要高度重视环境污染的治理问题,且需要做好长久的应战准备,不能掉以轻心。

(2)生态文明建设思想的发展阶段:可持续发展战略在生态领域的推广。1992年江泽民同志在党的十四大上着重分析了经济、人口和资源的关系,并在全国第四次环境保护会议上指出经济发展必须与人口、资源环境统筹考虑,一定不能走浪费资源和先污染后治理的路。1994年《中国21世纪议程——中国21世纪人口、环境与发展白皮书》的制定和实施,标志着中国可持续发展战略的正式确立。它体现了党积极顺应历史潮流,高度重视环境的保护,注重人与自然的统一,坚持经济、生态和社会三位一体的发展观。这一时期是中国共产党绿色发展思想的理论内核逐渐明晰和形成的关键时期。

(3)生态文明建设思想的成熟阶段:强调生态环境建设的科学发展。随着改革开放进程的逐步加快,我国经济迅猛发展,有限的资源已经无法持续地满足工业化、城市化发展的需求,生态环境恶化加剧。面对这一形势,党在十七大报告中提出了科学发展观。胡锦涛同志站在国家发展战略的高度去看待生态文明建设,要求把大自然的优美和人的自身发展相结合,实现人与自然的和谐统一。科学发展观完成了对中国共产党绿色发展思想理论和实践的双重创新,表明中国特色社会主义进入绿色发展的科学轨道,也标志着中国共产党绿色发展思想的进一步完善。

党的十八大以后,习近平总书记在系列重要讲话中进一步强调保护环境、建设生态文明的重要性,并提出了一些重要论断,主要包括"保护生态环境就是保护生产力""良好生态环境是最公平的公共产品,是最普惠的民生福祉""节约资源是保护生态环境的根本之策"等。在这一阶段,绿色发展已成为国家发展的首要选择,党和政府真正以人民生活幸福为发展的衡量标准,以经济、社会与自然的共同发展为最终目标,进一步丰富了中国共产党绿色发展思想的理论内涵。

保护自然其实就是保护人类,坚持人与自然和谐共生。习近平指出,生态兴则文明兴,生态衰则文明衰。生态是统一的自然系统,是相互依存、紧密联系的有机链条,要系统地去看待整个生态环境的保护和生态文明建设的路径。生态文明建设是关系中华民族永续发展的根本大计,2012年习近平在十八大报告中明确指出要构建"五位一体"的总发展布局,即从经济、政治、文化、社会、生态文明建设等五个方面着重发展。[1]生态文明首次被作为建设重点纳入总布局,体现了国家和时代发展的战略和需求,而这五部分也不是相互独立发展的,各个环节需要相互协调,生态文明需融入经济建设、政治建设、文化建设各方面和全过程。

2013年,习近平首次提出要构建人类命运共同体。事实上,随着科技、经济和政治的不断发展,各国的利益早已交织在一起,成为利益共同体、责任共同体、命运共同体。习近平指出,我国应当坚持互利共赢、共享的开放战略,顺应时代的呼唤,追求合作共赢,把世界建设得更加美好。面对生态环境挑战,保护好生态环境、建设好生态文明需要世界各国同舟共济、共同努力,任何一国都无法置身事外。我国已经成为全球生态文明建设的重要参与者、贡献者、引领者,力求参与全球治理,与世界各国共同呵护好地球家园,同筑生态文明之基,走绿色发展之路。

为此,我们要实行最严格的生态环境保护制度,把生态文明建设纳入制度化、法制化轨道。生态文明建设是一项系统工程,它是价值理念、制度和行动的综合体。生态文明建设要有条不紊地推进,就必须加强制度建设,这是生态文明建设的关键。对于制度建设在生态文明建设中的作用,习近平指出:"只有实行最严格的制度、最严密的法治,才能为生态文明建设提供可靠保障。"[2]

---

[1]《人民日报》评论员.深刻把握伟大事业五位一体总体布局——八论学习贯彻党的十八大精神[N].人民日报,2012-12-10(002).

[2] 习近平.坚持节约资源和保护环境基本国策,努力走向社会主义生态文明新时代[N].人民日报,2013-05-25(001).

(二)国内绿色发展的思维内核

国内绿色发展的思维核心就是构建和完善可持续发展的生态文明社会。2015年10月29日,习近平在党的十八届五中全会第二次全体会议上提出了"绿色发展"的新理念。[①]使社会健康发展、走绿色发展之路,关键要重视生态环境的可持续发展。习近平曾指出"绿水青山就是金山银山",仅有金山银山是不够的,绿水青山才能让金山银山有处可生。甚至宁可要绿水青山也不要金山银山,绿水青山才是真正的金山银山。[②]习近平用绿水青山比喻生态环境,用金山银山比喻经济发展,也就是说经济和生态需协调发展,不能一味发展经济。保护生态环境,就是保护社会生产力,这也是习近平生态文明建设理论的核心。只有遵循科学的绿色发展方式,才能实现经济利益与环境保护的双赢。

绿色发展思想的构建前提是以人为本。科学发展观提出要坚持"以人为本",即以广大人民群众的根本利益为本,以无数个具有平等权的个体的全面发展为本。人民接不接受、满不满意是社会建设成功与否的衡量基线。绿色发展强调人与自然和谐相处,"以人为本"是前提,是解决社会建设中出现的人与自然矛盾的思维起点。中国共产党选择走绿色发展道路,是为了维护好人民群众的根本利益。而且中国共产党坚持的"以人为本"有别于"以人类为中心"的伦理观,不是片面强调人类对自然的控制和改造,成为自然的"主人";而是在经济和人口、资源、环境的协调发展中维护和发展人的利益。

(三)国内绿色教育的思维取向

习近平总书记指出:"推动形成绿色发展方式和生活方式,是发展观的一场深刻革命。"[③]而构建发展观,使其深入每个人的思想与行为的关键是教育。

(1)加强环境教育能力建设、资源开发、政策影响和网络建构。为贯彻落实党的十九大精神,国家发展和改革委员会印发了《开展节约型机关、绿色家庭、绿色学校、绿色社区、绿色出行等创建行动工作方案》,提出要深入贯彻绿色发展理念,探

---

① 习近平.在党的十八届五中全会第二次全体会议上的讲话(节选)[DB/OL].http://cpc.people.com.cn/n1/2016/0101/c64094-28002398.html,2020-12-15.
② 习近平.习近平总书记系列重要讲话读本[M].学习出版社,人民出版社,2016:230.
③ 习近平.推动形成绿色发展方式和生活方式,为人民群众创造良好生产生活环境[N].人民日报,2017-05-28(001).

索建立生态文明教育工作长效机制,努力使生态文明理念深入人心。到2022年,在全国范围内建成一大批绿色学校,通过绿色学校推动绿色教育的发展。

(2)通常意义上的绿色教育即指环境教育,意在通过教育促进环境保护。但它经常需要借助环境来进行,而不是单纯依靠教师或专门的课程来进行。然而这种作为工具的环境也只是"环境教育的体系"或"环境教育的微观环境",与作为保护的对象的外部大环境并不一致。"可持续发展教育"将环境问题与广泛的社会发展问题对接,但现实的教育依然只是一种与真实的社会与自然环境相脱离的实践。[①]要解决这些问题,首先要改变我们自身,从自我的意识、行为、能力中去实现社会的可持续发展。

(3)从生态学理论视角来看,绿色教育不仅只是环境保护教育,还包括可持续发展教育。也就是将可持续发展的思想、理念融入全民教育、终身教育的理论体系之中。可持续发展教育将社会可持续发展理念同环境保护对接。当教育需要面向生命,迫切关注学生整体成长的时候,绿色的教育生态观也就由此应运而生。

三、重庆市彭水县绿色教育实践

(一)彭水绿色发展的资源优势

"养儿不用教,酉秀黔彭走一遭。"这句巴渝民间家喻户晓的俗语,反映了此前彭水县贫穷落后的生活状况。由于自然资源禀赋较差,一直以来地处武陵山区腹地的彭水县贫困程度较深,脱贫问题是摆在彭水经济发展面前最首要的问题。良好的生态环境既是自然财富也是社会财富,彭水近年来利用自然优势发展特色产业、特色文化、特色生态,因地制宜,构建"美丽经济"。为了把生态优势转化为发展优势,彭水近年来着力打好"生态牌",加快产业转型,积极构建生态产业新体系,推动生态经济大发展。"世界苗乡,养心彭水"[②],如今彭水县被誉为"乌江明珠",资源丰富,生态环境优美。

彭水苗族土家族自治县,虽然属于边远民族地区,但是近年来,着力打造特色教育,不仅围绕民族地区童谣、苗鼓、诸佛盘歌传承、民族乐器进校园、藤草编织、民

[①] 康永久.绿色教育的意蕴与纲领[J].教育学报,2011,7(06):63.
[②] 彭水县委宣传部.世界苗乡,养心彭水[N].人民日报,2019-08-08(006).

族舞蹈方面,将传统艺术纳入教育教学中,在全县中小学广泛开展民族文化特色教育,累计覆盖21所中小学和2万多名学生,促使民族文化繁荣发展;还大力发展传统文化特色教育,即围绕书法、诗教特色、白鹿武术、乡土美术等中国传统文化开展艺术教育。[①]其一方面传承了优秀的传统文化和精神,另一方面也促使彭水县特色教育有序推进。除以上两方面外,彭水县还不忘践行科技示范特色教育,重点围绕学生科技模型制作进行培训,培养学生的创新思维。

(二)彭水绿色教育的发展思路

为了积极响应国家提出的绿色发展战略,教育管理部门鼓励绿色学校的设立。1997年"中国中小学绿色教育行动"项目启动,该项目覆盖了全国17个省(自治区、直辖市)。重庆市积极响应绿色教育计划,建立了一批绿色学校,彭水县也不例外。

"十三五"期间,彭水县围绕"幼儿养趣、小学强基、中学立志"的发展原则,遵循"建设美丽学校,实施生态教育,让每一个孩子健康成长,创建民族教育特色示范县"的总体发展思路,逐步建立起与全县经济社会发展相适应的创新人才培养体系,促使各级各类学校健康协调发展。在近几年的教育事业综合发展规划中,彭水县的绿色教育发展思路如下:

1.建设美丽学校

"十三五"期间,彭水围绕建设"净化、绿化、标准化、信息化、特色化"的五化校园,加快建设美丽学校。其主要思路是:

(1)净化。促进校园环境的净化,师生行为、心灵的净化。

(2)绿化。促进校园环境绿色环保,充满生命的气息与力量。

(3)标准化。促进校舍装备、课程设置、管理办法等规范统一。

(4)信息化。促进教育手段的现代化、职能化。

(5)特色化。促进学校寻求教育的着力点和闪光点,培养打造核心竞争力。

2.实施生态教育

"十三五"期间,全县深化课程改革,重点任务是围绕学校开设多元的课程、构建灵动的课堂、营造浓郁的书香、开展丰富的活动,加快推进素质教育,真正推进彭水教育生态化。

---

① 数据来自《彭水县"十三五"教育事业综合发展规划(2016——2020年)》(征求意见稿).

3.让每一个孩子健康成长

"十三五"期间,彭水县围绕教育均衡发展的要求,重点培养孩子养成良好的品行,掌握良好的才艺,锻炼健康的体魄,做一个诚信的公民,让彭水每一个孩子都健康快乐地成长。

4.创民族教育特色示范县

"十三五"期间,彭水县围绕促进教育资源结构合理、研修氛围浓厚、教育技术先进、民族文化氛围浓厚、安全和谐稳定、质量持续提升六项重点任务,全面构建协调可持续的教育生态体系。

第二节 绿色教育的时代定位

"一个国家的发展理念既是对社会发展思想和发展观念的凝练概括,也是对社会发展实践与发展经验的深刻总结。"[①]绿色教育是以习近平同志为核心的党中央在深刻把握国情民情的基础上,联系教育现实,明确可持续发展理念的思想旨归,确立绿色发展理念的实践要务,聚力完成生态教育时代使命的发展理念下形成的,是对新时代民生的回应,更是未来生态文明社会构建的核心力量。

一、绿色教育的形成条件

(一)教育改革的需求

改革开放以来,我国经济发展的速度屡破新高,创造了巨大的物质财富,但是也积聚了多方面的生态环境问题,对人民群众的幸福生活造成了很大困扰,更对自然界带来了不可逆转的伤害。如今,大数据时代的到来带来了生态文明教育的新革命,基于大数据的学校教育不再是简单的知识转移过程,而是持续不断的知识生成和共享的过程。大数据带来了学校教育的变革,同时也形成了大数据背景下绿色教育观念。绿色教育的内涵历经了环境教育到可持续发展教育;在教育内容上,

---

① 白兮.共享发展理念的马克思主义理论意蕴研究[D].吉林大学,2020:5.

涵盖了绿色意识教育、知识教育、道德教育、技能教育等;在地位上,绿色教育从独立的教育活动上升为可持续发展不可或缺的一部分;在影响范围与影响力上,也从国际组织的呼吁走向了实践。中国的绿色教育几乎与国外同时开展,但是广度和深度却无法比拟。

清华大学于1998年在国内首次提出"绿色大学"的理念和目标,并启动绿色教育工程,把生态教育列为教学改革的重要环节,这在我国公共生态教育中有着里程碑式的意义。教育生态化改革的重点应该是教育观念、课程体系、教学体制、教材、教学方法和手段的改革。但长期以来,我国的某些学校在环境教育上过于注重环境知识的传授,而忽略了相应的价值观与技能的培养,在培养未来公民正确的环境伦理观和社会责任感,以及解决问题的能力等方面尤显薄弱。全民生态教育还没有受到应有的重视,全社会的生态教育体系尚未形成,教育的生态化改革任重道远。

(二)教育现实的倒逼

工业化的发展使得教育也被操作化的思维所束缚。操作化思维就是把自己所从事的职业视为一个依据固定的程序去操作的过程,不在实践过程中进行反思。就如工业生产中工人追求的是技术的娴熟和效率的最大化,教学中教师把自己的教学视为根据固定的教学目标和内容进行直线推进的过程,忽视了生成性的教育事件的价值,正如工业生产追求效率一样,工业社会中的学校教育也体现了对效率的追求,然而学校教育的本来目的在于促进人的发展,而人的全面发展是不能用简单化的效率、数字来衡量的。从根本上来说,这种工业思维产生了一种"儿童适应教育"的教育思维方式,即坚持统一的标准和模式。工业思维为教育预设了一个统一的标准和固定的模式,让所有学生去达到这个标准,淘汰和排斥不达标的人。很明显,这个模式忽视了学生的个体差异性。其实不应该是儿童适应教育,而是教育适应儿童。虽然各国已经开始意识到这样的问题,不断进行教育改革,但仍然还存在表面以人为本,实则忽略学生自主性和能动性的现象。

近年来,绿色教育逐渐得到关注,但不足也非常明显。例如,没有相关的法律政策作为依托,地位边缘化,难以成为主题教育;课程设置不科学、不系统,多重视理论灌输,忽视实践教育;绿色学校的建设多流于表面,只重视环境的美化,而缺乏实质性的绿色意识的加强、绿色习惯的养成、绿色素养的提高。若要绿色教育走上良性发展的道路,就必须从根本上解决这些问题。

二、绿色教育的时代意蕴

(一)绿色教育的内涵及要素

绿色教育理念是基于生态环境的可持续发展角度,结合社会整体发展趋势所提出的。教育性是绿色教育的本质属性,生命性、生态性、生活性是其基本属性。其旨在培养高素质、具备现代生态文明素养的人,追求学生的可持续发展和生命成长的绿色环境,强调教育方式的优化离不开具有良好生态素养的教师。

绿色教育的核心要素是生命、科学、人文、和谐共生、健康、可持续发展。具体来说首先就是以人为本,关注生命,凸显学生的主体地位。绿色教育也代表着可持续发展的教育,这里的发展指的不仅是环境的绿色发展,更是人与人之间关系、人与生态之间关系的永续发展。绿色教育也是健康的教育。健康的教育需要健康的文化。这里的健康指的不仅是身体的健康还有心理的健康,将不良的情绪控制在一定范围之内,使其不会对身体造成实质性的伤害,阳光积极地面对生活,除此之外,绿色教育还蕴含着物质环境和人文环境和谐共生,绿色前行的理念。

绿色教育的终极目标是达成学生的"绿色人生"。绿色人生,就是充满积极向上的人生追求,以及人格健全的人生。这样的"绿色"也会感染、"绿化"身边的人,形成一片绿色的氛围和土壤。

(二)绿色教育的生命回归

绿色教育关注人的生命。教师不是传递知识的工具,学生也具有自己主体性。20世纪著名学者吕叔湘指出:"教育的性质类似农业,而绝对不像工业。"成功的教育一定遵循从因材施教向因材择学的转变,因材施教侧重于教师的教,而因材择学则侧重于学生的学。其是在了解学生特点的基础上,有针对性地进行教育。绿色教育体现了对农业式教育的一种回归,但是一种超越性的生命回归,生命教育总体来说就是关怀生命、启迪精神、开发潜能、健全人格、塑造个性、提升价值。绿色教育就是让教育回归起点、回归生命的本真。不是要把教育和生活完全融合在一起,而是把生命放在第一位,关注人自身的成长,有针对性地、科学地采取适当的方法来帮助学生更好地成长。

(三)绿色教育的和谐共生

1.和谐共生是指科学教育与人文教育的交融

现代教育应是科学教育与人文教育交融而形成的绿色教育,以绿育人。科学是立事之基,人文是为人之本。将科学与人文结合起来,才能够培养全面发展的人。

回顾历史进程,人文主义的教育理念与科学主义的教育理念一直是割裂的。在新时代教育理念下,我们主张将二者有机地结合起来,科学必须以人文为导向,人文必须以科学为基础。绿色发展理念归根结底是人的发展理念,具有深刻的人文意蕴,但绿色教育中的人文教育思想,不是某一流派的具体思想,而是以科学发展观中的以人为本为指导原则,把人当作真正的人,施以人文关怀,为了人民的美好幸福生活而努力。结合科学主义的教育理念,重申人文主义教育的方法有助于实现新的发展模式,给予绿色教育生命的活力。绿色教育倡导全方位终身学习方法,关注每个人的发展,提供发挥自身潜能的机会,以实现人的可持续的未来。

2.和谐共生是指教师与学生之间相互补充、相互成长的关系

教育教学过程是师生双边活动的过程,一直以来,社会上都存在教师和学生以谁为主体的争论,当以学生为主体的时候,教师的教育教导地位被质疑;当以教师为主体的时候,学生的能动性被剥夺,师生关系因此而存在一定的矛盾。事实上,教师和学生之间从来就不是对立的关系,学生是学习的主体,存在个体差异性和主观能动性,教师需要平等地对待每一个学生,主动地去引导学生成长。

新时代应该建立互相尊重、坦诚相待的新型师生关系。教师自然、真诚,对学生、对教学管理工作充满热情,时刻自省,彰显绿色本性,有利于提高课堂学习的实效性,有利于培养学生的情商,有利于学生开展健康的人际交往,因而有利于学生可持续发展。新型的师生关系,是尊重学生天性的需要,是构建"绿色"课堂的基础。教师要学会尊重自己的学生,尊重学生的天性,要学会与学生一起学习,学会向学生学习,让学生感到老师其实是一个指引自己不断成长的朋友。当学生走出课堂,走出学校,能记得与老师一起学习、一起探讨的情景,懂得运用所学的知识造

福于社会,这样的教学才富有生命力。同时学生也应当正确看待自己与老师的关系,不把教师视为敌对的一方或者是高高在上的一方,更应该认清自我,真诚表达自己的想法,与教师保持沟通,让教师更了解自己,与教师一起建立和谐的、可成长的绿色师生关系。

三、绿色教育的未来导向

(一)绿色教育理念引领学校发展

绿色教育的落实主要靠学校。学校可以有目的、有计划、有组织地将绿色教育的理念和计划执行下去。只有将绿色教育理念纳入学校课程的发展之中,学校才能有持久的生命力。绿色教育课程不应单独列在主修科目之外,否则会造成学生单独地看待环境问题,较难与其他科目相结合,况且生态环境的保护本来就是与其他课程知识内容息息相关的。

"绿色学校"是生态环境保护理念与教育相结合的最切实的成果。1985年,马来西亚教育部出版的《绿化学校》一书是关于绿色学校的早期文献之一。也有人认为,绿色学校的概念最早起源于欧洲环境教育基金会(FEEE)于1994年提出的一项全欧"生态学校计划"(Eco-Schools),也称"绿色学校计划"。[1]到2001年初,该计划已扩展至21个国家的6000多所学校。这一计划在不同的国家称谓有所不同:如在爱尔兰称"绿色学校",在德国称"环境学校",在英国、葡萄牙等国家称"生态学校"。虽然称谓有所不同,但初期绿色学校的践行基本都是以环境保护为主要目标。国际上绿色学校(Green/Greening school)主要指倡导绿色的环保理念或者更多运用了环保技术的学校。

从现代环境教育的观点来看,绿色学校是"为了环境和可持续发展"的学校(School for Environment and Sustainability)。它绝不仅仅是环境优美示范校、环境卫生示范校、环境科技活动特色学校,绿色学校的根本在于可持续发展。因此,绿色学校的创建使我国环境教育和学校教育进入了一个新阶段。绿色学校的创建,不但深化了学校层面的环境保护教育,提升了师生的环境素养,带动了学校参与全社

---

[1] 曾红鹰.环境教育思想的新发展——欧洲"生态学校"(绿色学校)计划的发展概况[J].环境教育,1999(04):12-16.

会环境保护的行动,而且更为重要的是在绿色学校的创办过程中,可持续发展的思想渗透到了学校日常管理实践的各个方面。

学校教育是绿色教育不可或缺的一部分,将绿色教育的价值理念转化为实践,有利于推动学校文化建设,促进学校教育的发展。学校的绿色教育是无法独立运作的,因此还需要将家庭教育和社会教育纳入,形成学校、家庭、社会三位一体平台,以促进师生关系和谐、健康发展为目标,共同践行绿色教育理念。

(二)从绿色学校到绿色教育

绿色学校的概念和实践方式在世界各地广泛传播,而绿色学校的创建也是中国环境教育运动中的一个重要事件。1996年,国家环境保护局、中共中央宣传部、国家教育委员会联合颁布了《全国环境宣传教育行动纲要(1996—2010年)》(简称《纲要》),全国开始创建绿色学校,此时重点在于环境保护。但2000年4月,国家环保总局环境保护教育中心就提出了与1996年《纲要》提法不同的绿色学校的概念,以环境保护和可持续发展理念为导向。随着对环境、生命的关注点的不同,绿色学校的内涵也逐渐发生了变化。

很多绿色学校在自身的创办过程中,其实已经意识到仅仅将可持续发展作为目标已经不能满足生态文明社会的持续的、更高的需求,或者说不是真正的绿色教育的发展。绿色学校只是绿色教育践行的形式载体,最终绿色学校是要从多方面去促进绿色教育的全面、常态化实施的。有的学校不以环境保护为主要建设目标,就不是绿色学校了吗?当然不是。现代社会中,绿色发展、构建生态文明教育体系早已成为时代的潮流,每个学校在国家和政府的引导下、支持下都需要重视并开展绿色教育,最终都要完成绿色教育的时代任务,为构建生态社会出一份力。绿色终将浸入到每个学校的方方面面。同时,绿色学校将自己在实践方面的经验、成果总结、提取、转化为绿色教育的精神内涵,完善绿色教育的理论体系,进一步带领家庭、学校、社会等方面实现绿色的生态氛围。

第三节 绿色教育的文化根基

文化是一个民族的精神指引,是一个国家人民群众的隐性内在,更是社会发展的强心力量。其对于政策、制度有着引领和规范作用。挖掘文化根基、发扬优秀的传统文化精神、激发中华民族文化中的优秀基因,是社会可持续发展不可或缺的部分。中国古代的生态思想、自然观念以及教育哲学思想虽不可避免地掺杂有唯心主义的成分,但仍是中华民族优秀传统文化的重要组成部分。我们要继承传统,同时也要创新传统,赋予"绿色"新的时代意义。

一、绿色发展的生态文化传统

(一)绿色文化的传统意蕴

绿色以一种文化力量给予教育生机与活力。在中国现代的色彩文化中,绿色总被看作是可行的、健康的代名词。它是自然最显而易见的颜色,是大自然的底色,蕴含着希望、生长、生命、舒适的意味。在中国传统文化中,绿色也有类似的含义,它代表着生命,也象征着万物复苏的春季。宋代画家郭熙于《林泉高致》云:"水色:春绿,夏碧,秋青,冬黑。"绿色也是最自由的颜色。树木、花草依照它自然的规律生长、蔓延。

在中国五行学说中,绿色是木的一种象征。古人认为阴阳五行即金、木、水、火、土是万物产生的不可或缺的五种元素,其对应的是色彩中的黄、青、白、赤、黑。在中国传统文化中,黄、青、白、赤、黑被视为正色。

青色(含绿)是一种庄重典雅的颜色,具有深厚的人文气息和文化底蕴。青紫本为古时公卿绶带之色,因借指高官显爵,亦指显贵之服。青色是一种不好确定的颜色,在可见光谱中介于绿色和蓝色之间,这样复杂地呈现出来的带有文化意义的颜色,拥有中庸的品性,泰然、淡定,却透着一种执着和稳健。古代文人穿着青衫,青衫既是简洁的,又是优美的。它蕴藏着中国文人不卑不亢、坦然自若的精神内质。青色还与美德相呼应,先秦时期,色彩象征呈现多元化发展的倾向。孔子出于对周礼的维护,把黄、青、白、红、黑定为"正色""上色",并把五色与仁、德、善结合,运用于"礼"的形式中。比如,志存高远、道德高尚之人一般被称为"青云之士"。

(二)绿色发展的生态理念基础

绿色发展的终极目标就是构筑一个人与自然和谐相处的美好社会,其实现人与自然平等相处的内在要求,同中国古代先贤倡导的诸多生态思想不谋而合。

1.天人合一,辅相天地之宜——人与自然

2018年5月18日至19日,习近平在全国生态环境保护大会上强调指出:"中华民族向来尊重自然、热爱自然,绵延5000多年的中华文明孕育着丰富的生态文化。"习近平的绿色发展理念,彰显中国传统文化中所蕴含的"人与自然和谐共生"的哲学原理。

人与自然的和谐生态关系在中国传统文化中常被称作"天人合一"。这种天和人的关系一直是中国古代哲学思想的论点,众多哲学家都对天和人的关系进行了观念阐述。"天人合一"思想起源于《周易》,[①]是中国古代思想家们对环境问题的深刻表述。"天"即可看作自然,或者是某种不可掌控的法则。在中国传统文化中,"天"兼有自然、天道和神灵等多重含义。一方面指自然界,另一方面,"天"更多地被赋予了精神、气质和人格内涵,既是自然之天,又是精神之天。而"人"即在自然界中求存的人类,也含有人生、人道、人为等内涵。天人之间的关系也就包含了环境与人、天道与人道、自然与人为等关系。孔子在《论语·季氏》中曾说:"君子有三畏:畏天命,畏大人,畏圣人之言。"在这里,"天命"即指自然规律。老子在《道德经》中提出:"人法地,地法天,天法道,道法自然。"意在告诉人们,万物统一于"道",人们要认识到自然规律的客观存在,不能违背自然规律。庄子从"道法自然"出发,主张人们在与自然相处时要做到"物无贵贱、物我平等"。虽然也有人持不同的看法,但是基本都强调人与天地万物是一个整体,即天、地、人、物、我之间的相互感通、整体和谐。

儒家和道家都提出要实现天人合一,人与自然要协调发展,这与当代强调经济和生态协调发展的理念是相通的。绿色发展思想可看作中国传统文化中"天人合一"思想的现代传承,"人—自然"协调发展的整体思想为现代社会绿色发展理念提供了一种合理的、科学的思维方式。

---

① 李圣强.《周易》经传德治思想研究[D].山东大学,2020:18.

2. 仁者,以天地万物为一体——尊重生命

"仁者,以天地万物为一体。"①语出北宋学者程颢,意指在仁者看来,天地万物与自身是浑然一体的,自然界中的每个生命都是平等的,无分于物我内外。习近平主席也曾在2016年11月21日秘鲁国会演讲中引用此句,意在强调中国人历来讲仁爱,借此呼吁各国要推动构建以合作共赢为核心的新型国际关系,打造人类命运共同体。

3. 生生不息,寡欲节用——永续发展

"永续发展"即可持续发展,这里蕴含着生命的可持续和资源的可持续。人的生命从总体来看是可持续的,人类一代代在地球上繁衍生息,前一代的行为势必会对后代造成不可磨灭的影响,而人类的永续发展与自然的生态稳定是分不开的。古人很早就认识到了维护生态平衡、人与自然协调发展的重要性。在生态平衡的天平中,人类的生存发展和自然界的存在各占一边,而维护平衡的始终应是人类——世界上最具智慧的生物,因为人类的衣食住行多依靠自然界,需要从自然界中获取大量的物质资源。而这些资源往往是不可再生的,或者是不能过度利用的。如林木、动物等都不能无节制地去砍伐或捕杀。

"生生不息",第一个生是动词,即生产、创造,第二个生是名词,即生命和万物。在《易经》中,"生生"被视为"易"的根本,是天地间之大德行。如何在人与自然协调的基础上,实现"生生不息"的大德,古代各学派对此虽然莫衷一是,但都强调人的行为应该顺应自然、合乎天道。这自然与古代农业社会生产力尚不发达、对自然存敬畏之心的社会现实是分不开的,但同时也能从中窥出古代文化中朴素的爱物、敬畏自然的思想。古人十分倡导节约资源、寡欲节用的理念。孔子曰:"子钓而不纲,弋不射宿。"②荀子曰:"草木荣华滋硕之时,则斧斤不入山林,不夭其生,不绝其长也。"③在林木生长的时候,只有不乱砍伐、适时地养护,才能够保证林木欣欣向荣地生长。不仅如此,是否保护生态环境还成为君王能否收服人心的重要标准之一。这些古代哲学家结合了前人经验和书本的智慧,认识到了自然资源的宝贵。人类的欲望需要节制,不是说要拒绝一切获取资源的行为,而是取之有用,取之有度。

---

① 程颢,程颐.二程集(第一册)[M]中华书局,1981:15.
② 论语[M].张燕婴译注.北京:中华书局,2006:97.
③ 荀子注评[M].李波译注.上海:上海古籍出版社,2016:123.

只有这样,某些资源才能够获得可再生的空间,为人类生活提供物质保障,实现人类社会的永续发展。

那么,顺应自然究竟是遵循怎样的规律,才能达到"生生不息"？古代的"阴阳"学说给出了一种与循环论相关的答案,即"一阴一阳谓之天,阴阳交互谓之道"。世界是在"一阴一阳"反复的、无止境的变化中运行的,这是物质运动的基本规律。万物生于有,有生于无。在循环运动中,万物生长,蓬勃不息。古人的这种循环论曾被批判为形而上学,但其实它是符合自然辩证法的。运用"阴阳消长"的循环理念组织生产和生活,实现废物循环利用,这是绿色发展的重要途径。

由于历史条件的限制,中国古代生态哲学思想总体处在朴素发展阶段,但是这些思想对后世处人与自然之间的关系,对进一步加快生态文明建设有着奠基性的意义。

二、绿色教育的哲学内蕴

(一)尽性主义教育思想

早在民国时期,就有人提出"尽性"是孔教之本的观点。孟子的尽兴主义教育思想,继承了孔子、子思的"尽性"思想并加以发展。尽性主义教育的特质就是"出乎其内,显乎其外",将每个人的本性、潜质做最大的引发,这也是教师最根本的职责。将教育过程视为像揠苗助长的宋人那样"助其生长"是错误的,而且"如果没有其内在之善心,试图去模仿圣人的举止和外表是无用的"[1]。"人"是教育的中心,一切忽视人内在品质培养和发展的教育,都是工具主义教育观的反映。"天人合一""率性而为"是中国古代哲学思想中的重要命题。同样,在中国传统教育思想中,"顺性而教"亦被视为理想的教育形式,即教育并不在于创造什么,而是更多地发掘人的内在潜能。这种主张的前提和逻辑起点便是性善论。[2]孟子等儒学家们之所以强调"尽性",完全是基于这种天性"能尽""应尽""可尽"的正当性认识。

绿色教育是顺应天性的教育。唐代杰出文学家柳宗元在《种树郭橐驼传》中曾写道:"橐驼非能使木寿且孳也,能顺木之天,以致其性焉尔。凡植木之性,其本欲

---

[1] [美]江文思,[美]安乐哲.孟子心性之学[M].梁溪译.北京:社会科学文献出版社,2005:43.
[2] 胡金平.孟子尽性主义教育思想的特质及其理论意蕴[J].北京教育学院学报,2020,34(04):80.

舒,其培欲平,其土欲故,其筑欲密。既然已,勿动勿虑,去不复顾。其莳也若子,其置也若弃,则其天者全而其性得矣。故吾不害其长而已,非有能硕茂之也;不抑耗其实而已,非有能蚤而蕃之也……"郭橐驼种的树之所以能枝繁叶茂,结果早且多,原因在于他能顺应树木的自然本性,满足树木生长的自然规律。将种树之理移至教育教学之中即为:学校教育、教师教学要符合教育原理,要尊重学生成长的自然规律。

(二)自然主义教育思想

自然主义教育思想最早是老子提出的。"人法地,地法天,天法道,道法自然",可以说是自然主义的萌芽。"法"在这里是动词,意思是"遵守,顺从"。人在大地上生存,遵守大地万物生长的规则;大地承天,万物的生长繁衍是依据自然气候的变化而进行的;自然气候,天象变化遵从宇宙间的"大道";而宇宙间的"大道",则是世间万物本来的样子。老子的学说核心是"无为",遵从"大道"。而这句话更清晰形象地讲明了"天、地、人"与"自然"的关系。"自然",并非我们平时说的"大自然",天大地大,"道"最大。"道"又怎么会去遵循大自然呢?这个"自然",是指万事万物本来的样子。

后期庄子和朱熹也认可这种教育思想。魏晋南北朝时期著名的玄学家、教育思想家嵇康,则是中国历史上第一位系统阐述自然主义教育的思想家,他的《难自然好学论》完成,标志着中国自然主义教育思想的诞生。嵇康的教育主张是"越名教、任自然","崇简易之教,御无为之治"[①]。"越名教"即反对儒家封建主义的纲常名教,在教育上则是反对以《诗》《书》《礼》《乐》《易》《春秋》为中心教材的仁义礼智教育。"任自然"即要脱离"名教"的束缚,让受教育者的个性自然发展。嵇康是在反对当时政府和占统治地位的反人性思想的背景下,在批判传统教育漠视儿童身心发展的基础上阐述他的自然主义教育思想的。嵇康认为自然的东西是最美好的,主张教育要从儿童的自然本性出发,让其个性自由发展。他认为教育的目的是培养出超凡脱俗、内心自然和谐的人。将自然主义运用到当今的教育领域,则更强调人自身的力量,反对外界的过度干预,包括教师和家长的过度干预,主张正确认识儿童的天性,尊重儿童。对他们的教育应该是自然的、和谐的;少年儿童的学习应该是自由的、自主的;他们的发展应是全面的、均衡的。

---

① 夏明钊.嵇康集译注[M].哈尔滨:黑龙江人民出版社,1987:109.

第二章　绿色教育的理论构建

在绿色教育的兴起、发展与转型的发展历程中,绿色教育价值理念逐步形成,绿色教育的内容体系逐步建立。在生态环境理论、自然主义与人本主义理论和全面和谐发展理论的基础上,通过绿色行动、绿色大学等实践,绿色教育延续了环境教育的有关内容,融合了可持续发展教育的理念。其价值理念表现在尊重自然与规律,关注人文与科学,实现全面、和谐、可持续发展。其内容体系涵盖了生态环境的教育、科学人文的教育、社会关系的教育、身心发展的教育四大维度,在国家、社会理念的指引中和实践的推动下,绿色教育进一步在绿色校园与绿色课程中落实与开展。

第一节 绿色教育的价值理念

自从进入工业时代以来,人类在物质生产和经济发展上都得到了极大的满足。与此同时,资源短缺、大气污染、物种灭绝等生态环境问题也逐渐凸显,这给人类生存和发展带来了严重的威胁和现实的挑战。人们不得不开始思考,如何构建一种具有可持续性的价值意识和发展观念,如何建设一条促进人类自身生存和社会发展的可持续性道路。正是在这种背景下,环境教育开始被提出,绿色发展理念得到支持,这也决定了教育必然要探索出一条尊重自然、以人为本、强调可持续发展的绿色之路。

一、绿色教育的发展历程

绿色教育是随着环境教育的提出与推进一步一步建立和发展起来的,并且联合发动了教育系统中的全部环节,使教育走向全面、协调以及可持续的发展局面。20世纪初,自然保护运动(Conservation Movement)兴起,自然保护的内容被引入学校教育,环境教育的种子就此埋下并生根发芽。伴随着国际国内对环境、生态、资源等问题的愈发重视,在多种理念和理论的催生下,环境教育逐渐过渡为绿色教育、生态教育,成为既关注自然规律,又考虑人文科学,蕴含可持续发展理念的教育。

(一)绿色教育的兴起

绿色教育源于环境教育。从某种意义上说,绿色教育是环境教育发展到一定阶段的新表述,蕴含着环境教育的内涵和价值,也关乎着环境教育与人类发展相结合的可持续性发展。绿色教育从环境教育中来,也将赋予环境教育以新的意蕴,将教育发展提升到一个全新的理论高度。

20世纪中叶以前,"环境教育"一词并未被正式使用。在工业化高速发展进程对自然环境造成巨大破坏后,人们才开始意识到解决自然资源和生态环境问题的迫切与需要。早期英国的自然学习和杜威的科学教育思想也为环境教育的萌芽提供了思想和理论基础。1948年,各国政府、非官方机构、科学工作者、自然保护专家联合成立了国际自然和自然资源保护联合会。同年,在巴黎召开的大会上,托马斯·普里查德(Thomas Pritchard)首次使用和提出了"环境教育"一词,标志着环境教育的诞生并使之成为一件重要的国际事务。1962年,美国生物学家蕾切尔·卡逊(Rachel Carson)著作并出版了《寂静的春天》,标志着第一次环境保护运动的开始。随着1968年联合国教科文组织在巴黎召开"生物圈会议"和美国在1970年率先颁布了《环境教育法》,环境教育迈入正规化发展阶段。1972年,在瑞典斯德哥尔摩召开的"联合国人类环境大会"上,第一次确定了有关环境教育问题的文件——《联合国人类环境会议宣言》,正式确立了"环境教育"(Environmental Education)的名称,并对其性质、对象和意义作出明确界定。从这一时期开始,发达国家相继开展有关环境教育的各种项目和计划,在广大中小学中发起和组织绿色行动的有关活动。

环境教育经历了从萌芽到正式诞生,再到围绕环境问题进行教育理论和实践探索的过程,为其进入快速发展和内涵融合阶段奠定了丰富的理论和实践基础,也为诸如绿色教育、生态教育等概念的提出提供了重要线索。

(二)绿色教育的发展

1977年10月,苏联在第比利斯召开了第一次由政府参与的环境教育会议,通过了《第比利斯宣言》,强调"教育利用着科学和技术的发现,应当在培养对环境的自觉和更好的理解中,担当主要任务"[①]。并总结了环境教育的目标。环境教育,正

---

① 王冬桦,王丽君.国际环境教育的发展[J].外国教育研究,1998(05):7-13.

确的理解应当是全面的终身教育,在迅速变化的世界中对变化作出反应;环境教育必须目光朝向地域社会。这次会议不仅总结了环境教育自产生以来的经验,更为世界各国开展环境教育提供了基本准则,也标志着国际环境教育进入了一个快速发展时期。

进入20世纪80年代,国际环境教育欣欣向荣。在1987年召开的联合国大会上,著名的《我们共同的未来》(Our Common Future)这一报告发表。报告详细论述了人类所面临的有关经济、社会、环境的重大问题,强调了环境是决定人类命运和前途的重要因素之一。可持续发展指"人类有能力使发展持续下去,也能保证使之满足当前的需要,而不危及下一代满足其需要的能力"。[①]随着"可持续发展"概念的确定,以及"可持续发展"理论和研究的出现,环境教育得到了重新定位与整合发展。环境教育的最高目的必须要面向可持续发展,开展环境教育必须要与社会发展问题结合起来。1988年,联合国教科文组织提出了"可持续发展的教育"(Education for Sustainability)一词,形成了最早的"可持续发展教育"倡议和理念,引导环境教育走向可持续发展。

20世纪90年代起,建设"绿色大学"的理念开始在发达国家流行开来,我国环境教育也开始转向涵括可持续发展教育目标和内容的绿色教育。其中,清华大学率先喊出建成"绿色大学"的口号。1992年联合国通过的《21世纪议程》着重指出,"环境教育要重新定向,以适应可持续发展的需要"。1994年,联合国教科文组织提出了EPD(Environment Population and Development)计划,将环境教育、发展教育、人口教育整合起来,重点关注人类社会的整体性、和谐性、可持续性。而绿色教育也从环境教育的经验总结延伸到可持续发展的教育中去。

(三)绿色教育的转型

进入21世纪,国际环境教育进入新的发展阶段。各个国家在推动实现可持续性教育框架下,继续创建绿色学校和开展生态行动计划。2001年,我国著名教育家杨叔子先生面对中外中小学,第一次提出了"绿色教育"的理念。在他看来,新世纪的教育应该展现出新的"绿色",即现代教育要追求科学教育与人文教育的融合。

[①] 世界环境与发展委员会.我们共同的未来[M].王之佳,柯金良等译.长春:吉林人民出版社,1997:10.

"面向21世纪教育国际讨论会"提出：要注意关心他人、家庭、健康，要关心社会、国家社会经济以及生态的利益，要关心人权和其他的物种，也要关心我们地球的生活条件，这就是绿色教育观的真实写照。如此看来，绿色教育不仅仅是环境教育和生态教育的外延，无疑也是可持续发展教育的内核，是追求科学发展，关注社会与人发展的教育。2003年，联合国确立并通过了《可持续发展教育十年（2005—2014）国际实施计划》，从推动人与自然、人与人、人与社会和谐与共的角度赋予环境教育新的含义、内容和特点。在充盈原有环境教育的基础上，引导其转向绿色教育，使学生认识到尊重自然、敬畏生命的意义，能够在学会生存的同时思考如何实现自己生命价值的问题。新世纪的绿色教育已经镶嵌上文化发展、文明继承的含义，必将突破单纯的环境生态考验，建立起拥有绿色课程、绿色教学、绿色管理的绿色学校体系，完成环境教育与学校教育的内涵式沟通。

绿色教育的转型代表着人类文明的最新走向，即不仅要实现资源、经济、生态等外部环境的可持续性发展，更要以实现生命价值为目标，关注人的可持续发展。从学校层面来看，首先要建设拥有绿色活力的校园环境。其次，在课程和教学中融合生命教育理念，构建绿色课堂。最后，利用可持续发展理念培养学生的"绿色素养"，完成价值观教育，打造绿色的校园文化。绿色教育转型是伴随着时代发展而产生的新一轮的教育理论命题，是总结环境教育成熟经验和深化可持续发展理念的结果。

二、绿色教育的理论基础

绿色教育不仅仅是环境教育的内涵和外延式发展，也是丰富教育自身理念的新体现。绿色既反映出我们对生态、环境的追求，也是人类构建自身文明与文化可持续发展的价值诉求。在一定思想理论基础上，结合丰富的实践经验，将绿色与教育结合，是环境教育和可持续发展教育的继续推进。绿色教育通过借鉴其他理论和思想，融合社会发展问题，从而形成了自身的理论体系。

（一）生态环境理论

在教育与生态结合之前，人们先是对环境、环境问题、环境科学等进行了探讨。在理性认识人与自然关系的基础上，环境科学诞生，进而为环境教育的萌发提供了理论基础。环境科学的目的是考虑如何解决自然发展、环境资源、生态环境等问题；而环境教育的最初目标则是要实现对环境科学的认识。所以，环境科学及其理论是环境教育的基础之一，也是发展绿色教育必不可少的理论要素。而"生态学"一词的出现，则使环境教育走向深化。根据德国生物学家恩斯特·海克尔的观点，生态学不仅要研究生物有机体本身，也要关注其与周围环境的相互作用。[1]1976年，美国学者劳伦斯·克雷明（Lawrence A. Cremin）最早定义了"教育生态学"的概念，认为其是指通过生态学的相关原理，研究"教育"现象与周围环境之间的关系。[2]教育生态学从三个方面为绿色教育的理念与内容提供了支持：第一，限制因子定律揭示生物的正常生长需要一个合宜的环境，且环境与自身因素相协调。由此，从教育子系统与社会系统所形成的外部关系来看，教育因子有其自身的限度；第二，从教育本身作为独立的系统来看，其内部包含的师生力量、物资设备、校园环境、课程教学等也要充分考虑彼此之间的作用关系，即充分协调，相互关联，体现"绿色"意识；第三，从组成教育系统的单个因子出发，组成其外部环境的各个要素也是与之相互关联的，在部分与整体上均要蕴含绿色教育理念。

绿色教育除了关乎最基础的环境生态外，最核心的部分应该是强调科学、和谐、共生的观念。根据环境科学理论、教育生态学、限制因子定律等，绿色教育要综合考虑教育系统内部因素和与周围其余要素之间的关系，在借鉴和尊重各自规律的同时，促进与其他子系统的共生。可以说，生态环境的相关理论为绿色教育的阐释和界定提供了基本参照，也拓宽了绿色教育从环境教育来，到可持续发展教育中去的内涵。

（二）自然主义与人本主义理论

"归于自然"是卢梭关于自然主义教育的核心，自然主义的教育以培养"自然人"为目标。在卢梭看来，培养自然人要结合三种教育才能实现：自然的教育、事物的教育以及人的教育。以自然的教育为中心，使事物的教育和人的教育向其靠拢，在自然的环境氛围下，依照儿童的身心发展规律，施以合适的教育，使其得到发展。卢梭还主张以自然主义的教育方法和原则对待儿童，正确看待儿童，给予儿童充分

---

[1] 林祥磊. 梭罗、海克尔与"生态学"一词的提出[J]. 科学文化评论，2013，10(02)：18-28.
[2] 郑晓锋. 克雷明教育生态学理论[J]. 新课程（教育学术），2010：56-57.

的肯定。除此之外,卢梭主张以"消极"教育取代"积极"教育,教师在其中只需扮演维护秩序、创造良好学习环境的角色,从而将教育的主体位置让给学生。这一理论契合了绿色教育中关注儿童、关注学生的理念,以尊重儿童发展规律为出发点,在教育的过程中贯穿"主体"意识。

另一明确体现以学生为中心的理论是马斯洛、罗杰斯所提倡的人本主义理论。人本主义教育的目标在于培养学生成为"自我实现"的人,具有独立性、自主性、创造性,可以自由地选择,与他人和社会建立具有信任感的关系。人本主义教育倡导"有意义学习",即在以学生为中心的前提下,教师要帮助学生全身心地投入学习。罗杰斯提出了"非制导性教学"的教学观,认为教师教学首先要考虑学生,为其提供资料,引导学生开展自主学习。这一理论更加直观地贴近了绿色教育中以人为本的观念。

无论是自然主义的教育思想,还是人本主义的教育观念,二者都围绕着"人",强调教育的人文性、时间的体验性以及健康性。绿色教育正是遵循了以人为本的理念,要求学生在认知、行为、情感上实现统一,实现内心的自我生成。

(三)全面和谐发展理论

苏霍姆林斯基根据苏联社会发展的要求,提出学校教育的目标是要培养全面和谐发展的人。在他看来,要实现全面和谐发展,就应该将德育、智育、体育、劳动教育和美育五个方面结合起来。要在德育上培养人的道德习惯和高尚情操,引导人在智育上形成知识、技能、智力的统一,在体育上保证人的身心健康,注重劳动教育对道德、知识、情感的促进,利用美育塑造人的情感体验。这一全面、和谐、发展的论述与绿色教育中的育人观念、可持续发展观念是吻合且一致的。而马克思则从人的全面发展和人的和谐两个方向出发进行阐述,为形成全面和谐发展的理念奠定了基础。首先,马克思认为,人是全面发展的中心,人的全面发展有利于产生更加完善的人,创造更加美好的社会。在马克思看来,人的全面发展应该表现在三个方面:人的需求全面发展、人的劳动能力全面发展、人的社会关系全面发展。其次,马克思的思想中包含着有关人的和谐发展的理解。影响人和谐发展的因素有:劳动、人与自然的和谐、人的高度统一发展。人是自然中的人,人也是社会中的人。人的全面和谐发展既离不开全面,也不能离开和谐谈发展。因此,绿色教育的理念中必须包括和反映尊重自然规律,完善自我的全面、和谐发展,协调人与人、人与社会之间的关系的几层含义。

综合苏霍姆林斯基的全面和谐发展以及马克思关于人的全面发展学说,我们认为,全面和谐发展的理论就是要求将人的身体、生活、精神、人际关系同社会的需求和发展结合起来,在知识、道德、情感各个方面促进自身的自由和自然发展。而绿色教育正是在这一理念下,继承和延伸了打造学生绿色人生的教育目标和教育内容。

三、绿色教育的价值取向

教育关注个体的成长和发展,且教育活动与社会发展息息相关。教育要实现的愿景代表着它对某种价值的追求。教育的价值取向无论是"个人本位论"还是"社会本位论",都不能概括之。绿色教育的价值取向既要体现教育的基本取向,又要针对自身体系内的具体问题进行具体分析,体现教育活动的深层价值。根据绿色教育发展历程和相关理论,这里可以把绿色教育的价值取向概括为:以尊重自然与教育规律为基础,以关注人文与科学为中心,以走向全面、和谐、可持续发展为目标。

(一)以尊重自然与教育规律为基础

自然环境是人类生存的基础性条件。拥有绿色的环境,才能进行绿色发展。一方面,教育是人类生活中的重要活动,其开展和实践理应围绕着绿色的空间和绿色的发展意识来进行;另一方面,教育自身具有规律性,绿色教育作为教育的一个组成部分,也应该遵从教育的基本原则。

人与自然的关系是人接触环境后产生的最基本的关系。自古以来,我国就主张"天人合一",人与自然和谐与共。在儒家文化中,天、地、人是一个统一的有机体,世间万物都是和谐共生的、平等的。植物、动物都要顺应自然规律而生长。人作为大自然的一部分,不能在违背自然规律的情况下开展经济建设等活动,而是要敬畏自然,尊重自然规律,与自然万物相生相融,共同发展。如此看来,绿色教育的萌发源于人类对环境问题、资源使用和生态建设的关注,也意味着发展绿色教育必须将保护环境、爱护自然设为优先取向。

规律通常是指客观事物发展过程中的普遍联系和必然趋势。教育作为社会系统的一个子系统,具有自己的一整套规律。教育活动中包含着教育者、教育内容和受教育者三大要素,这就意味着教育规律与人、与环境、与社会中的各个要素都有着紧密联系。此外,教育规律还反映在各个学科领域,如心理学、社会学、人类学等。所以,绿色教育理论的构建也必须符合和顺应教育规律。

(二)以关注人文与科学为中心

我国著名教育家杨叔子先生曾以"科学人文,交融生绿"概括了发展绿色教育的中心理念。[①]他认为,绿色教育的使命不仅仅是要传授科学文化知识,更重要的是要关注人的发展,兼顾科学与人文知识,培养面向社会和时代的全面、和谐、发展的人才。叶向红学者也指出,在绿色教育的理论和实践中,要坚持自然与社会、科学与人文的有机联系,关注生命价值,尊重客观规律,以提升师生共同生命价值为目的,建立和谐、健康、可持续发展的教育。[②]

第一,从人文角度探讨,绿色教育蕴含着人文精神教育和以人为本的人文关怀教育。"人文是关心他人、集体、国家、民族、社会、自然界,是为之办好事,是求善。"[③]这就说明,绿色教育应重视个体发展的取向,以及重视个体在社会中形成的各种关系取向。人文性的教育关系到受教育者的差异性生长,关乎着个人和社会关系的和谐发展,更关系到对国家民族、文化文明的认同。第二,从科学角度阐述,绿色教育要蕴含学科知识的规律和逻辑。"科学是研究、认识、掌握客观事物及其规律,是符合客观实际办事,顺乎客观规律办事,是求真。"科学技术是促进各类社会活动的重要力量,教给人们科学的知识就是帮助其客观、正确地认知世界。绿色教育在追求科学精神的同时,也在追求人文精神。科学性的教育是塑造人们正确思维的基础,也是引导人们认识自身和促进社会发展的强大支柱。

人文和科学交融而促成"绿色"育人。没有科学的人文,是残缺的人文,没有人文的科学,也是残缺的科学。绿色教育理论的价值取向要求将科学与人文二者良好融合,既遵循自然界和个体发展的规律,又符合以人为本的价值观念,并投射到学校绿色教育体系中的方方面面。

---

① 杨叔子.绿色教育:科学教育与人文教育的交融[J].教育研究,2002(11):12-16.

② 叶向红,石中英."绿色教育"引领区域教育优质均衡发展[J].北京教育(普教),2012(12):33-34.

③ 杨叔子.现代高等教育:绿色·科学·人文[J].高等教育研究,2002(01):18-24.

(三)以走向全面、和谐、可持续发展为目标

"全面发展"一直是国内国外教育家们在育人目标上的重要追求。"全面"一词不仅仅要求人在科学、人文、社会领域的基本知识上的综合摄入,而且要求能在德、智、体、美、劳五个方面一以贯之。不仅如此,全面还指向教育的核心——素质教育。素质教育的概念和特征是包含在绿色教育中的,这就意味着绿色教育要走向全面,必须要面向全体学生,同时注重个性与共性的统一,保证学生在德智体美劳上的协调发展。

"和谐发展"既是绿色教育的理念意蕴,又是绿色教育的目标。"和谐",作为事物存在和发展的方式之一,十分看重共生共存的关系。无论是"天人合一"的人与自然的和谐,还是"和而不同"的人与人的和谐,以及"安身立命"的个人身体和内心的和谐,都反映出人们对美好和谐状态的追求。[1]"和是指多种因素、元素的冲突融合,而不是同一种因素、元素的相加。"[2]它是一种多元化的价值理念。以和谐为价值取向的绿色教育应该是尊重自然,尊重他人,尊重社会发展,以及尊重身心差异的一种教育,是教育系统内部各要素间及其与外部环境之间辩证关系的生动体现。

要实现绿色教育的可持续发展,一是要实现人类赖以的生存环境的可持续性,二是要实现人的发展的可持续性。追求可持续发展的环境是养育可持续发展的人的重要保障。生存资源充足,生态环境良好,才能保证育人的后续之路。反过来,育人要体现"绿色"理念,即要使人们养成尊重、善待自然的意识。绿色教育是关于人的教育,可持续发展亦是关于人的发展。

第二节 绿色教育的内容体系

绿色教育作为教育的一部分,究竟要带给人以如何的发展?究竟哪些内容才能孕育绿色人生进而有益于推动社会的绿色发展?结合绿色教育从兴起到发展到转型的历程,根据其理论基础和相关价值取向,我们将绿色教育内容划分为生态环

---

[1] 李新兵.关于我国绿色教育思想研究[D].天津大学,2017:31-32.
[2] 黎昕.和谐社会论要[M].北京:社会科学文献出版社,2013:35.

境教育、科学人文教育、社会关系教育、身心发展教育。

一、生态环境教育

绿色教育倡导绿色发展的理念,同时也吸取了可持续发展理念的精华。环境教育是在关注生态文明、环境资源、人口发展等问题上逐步推进的,绿色教育从环境教育中演变而来,自然就要将生态环境等问题作为教育领域中最基础的内容。绿色教育不但要培养、提高人们关注自然生态的意识,也要在教会人认识自然的过程中融会环境教育的具体知识。

(一)生态环境意识教育

环境问题是人类存续和发展的重要问题,而拥有正确的生态文明意识与环境意识是保证开展环境教育、绿色教育、可持续发展教育的前提。绿色教育从环境教育中演变而来,在环境科学和教育科学相关理论的支持下,从理论和实践都有了较为明显的突破。但由于人类观念、文化发展、社会政策等相关因素的限制,其中蕴含的"绿色"还未得到理想发展,尤其表现在培养人们绿色意识这一层面上。这就要求:绿色教育理论构建要与培养绿色教育意识齐头共进,相互配合。只有良好的意识形态和科学的教育理念,才能引导绿色教育实践取得良好效果。

生态环境意识是有关环境的一种思想和观念,包括了人类对环境的认识论层次、环境伦理层次、环境价值论层次、环境政策法规层次、环境行为层次和环境行动策略层次等诸多方面。生态环境意识关系到人类生存和生产活动的方方面面,在人口、资源、生态、发展、公平等问题上都有体现。通过绿色教育训练人们的生态环境意识,首先要使人清楚什么是环境、什么是生态的问题。也就是说,绿色教育在生态环境意识培养上,第一步就是要引导人们正确地认识自然、敬畏自然、尊重自然规律,了解人与环境的互动,促进人与环境的和谐发展。其次,树立正确的环境伦理观也是绿色教育发展生态环境意识的重要部分。即培育人们在道德层面对自然、生命体、社会的认知感,且对环境与人的关系保持正确的价值观念。最后,可以借助政策法律影响和规定人的意识形态。利用强制性措施和人文性关怀共同促使人们具有生态环境意识,并且形成爱护生态环境的行为,继而加入到积极参与意识传递的实践活动中去。

(二)生态环境知识教育

生态环境系统在宏观层面主要涉及自然环境和人文环境,而在微观层面则强调个人环境。自然、生命体、社会构成一个完整的环境系统。绿色教育在引领人关注生态环境从而形成生态环境意识的基础上,也应该要了解和积累有关自然环境、生命个体、社会环境的具体的知识。

具体来说,生态环境知识要体现我们生活的世界的概貌,使人可以直观、清晰地获取知识信息从而关注环境,关心环境保护问题。如此一来,不管是环境教育,还是绿色教育,还是可持续发展教育,在生态环境知识教育上首先要从最基础的元素教起,比如水、土壤、海洋、矿物、森林、动物、人文遗迹、风景名胜,使人们对所处的周围环境有一个整体把握。除此之外,事物发展的基本规律、事物与事物之间的联结、环境的价值、环境的功能、个体所遵从的原则等等,都应该包含在生态环境的知识体系中,使人们在意识的驱动下,摄入元素知识、关系知识以及系统知识,通过亲身实践和理论经验去丰富对环境、生态、文明的认识。

二、科学人文教育

根据前述理论基础和价值取向,绿色教育的内容体系应该是科学教育与人文教育的融合。这里的科学主要是指向科学规律和科学精神,而人文则是指以人为本的人文思想、人文知识和人文精神。甚至在有些教育家看来,绿色教育就是科学规律和人文思想的有机结合,可以见得科学人文教育也应该是绿色教育的核心组成部分。同时,"绿色教育是全方位的环境保护和可持续发展意识教育,即将这种教育思想渗透到自然科学、技术科学、人文和社会科学等综合性教学和实践环节"[①]。这就强调了科学与人文并重,教育教学内容要表现人文性和科学性的特点。

(一)科学教育

"科学"(science)最早来源于拉丁文中,指广义上的学问和知识,包括数学、哲学、自然科学、音乐等。狭义上的科学通常指自然科学,涉及化学、物理、数学等学科。"科学"一词在我国汉语的语境中有两种含义:其一,它带有"实事求是"的意思,

---

① 王大中.创建"绿色大学"示范工程,为我国环境保护事业和实施可持续发展战略做出更大贡献[J].世界经济与政治,1999(2):78-79.

多用来形容正确的事情或者真理;其二,它代表着一种世界观和方法论,属于哲学范畴,指运用科学的方法把握事物发展的本质和规律。在绿色教育中纳入科学教育的概念,意味着不仅要教给人们以正确的知识,而且要将科学的精神、意识和科学的方法传递下去,做到以绿色的科学教育育人。

科学教育的内涵和内容代表绿色教育现实和理性的部分。以科学的教育培育人才,就是要在绿色教育中融入学生科学素养、科学精神、科学知识教育。完整的科学教育应该包括科学知识、科学精神、科学品质、科学方法和科学能力五个方面。科学精神是科学教育的核心,也是绿色教育在科学教育上的重要体现。科学精神指引人们的认知和实践,科学精神教育是科学教育的核心。科学知识是科学教育最直观和最基础的部分。科学方法则是形成和运用科学知识的手段和规则,是科学教育发挥作用的有效途径。科学方法不仅能帮助人们获取科学的知识,而且能够促使人发挥主观能动性进行创造,规范科学认知,展现科研能力,强化科学素养。绿色教育必须要把培养学生科学精神、学习科学知识、提高科学素养作为重要的内容,使学生建立起认识自然、认识人类、认识世界的科学观念。

(二)人文教育

"人文"一词在中西方的具体阐述有所不同,但都包含人本主义思想,展现人文关怀的理念。"人文"可以用"文化、仁、礼、自由、科学"等词表现其丰富的概念。"人文",重点关注的是人自身发展的价值,是对人生的思索,也是对生命价值的探讨。2016年9月,《中国学生发展核心素养》在北京发布,提出了六大素养、十八个基本要点,其中就涉及"人文底蕴""人文积淀""人文情怀"等。绿色教育除了要包含与环境相关的理性科学教育,道德、信念、价值观等人文层面的教育也是奠定绿色人生发展的关键。

人文素养是绿色教育在人文教育上要达到的重要目标。人文素养是全面发展的根本,也是推动自身发展和社会发展的动力。人文教育是实现人文素养的有效手段和途径。完整的人文教育应该包含人文知识、人文方法、人文精神以及对人、自然、社会的理解。教学人文知识,主要指的是学习文学、历史、哲学、艺术等学科理论知识,丰富人在情感、想象、记忆、感觉等方面的体验,从而拓展思维,提高创造力。人文精神的基本内涵就是以人为本,关注人的价值问题,强调以平等、包容的思想对待每个人。因此,"绿色教育奠定绿色人生"需要通过人文教育培养学生的核心素养,落实立德树人的根本任务。

三、社会关系教育

在人类的整个发展历程中,人与人以及人与社会的关系一直以来都是助推个人进步和社会发展的重点。而教育,也是人类历史发展和社会发展中十分重要的一项活动。教育的产生和发展离不开人的参与,同时也和人与自然、人与人、人与社会形成的各种各样的关系分不开。绿色教育是教育活动的一个组成部分,是一种新型的教育理念。在教育与社会各自发展又相互影响的过程中,在一定基本理论的基础上,绿色教育的内容体系中也应该包括社会关系教育,使学生认清社会发展的过程,处理人与人、人与社会的关系。绿色教育中的社会关系教育应该聚焦绿色家庭教育、绿色师生关系,最终形成绿色的、人与社会和谐发展的关系和理念。

(一)家庭教育

家庭关系是人自出生以来率先形成的基本关系。家庭作为社会的一个基本单位,是孩子成长和接受启蒙教育的第一个重要场所。自古以来,我国都非常重视家庭关系和家庭氛围对构造良好家庭教育环境的重要作用。家长作为孩子的第一任老师,肩负着培育孩子成才,促进孩子身心健康发展的重任。家庭关系的教育意味着父母的关系、父母与孩子的关系都要体现绿色、和谐、融合的理念,才能使孩子在健康的家庭环境中成长。十八大以来,习近平总书记多次强调家庭教育的重要性,要求重视家庭建设、重视家教、重视家风,重视言传身教,教知识、育品德。家庭教育作为社会关系教育的一个组成部分,在微观和具体层面也要反映和践行绿色教育的内涵。绿色教育需要考虑家庭环境的建设、家庭关系的发展、家庭交流的参与等。因此,在一定程度上,良好的家庭教育、家庭关系和家庭氛围是孩子发展社会关系和进行人际交往的基础,符合绿色教育关注人文素养的观念,对践行绿色教育具有奠基性作用,是绿色教育不可忽视和割舍的内容。

(二)师生关系

师生关系是学校教育中的重要关系,是进行社会关系和人际关系教育的基础。

实施绿色教育最主要和最有效的阵地和载体就是学校,而学校绿色教育的开展要在师生交往和课堂教学中逐步落实推进。良好的师生关系应该呈现出学生尊重教师、教师热爱学生的理念。绿色教育要求建立在和谐与共的师生关系上,要求教师围绕"以人为本"这一中心,聚焦绿色课堂教学,在教育教学过程中进行以师生关系为基础的社会关系教育。在过去的教育中,教师往往处在教学和课堂的中心位置,学生更多的是被动地接收知识。而绿色教育强调将学生置于中心地位,真正体现师生关系的民主性。如此,绿色教育支持下的师生关系教育要秉承使学生在丰富多彩、形式多样的教学中绿色成才的理念,最大限度地尊重学生、信任学生。良好的师生关系有利于促进学生成长、教师提升,为绿色教育的实施和建设可持续发展教育奠定良好的基础。

(三)人与社会发展

人的发展同社会的发展是相互依存,相互影响的。一方面,人属于社会的一部分,人的发展是社会发展的前提和基础;另一方面,社会是人与人关系作用形成的集合体,是个人发展的途径和条件。社会生产可以满足人在物质方面的需求,为人的基本发展创造良好的环境。同时,社会生产的发展为人提供文化和教育的保障,提供社会交往,帮助人们寻求自我定位。同样地,个体的发展可以促进社会的整体发展。绿色教育就是要将个人的发展、社会的发展,以及人与社会的关系纳入其中,以此促进学生的可持续成长。因此,人与社会发展是绿色教育关于社会关系教育的重要内容。

四、身心发展教育

绿色教育所对应的主体是学生,而学生是一个又一个鲜活的生命个体,绿色教育强调身心发展教育,要求尊重学生个性发展,使之健康成长。使人健康,就是要遵循学生的生长规律、情感体验、学习差异性等,在身体与心理两个方面都树立健康第一的思想。绿色教育要站在"促进孩子幸福快乐成长"和"开发与保护并重"的层面上[1],使人聪慧,使人健康,使人可持续发展。身心发展教育首先要求保证孩子的生命安全,其次要引导孩子锻炼身体,养成良好、健康的心态,使其健康、快乐成长。

---

[1] 张同祥.走向绿色教育[M].武汉:湖北人民出版社,2016:176.

(一)生命安全教育

绿色教育的核心价值观体现在"以人为本"的思想上,这就明确了人在绿色教育体系中的重要地位。"以人为本"不但要考虑人在教育教学过程中的作用和主体性,更重要的是使人们能够通过教育认知生命,珍惜和保护自我、他人的生命安全。生态环境教育教会人们认识自然、认识自我、认识社会,人文科学教育使人既具备科学知识和技能又能在感性层面上表现人文素养和人文关怀,社会关系教育能够使人更好地处理个人发展与社会发展的关系,而生命安全教育则是前面几项内容实施、开展的重要前提,没有生命安全,谈何发展?安全教育的目标是帮助人们正确地认识生命的价值,树立保护生命的意识,提高自我的生存能力,对生命、自然保持敬畏之心。学者袁贵仁曾说道:"生命不保,何谈教育?"这句话道出了身心发展教育必须要关注生命安全。尤其对于生理和心理尚未成熟的青少年来说,生命安全教育是他们安全、健康成长的前提。

同时,生命安全教育要同环境教育结合起来,关心环境污染、社会治安问题,教给孩子基本的保护措施,让其拥有在危险中保全自己的意识和能力。生命安全教育把人的生命、人的价值放在首位。从这一意义上说,生命安全教育是人类社会对生命价值和生存发展呼唤,也是"以人为本"的体现。绿色教育需要将生命安全教育摆在突出位置。

(二)心理健康教育

心理健康是生命健康的重要组成部分,也是生命安全教育在心理发展上的又一重要体现。广义上的心理健康是指一种高效而满意的、持续的心理状态,在这种状态下,人能作出良好的反应,具有生命的活力,而且能发挥其身心潜能。[1]将心理健康的外部表现和内在感受联系起来,将适应和发展结合,也是绿色教育关于关注孩子身心发展的重要内容。我国心理学家林崇德教授从学习、人际关系、自我发展三个方面对心理健康的标准做出了描述。首先,在学习方面表现为:学习的主体,从学习中获得满足感,并保持与现实环境的接触,养成良好的行为习惯。[2]这一观点与绿色教育"以人为本"的理念和社会关系教育的目标相符合。其次,在人际关

---

[1] 樊富珉.大学生心理健康教育研究[M].北京:清华大学出版社,2002:52.
[2] 林崇德.关于心理健康的标准[J].思想政治课教学,2000(03):36-37+57.

系上,心理健康表现为客观了解他人,关心他人需要,积极沟通,保持自身人格的完整性。这一标准也符合绿色教育奠定绿色人生,促进绿色人际关系的理念。最后,从自我方面来看,心理健康表现为正确地评价自我,通过别人认识自己,扩展生活经验,具有自制力等。以上三点体现了绿色教育在心理健康教育上对学生个人学习与发展,与他人交往的具体要求。

教师要在生命安全教育的基础上和过程中引导学生正确、客观地了解自我,认识他人,培养学生乐观、向上的心理品质,保证其人格的健全发展。要在构建绿色和谐发展校园中将心理健康教育渗透于整个教育中,可以通过开设心理课程,进行心理咨询等方式促进学生心理健康。

第三节 绿色教育的推进落实

1994年,随着欧洲环境教育基金会(FEEE)"生态学校计划"的提出,各国开启了以环境教育为主题的构建"绿色学校"活动。1997年,我国正式启用"绿色教育"一词并开启"中国中小学绿色教育行动"项目。我国的绿色教育从环境教育、可持续发展教育中一步步走来,既在思想上进行探索,又在行动上进行创新,是理论和实践相互促进的结果。总的来说,我国绿色教育是在国家和社会倡导的绿色发展理念指引下,由中小学校开展绿色活动,从而聚焦构建绿色课程和绿色教学的三级体系中逐步推进和落实的。

一、国家和社会层面

自中国人民共和国成立以来,我国为了恢复经济建设而在一段时间里忽略了自然环境和生态资源的保护。随着环境教育和可持续发展理念在全世界的推广,我国历届领导人和社会群体开始对生态文明建设和绿色发展进行探索,针对现实问题,在政策引领和行动实践上,根据时代定位和人民意愿,不断探索符合国情的绿色发展道路。

(一)引领绿色发展理念

1949年,我国开启了早期以环境教育为主的绿色发展理念教育的探索阶段。面对早期的经济建设和社会生产局面,毛主席将马克思主义与中国的国情结合起来,提出了具有绿色发展理念的主张。此后,历届国家领导人在已有绿色发展思想的基础上,结合不同时代需求,不断更新绿色教育的内容和培育方式。首先,将经济发展和生态环境保护兼顾起来。在保证生态环境不被破坏的前提下推动经济发展,坚决不以破坏和牺牲环境为代价,既要着眼于目前的发展问题,又要考虑人类的长久利益。这就要求树立经济效益和生态效益统一的意识,从绿色发展的角度引领和推动绿色教育的实施。其次,提出了利用科学技术和教育来改善生态环境的主张。邓小平强调,绿色发展的理念要与绿色教育工作的开展结合起来,是因为绿色人才的培养可以为国家经济发展、社会进步以及生态环境的绿化提供人力支撑。科学技术可以在开发环境和资源上提供技术手段,保证开采和使用的科学化,利于发展循环经济,符合绿色可持续发展的理念。再次,随着可持续发展理念的深化和科学发展观的提出,我国环境教育向着绿色教育迈出了一大步。由此来看,科学发展观是根据时代主题凝结的绿色发展新理念,重视民生问题,是绿色教育"以人为本"的体现。自1994年我国颁布《中国21世纪议程》,提出建设绿色校园的想法以来,国家和社会层面相继加强了可持续发展理念的引领性。2003年,国务院印发了《中国21世纪初可持续发展行动纲要》,2005年出台了《国务院关于落实科学发展观加强环境保护的决定》,2010年又颁布了《国家中长期教育改革和发展规划纲要(2010—2020)》。从改革开放到步入21世纪,我国的绿色发展理念通过国家和社会的引领,不断丰富内涵,深入和扩展到学校和课堂上,呈现出逐步推进的姿态。党的十八大以来,以习近平同志为核心的党中央把"绿色发展"确立为五大发展理念之一,把"坚持人与自然和谐共生"纳入新时代坚持和发展中国特色社会主义的基本方略,把"生态文明"写入宪法,把"美丽中国"确定为建设社会主义现代化强国的重要目标。[①]

(二)推动绿色行动实践

在绿色发展理念的指引下,我国绿色教育将政策理念和教育实践紧密结合起

---

① 武卫政,刘毅,孙秀艳,寇江泽,赵贝佳.加快绿色发展[N].人民日报,2019-02-22(001).

来,通过绿色教育行动和"绿色学校"创建持续推进、落实。从1997年到2000年,行动计划主要在教师培训机构和试点学校开展。到2004年底时,教育部颁发了《中小学环境教育实施指南》(以下简称为《指南》);自2005年起,实践行动开启第三阶段,要求在全国中小学范围内全面推动实施《指南》,致力于绿色发展理念的实践运用和推广。至2007年底,"中国中小学绿色教育行动"已经走过十个年头,而在《指南》的实施和指导下,这项行动计划在社会上的影响力进一步扩大,辐射到全国近五十万所中小学校和两亿名中小学生。[①]总体看来,国家绿色发展理念和政策为开展绿色教育实践指明了前进的方向。"中国中小学绿色教育行动"是我国由环境教育走向绿色教育的尝试性探索,也是我国推进绿色行动、开展绿色教育的成功典范。

此外,创建和发展"绿色学校"是我国推进落实绿色教育的又一个新举措和新阶段。根据《21世纪议程》和我国阶段性的可持续发展战略部署,国家于1996年就发出了要建设绿色学校的倡议。2009年,在国际生态学校项目的推动下,我国正式启动了首个关于全球性环境与可持续发展教育的项目。"绿色学校"的创建是国家引领学校进行绿色教育的重要实践之一,能带动家庭、社会共同参与到环境保护行动中来。而且,国家和社会还多次对学校教师进行培训,先后在全国范围内举办关于环境教育的比赛,通过教师和学生绿色素养表现的程度,评估绿色教育的落实情况。

二、学校层面

学校是教育活动的主要阵地,也是实施国家教育政策,落实教育理念的重要场所。开展绿色教育需要以学校为载体,用绿色的校园环境、绿色的人文气息,在绿色的课程和教学影响下,发挥学校绿色育人的重要作用。根据国家绿色发展战略要求,各大中小学要在满足基础设施建设绿化和校园文化绿化的双重环境下,为教师教学、管理与发展,以及学生学习与成长提供基本的绿色物质环境,营造良好的有利于整个学校发展的氛围。

---

① 张同祥.走向绿色教育[M].武汉:湖北人民出版社,2016:23.

(一)构建绿色校园环境

绿色的校园环境是实施绿色教育的保证。围绕"绿色、阳光、整洁、可持续"的校园环境建设理念,完善静态的物质环境建设,是保证学校绿色教育活动开展以及物质环境与人文环境相融——打造绿色校园人文的前提。构建绿色校园环境,首先要创设一个蕴含绿色发展的、清新自然的校园物质环境。

绿色教育在学校层面强调的绿色环境指的就是学校内部的自然环境建设,要与整个生态环境相协调。建设绿色的校园环境包括校园的建筑绿化、学校楼宇规划、教学设备以及生活设施等硬件上的设计与布局。一方面,从绿色环保的角度来看,建设绿色校园环境时应该根据可持续发展的要求,注重校园建设的立体式绿化。在校园建设上,兼顾经济效益和环保效益,做好资源的合理利用,校园设施注重环保和安全管理。除此以外,硬件环境要适应当地的环境特点,既要在整体构造上和谐,又要关注学生学习、生活的教室、宿舍等小环境的维护和管理。另一方面,从构建绿色校园环境的人文性来看,绿色校园能够为广大在校师生提供良好的工作、学习和生活环境,给予教师、学生和工作人员最直观的绿色体验。绿化好、风景优美的校园环境有利于学生在紧张的学习生活中放松心情,在感受自然中关注环境问题,热爱自然生态进而提高保护环境的意识和行动力。因此,在构建绿色校园环境时,校方要站在学生的角度上去思考,结合学生的年龄段、身心发展水平、认知特点等,突出环境育人的影响和作用。

(二)打造绿色校园人文

绿色的校园人文环境也是实施绿色教育的载体,属于绿色环境体系的动态人文部分。打造绿色校园人文环境是进一步增强校园环境文化育人功能的体现,也是人与环境"和合"的体现。建设校园绿色人文,就是要创建一个具有人文关怀的环境,潜移默化地影响学生的思想,使他们在精神层面上拥有关注绿色事业和爱护环境的意识。

环境即艺术,环境即课程。在硬件环境绿色化和艺术化的基础上,校园绿色人文理念还要体现在各种人文景观和设计构造上。绿色校园的绿色人文对于学生来说是隐形的课程,卓越的文化氛围和学校精神可以起到润物细无声的育人效能。"学校的文化建设不能窄化为娱乐和文体活动,而要进入教学、育人取向、服务的各个方面,与学校的发展、品牌和特色相结合,以实现人才培养和战略目标的一致。"①比如,将书画艺术、科普人文与物质环境结合,将校训、教风、学风等刻于文化石上,在走廊设置优秀作品展示、书法展示;本着"课程即生活,生活即课程"的原则,利用诸如植物园、图书角、科技楼等场地开展项目化的绿色学习,增强学生对校园文化的认同感和归属感。打造良好的绿色校园人文,一是要牢牢抓住教学领域,体现学校倡导的教风和学风;二是在学校意识领域践行办学理念、校训、办学宗旨,体现良好的校风。绿色教育育人效果要通过人文素养和意识形态来显示,所以学校层面要注重宣传主流文化和价值观,积极开展讲座、竞赛、文体等丰富的校园文化活动,促进学生与学生、学生与教师、学生与学校的文化互动和交流。

三、课程层面

课程是对教育目标、教学内容、教学活动方式的规划和设计,是有目的、有计划的教育活动的总和。学校不但要在国家政策理念的指引下,落实绿色教育行动,更要在课程的建设、组织、实施和评价中贯穿绿色发展的最新思想内涵。绿色课程是实施绿色教育的核心环节,对实现绿色教育引领绿色发展至关重要。依照教育活动的特点,绿色教育也应该在课程设置和教学内容中建立一套完整的体系,根据一定的目标和原则,组织开展绿色课程,并对其实施效果做及时的评价和反馈。

(一)建立绿色课程体系

要实现绿色教育进学校、进教材、进课堂,就必须要构建完整且清晰的绿色课程体系,将其作为实现培养目标的载体,保障和提高绿色教育的质量。构建绿色课程体系,要本着"以人为本"的主张,根据绿色教育的整体规划,分层级地落实和开展课程体系内的内容。

树苗的成长在于土壤,绿色课程体系便是学生成长的沃土。通过梳理国家课程的发展脉络,学校要确立绿色课程建设和管理计划。将国家课程作为总的纲领,结合地方教育特色,开发适合本校发展的校本课程。同时,构建绿色课程要遵循绿色教育奠定绿色人生的学校办学理念,着眼于学生的可持续发展,关注学生的生命价值实现,回归和践行教育的真实性和生态性。因此,要将校本课程建设与学校办

---

① 王继华.学校文化建设的特点及误区[J].教学与管理,2007(28):18-19.

学特色、总体培养目标进行整合,将其纳入学校发展规划,并加强课程制度化建设,力争做到规范有序,实现可持续发展。

根据我国学生核心素养培养目标,在覆盖面广、设计科学、操作性强的要求下,绿色课程体系的开发与构建可以分成以下部分:德育课程,以健全学生人格,获得主动性发展为目标,包括德育知识与运用、德育实践与运用;健康课程,进行心理疏导,传授运动技能,旨在帮助学生认识自我,正确宣泄情感和处理人际关系;阅读课程,通过课内和课外阅读任务,培养学生的阅读素养和获取信息的能力;科学课程,意在教学科学知识、技能,启发学生科技创新意识和能力;艺术课程,使学生感受美、欣赏美、创造美,可以美术、音乐、书法、舞蹈等形式呈现;实践课程,整合学校各类活动,加强学生体育锻炼,鼓励多参与社会志愿活动和社区活动,进行对外交流。总之,构建绿色课程体系就是要关注学生德智体美劳五大领域全方位发展,体现素质教育的核心观点和要求。用多样化、丰富化、融合化的内容联结人与课程、生活与课程、自然与课程、社会与课程,实现全面、和谐、可持续发展,凸显学生在绿色课程中的主体性地位。

(二)组织绿色课程实施

课程实施是将编制好的课程计划和内容付诸实践的过程,是实现预期教育目标的手段。这个过程涉及教育者、受教育者以及教育内容三个要素。绿色课程要通过绿色课堂来实施。绿色课程应该是充满生机的、高效率的课程。它既需要每一位教师根据课程计划,运用科研手段探索课程内容的可行性,也需要教师根据受教育者的特点,使用合适的教学方法和手段对其施加影响。因此,组织开展绿色课程的实施,就要把教师教学、学生学习、课堂管理等因素纳入到绿色课堂中予以综合考虑。

首先,组建绿色的师资队伍是组织和实施绿色课程的关键性环节。绿色的教学团队更懂得如何进行绿色教育,如何践行绿色课程。一支绿色的师资队伍,应该是在科学、人文、生态、健康、可持续发展的绿色理念指导下,拥有共同的教育愿景、善于学习、善于研究、善于合作,具有高度职业道德和知识素养的一群人。只有这样的绿色教师,才能开展绿色教学,将绿色课程中的内容融会贯通,真正传递绿色教育的内涵。其次,绿色课程的实施反映在课堂的教学活动过程中。教学的主体是教师和学生,师生根据课程的计划安排,在整个教学过程中相互影响、交流合作,共同发展。教师在绿色课堂中,不但要教好课程内容,更重要的是要带动学生积极参与其中,主动地与课程进行碰撞和互动。同时,绿色课程实施要求教师对课程要有研究,在相互调适的基础上将教学和科研两条线联通,凸显教师自身的绿色发展。最后,绿色课程实施与课堂管理是分不开的。绿色的课堂管理象征着文明、民主、科学、公平、尊重,具有和谐、可持续发展的蕴意,是实施绿色课程和开展绿色教学的重要保障。绿色课堂要采取人文化、自主化和个性化的管理方式,教师要尊重、爱护、引导学生学习和生活,保障课程实施环境的和谐和绿色。教师在课堂教学中既要教知识,又要实现教人、育人的目的,始终围绕着学生的自由发展和生动成长来进行教学。

(三)开展绿色课程评价

课程评价,就是"以一定的方法、途径对课程计划、活动以及结果等有关问题的价值或特点作出判断的过程"[①]。绿色教育要开展关于绿色课程的评价,要在绿色课堂的实践中注重过程性评价。评价是导向,课程评价不仅关乎课程的合理性,更关系着教师与学生的可持续发展。绿色课程评价具有过程性、全面性、可量化、可积分、易操作等特点,关注学生绿色素养生成的实际水平是否达到课程标准或者目标。

绿色课程评价注重动态、持续、不断改进的过程,是关于"学生、教师、课程内容或教材"的综合性评价。第一,教师和学生是课程实施的主要参与者,是课程评价的主体和被评价的对象,他们对课程的感受和想法对课程评价而言具有重要参考价值。学生通过课程学习,在知识、技能、行为、情感、意识等方面是否有所提升,可以从运动与健康、阅读与积累、艺术与审美、科技与创新、劳动与实践几个方面展开内容评价。同样地,评价教师实施绿色课程成功与否,也要结合课程和教学的设计和要求,建立相应的各项评价标准。第二,绿色课程评价还要将绿色课程的计划、实施、结果作为参考,同时兼顾师生在课程当中的表现。开展绿色课程评价,是绿色教育走进校园、走进课堂、走进师生的客观要求,是有利于学校校本课程建设与进步的,对促进学生在德智体美劳课程领域的发展具有引导作用。总的来说,开展绿色课程评价要树立主体意识,将教师和学生摆在中心位置。

---

① 李雁冰.课程评价论[M].上海:上海教育出版社,2002:2.

第三章　基于学科的绿色辅助课程方案

课程是学校教育的基本构成要素,是所有教育教学活动开展的前提。课程方案设计主要包括设定课程目标、选择课程内容、组织与实施课程内容三大板块。绿色辅助课程方案的设计紧紧围绕这三大板块,自觉以国家课程目标、地方课程目标为抓手,主动遵循校本课程目标,确定出基于学科的课程目标层级体系,并将此作为选择、组织与实施课程内容的重要依据。因此,选择课程内容与组织、实施课程内容在目标方面追求内在的一致性,在课程开发方面追求内容上的整合性。基于学科的绿色辅助课程立足学校绿色校园环境,以挖掘学科课程内容为基点,调动师生参与教育教学活动的积极性,将绿色教育奠定绿色人生作为学校教育的不懈追求。

第一节　课程目标

目标问题是课程设计的首要问题,关系到课程内容、组织与实施的基本指向。绿色辅助课程的目标是什么？其确定依据有哪些？绿色辅助课程目标有哪些确定指向？其经过宏观层面的解析,落实到与六大绿色课程休戚相关的微观层面后,又该做怎样的解读？以上这些问题涉及绿色辅助课程目标的顶层设计,需要有一个清晰的解答。

一、绿色辅助课程目标的内涵

(一)课程目标的内涵

"课程"一词在中国最早出现于唐朝,及至宋代,朱熹在《朱子全书·论学》中频频提及课程,其所说的课程,主要指功课及其进程,与今天所说课程的意义已极为相近。而在西方,最早提出课程的是英国著名哲学家、教育家赫伯特·斯宾塞(Herbert Spencer),他在《什么知识最有价值》中提及课程一词,意指学校教学内容的系统组织,这成为西方最常见的课程定义。随着课程定义的不断更迭,在当代的课程理论文献中,许多学者又把课程的含义界定为:学生与教师在教育过程中的活生生的经验与体验,称为"过程课程"。由此可以归纳得出:古今中外,学者们对课程的定义可分为三类,一是将课程作为学科。课程是指所有学科,是教学科目的综合或学生在教师指导下各种活动的总和。这是使用最普遍,也是最常识化的课程定义。二是将课程作为目标或计划。课程是教学要达到的目标,教学的预期结果或教学的预先计划。三是将课程作为学习者的经验或体验。即课程是学生自主获得的或者是在教师指导下所获得的经验或体验。[①]

所谓课程目标,就是通过课程的一系列活动对教与学提出的要求,是指课程本身要实现的具体目标和意图,它规定了某阶段的学生通过课程学习,在品德、智力、体质等方面实现的程度,是确定课程内容、教学目标和教学方法的依据。

(二)绿色辅助课程目标的内涵

绿色辅助课程参考了学术界对课程的第一种和第三种定义,是指学生在教师的指导下开展的所有绿色辅助学科及各种活动的总和。简言之,绿色辅助课程就是学校基于"绿色教育奠基绿色人生"的办学理念,开设的有别于国家课程与地方课程的校本课程,包括了绿色德育、绿色科技、绿色运动、绿色艺术、绿色阅读、绿色劳动六种课程,这些带有学校特色的辅助课程成为国家课程的补充,也是地方课程的延展。

绿色辅助课程目标,就是以培养发展中的人为目的,以"顺木之天,以致其性"的教育理念培养学生,促进学生的个性化发展。它规定了绿色辅助课程的六大学科,指明学生在学科知识、能力发展以及社会价值观取向上所要达到的程度,是确定六大辅助课程的教学内容、教学目标及教学方法的重要依据。

二、绿色辅助课程目标的确定依据

(一)国家课程目标体系

1949年,现代课程论之父——拉尔夫·泰勒(Ralph W. Tyler),在《课程与教学的基本原理》(Basic Principles of Curriculum and Instruction)中,把当代社会生活的需求、学科的发展、学习者的需要并列为教育目标的三个确立依据。此后,这三个方

[①] 施良方.课程理论:课程的基础、原理与问题[M].教育科学出版社,1996:2-3.

面被学者们沿用至今,成为课程开发、课程目标确定的基本维度。[①]同样,它们也成为国家课程目标体系的考虑因素。

国家课程目标体系是从国家层面对课程目标作出的整体规划,内容宏大、覆盖面广泛,对校本课程的目标确立具有重要的定向作用。其中,《基础教育课程改革纲要(试行)》(以下简称《纲要》)、《教育部地方课程管理指南》与《教育部学校课程管理指南》里关于课程目标的论述成为国家课程目标体系的重要组成内容。

其中最重要的是《纲要》部分,它明确指出,基础教育课程改革要以邓小平同志关于"教育要面向现代化,面向世界,面向未来"和江泽民同志"三个代表"重要思想为指导,全面贯彻党的教育方针,全面推进素质教育。要遵循学生身心发展规律,适应社会经济发展和科学技术发展的要求,为学生的全面发展和终身发展奠定基础,这也正是新课程结构的均衡性、综合性和选择性的体现。[②]这些表述为绿色辅助课程要培养什么样的人指明了方向。

同时,《教育部地方课程管理指南》与《教育部学校课程管理指南》又进一步为我校绿色辅助课程目标的确定作出指向。它们指出,在保证基础教育课程培养目标和要求全面落实,提高基础教育质量的同时,各地区要结合自身实际,创造性地实施国家课程研究和开发地方课程;学校要进行校本课程的设计和实施,增强校本课程对地区学校及学生的适应性,形成地方特色和学校特色,促进学生发展。这两个指南的颁布,为学校绿色辅助课程的开发与目标确定提供了重要依据。

(二)地方课程目标体系

地方课程是教育主管部门根据国家课程政策,以解决地方存在的实际问题,致力于进一步提高地区办学水平和教育教学质量而允许地方开设的课程。某地区《地方课程(通用内容)标准》指出:地方课程是各个不同地方对国家课程的必要补充,地方课程可以针对不同地方学生发展水平的差异,及时作出调整,照顾学生的兴趣爱好和特长,从而极大地丰富、拓展教育内容,保证国家教育目标的实现,有效促进学生自主全面发展。这一标准明确指出了地方课程的目标,划定了绿色辅助课程目标的范围。

[①] 单中惠,朱镜人主编.20世纪外国教育经典导读[M].济南:山东教育出版社,2018:61.
[②] 中华人民共和国教育部.国家基础教育课程改革纲要(试行)[EB/OL].
http://old.moe.gov.cn/publicfiles/business/htmlfiles/moe/moe_309/200412/4672.html

(三)校本课程目标体系

校本课程是以学校为本位,由学校确定的课程,与国家课程、地方课程相呼应。校本课程是以学生需要为主要指向,以教师为主要抓手,以学校特色发展为长远追求,实实在在立足学校、学生、教师的课程。校本课程目标,旨在引导学生在综合课程的选择中得到个性发展,在选择中发现潜在能力,提升自身的信息加工和采集能力,学会学习,在课程的自主选择和个性化知识的掌握过程中形成更多更广泛的能力,更好地认识学习的价值,塑造健全人格,学会生存。

综上所述,国家课程目标体系为我校绿色辅助课程目标指明了开发方向,地方课程目标体系为我校绿色辅助课程提供了发展空间,校本课程目标体系为我校绿色辅助课程目标的确定锁定了范围。

三、绿色辅助课程目标的指向

课程目标是价值观在课程与教学领域的具体化,因此任何课程目标都有一定的价值取向。课程论专家将课程目标的取向分为"普遍性目标"取向、"行为目标"取向、"生成性目标"取向、"表现性目标"取向四类。绿色辅助课程目标遵循这四种取向,集中指向人的全面、均衡发展。对一所学校而言,推动其可持续发展的是本校的师生团体,只有教师和学生都得到了发展,整个学校才能扬帆远航,真正实现健康、可持续发展。因此,学校绿色辅助课程目标以促进教师和学生共同发展为价值取向与根本追求。

(一)指向学生个体发展

课程以促进学生发展为宗旨,学生是课程实践的主体,是整个学习过程中的主体。学校在设置绿色辅助课程目标时,应考虑到学生心理发展的阶段性特征、认知水平以及可持续发展等因素。

首先,学生的心理发展具有阶段性、差异性与不平衡性等特征。威瑞特·查特斯(Werrett Wallance Charters)在1923年出版的《课程编制》(*Curriculum Constrction*)一书中就强调要根据儿童心理特征安排内容。[1]绿色辅助课程目标中也明确指出,

---

[1] 查斯特的课程理论[EB/OL].https://max.book118.com/html/2017/0628/118596701.shtm

教师要依据儿童的心理发展水平,以多种方式激发儿童学习的乐趣,关爱每一个学生,呵护他们成长。

其次,在学生的认识水平方面,皮亚杰将处于小学阶段的儿童的认知定位在具体运算阶段,这个阶段是由形象思维向逻辑思维过渡的关键时期。他指出儿童认知发展的本质是适应,儿童认知发展不仅是连续性的,还是阶段性的、差异性的。因此绿色辅助课程目标强调,教师要科学安排学科内容,让学生通过动手操作、直观感知、合作交流的方式进行学习。

最后,在促进学生可持续发展方面,随着"人与自然,人与人双重和谐"可持续发展论的提出,1997年,联合国教科文组织正式确立了"可持续发展教育"的国际化地位。它反映了世界教育未来的发展趋势,即未来国际社会对人的要求。[1]教育指向培养"发展中的人"。绿色辅助课程正是为了落实可持续发展思想下衍生的"绿色教育奠基绿色人生"的教育理念,以学生的发展为本,以培养小学生的全面发展为己任,培养学生健全的人格和终身学习的能力,以适应社会的要求,让每一个学生都能可持续发展。绿色辅助课程目标中的情感、态度、价值观目标明确指出要让学生通过学习获得个性化发展。

(二)指向教师专业发展

教师专业发展是教师作为专业人员,在专业思想、专业知识、专业能力等方面不断完善的过程。随着时代的高速发展,专业知识也在不断地更新,教学理论不断更迭,教育思想不断演变。因此,新时代的教师,必须按照科学规律来设计教学,按照艺术的要求来构思教学,将自己的专业知识转化为专业能力,不断积累自己的教育经验,更新自己的教育理念,形成自己的教学思想,成长为一名专业的智慧型教师。

学校绿色辅助课程的开发,使教师得以亲自参与到课程编制的全过程,增强了教师的课程意识,提高了教师的课程设计与研发能力,这无疑为教师专业化发展提供了广阔的空间。其次,在辅助课程的实施过程中,教师通过课前反思、课中反思、课后反思,能不断调整教学目标、课程资源、教学方法,并依据学生的反应,在课堂生成中不断形成新的经验,达到教学相长。

---

[1] 王永胜.可持续发展教育理念下的学校课程发展研究[D].东北师范大学,2015.

四、绿色辅助课程目标的层级

如前所述,课程目标是指课程本身要实现的具体目标和意图,它规定了某一教育阶段的学生通过课程学习以后,在品德、智力、体质等方面期望实现的程度,它是确定课程内容、教学目标和教学方法的基础。课程目标包括总体目标、分级目标、分类目标、分科目标。总体目标是育人纲领,分级目标是课程目标确定的三个大方向,分类目标是课程目标的五种设定观,分科目标则是针对六大辅助课程设立的独立的课程标准。绿色辅助课程的四级目标的关系如下:

```
        总体目标
           ↓
        分级目标
         ↙    ↘
        分类目标
         ↙    ↘
        分科目标
```

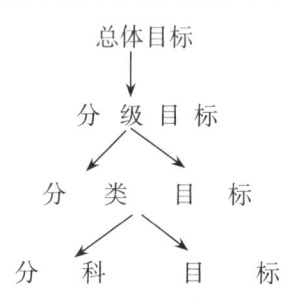

图 3-1 森林小学绿色辅助课程目标层级

(一)总体目标

通过小学阶段各个年级的各个绿色辅助课程的学习,学生获得不同于基础学科的能适应未来社会生活及可持续发展的知识与技能,并在体会绿色辅助课程与自然、社会的关系中,增强自信心,树立健全人格。

(二)分级目标

分级目标包括行为目标、生成性目标和表现性目标。首先,在行为目标方面有如下三点:(1)发挥六大辅助课程的优势,让学生获得相关学科的基础知识,形成相应的基本技能。(2)学生在各学科知识学习的过程中,体验知识产生、发展的过程,从而培养分析问题、解决问题的能力。(3)发挥不同学科的育人功能,让学生得到不同的情感体验,养成良好的学习及行为习惯,为学生的可持续发展奠定基础。

其次,在生成性目标方面也有三点:(1)学生充分体验不同辅助课程的学习探究活动,在鲜活的体验中理解知识,从而在理解的基础上掌握内容、优化学习方法。(2)学生通过自主学习,师生、生生交流,合作探究等多种学习方式获取知识,发展自己的思维能力。(3)学科学习氛围开放、民主,学生勇于积极表达自己的学习感受,敢于质疑,求真务实,大胆创新。

最后为表现性目标:在培养学生的综合素质,使其掌握基本的知识和技能的过程中,要平等对待每一个学生在不同辅助学科中的学习差异,允许他们形成自己的特长,满足学生多样化的需要,通过激发兴趣,促进学生在已有的认知基础上进行科学的创新,锻炼自己的实践能力和创造能力,获得不同的发展。

(三)分类目标

分类目标主要有社会需求、学科育人、学科知识、学生发展和教师发展五个维度。第一,从社会需求的角度来看,学科知识与社会实际有机结合,注重学生的人际交往能力及生活实践能力的培养。第二,从学科育人的角度来看,以培养健全人格为总目标,根据学科特色制定相应的育人目标。第三,从学科知识的角度来看,教材只是学生学习的工具及载体,学科知识应是帮助学生连接过去与未来的桥梁。因而不同的辅助课程,应充分展现自己的特点,不仅要传授学科知识,更要创造性地使用学科教材。第四,从学生发展的角度来看,学生是学习的主体,教育者应根据皮亚杰的学生认知发展的不同阶段划分及不同辅助课程的特点,为不同年龄段学生分层设置学科教学目标。第五,从教师发展的角度来看,教师要通过研究发展中的学科知识,研究具有差异性的不同学生,通过教学"三反思"(课前反思、课中反思、课后反思)促进自身专业成长。

(四)分科目标

分科目标主要是依据绿色辅助课程的科目来确定的,包括绿色德育课程、绿色科技课程、绿色运动课程、绿色艺术课程、绿色劳动课程、绿色阅读课程等几方面的目标内容。

第一,在绿色德育课程目标方面,要求以社会主义核心价值观为导向,以学生生活为基础,融合道德、心理健康、法律、国情、经济、政治、文化、哲学等相关内容,对学生进行良好品德与行为习惯、马克思主义及中国特色社会主义理论教育,帮助学生提高社会参与能力,提高道德素质和思想政治素质,逐步树立正确的世界观、人生观和价值观,培养有信仰、有思想、有尊严、有担当的中国公民。

第二,在绿色科技课程目标方面,要求注重发挥学校科技教育的资源优势,形成特色,丰富内涵,充分体现科技资源与文化资源的双重教育意义,把绿色科技课程作为素质教育的突破口,做精做优学校科技特色项目,使学生掌握关键的科技知识,培养科学探究的兴趣和思维习惯,懂得"科技强国"的道理,提升自身的科学素养。

第三,在绿色运动课程目标方面,要求遵循人的自然生长规律,尊重学生的天性、个性和主体性,增强学生体能,提高学生掌握和应用基本体育知识的能力。绿色运动课程旨在培养运动的兴趣和爱好,养成坚持锻炼的习惯,形成良好的心理品质和健康的生活方式,真正实现"身体、心理、社会"三健康。

第四,在绿色艺术课程目标方面,要求通过教学使学生不断获得基本的艺术知识以及感知与欣赏艺术的能力,获得情感体验,使艺术鉴赏能力和人文素养得到整合发展。

第五,在绿色劳动课程目标方面,要求绿色劳动课程秉承校训"阳光"及绿色理念,充分调动和发挥学生的主体、主动意识,使其树立正确的劳动观念,养成良好的劳动习惯和品质,具有必备的劳动能力,培育积极劳动的精神,通过参加有意义的实践活动,增强保护资源、爱护环境的意识。

第六,在绿色阅读课程目标方面,要求绿色阅读课程培养学生阅读的兴趣和能力,通过广泛开展阅读活动,使学生养成爱护图书的习惯,同时积累文化知识,丰富文化内涵,为终身学习、可持续性学习打下坚实的基础。

第二节 课程内容

对课程内容的解释大都围绕三种不同的取向而展开:(1)课程内容即教材;(2)课程内容即学习活动;(3)课程内容即学习经验。学校绿色辅助课程参考了课程的第一种定义和第三种定义,指学生在教师的指导下开展的所有绿色辅助学科及各种活动的总和,它具有整合性、拓展性、针对性等特点,在整体布局上呈现出德育为主的设计理念。

一、绿色辅助课程的整合性

随着信息社会的到来,社会变迁速度空前加快,学校、家庭、社区越来越趋向于融合,趋向于一体化。在这种背景下,应谋求学校课程与校外课程的整合。在当前社会背景下,课程被理解为教师、学生、教材、环境四因素的整合[1]。毫无例外,绿色辅助课程作为校本课程的重要组成部分,也需要综合考虑教师、学生、教材与环境要素,并合理配置这些要素,使各科内容相辅相成、和谐共生。

(一)学校课程与校外课程的整合

学校课程与校外课程的最大区别在于育人环境的不同。绿色辅助课程内容中的环境要素,在某种意义上说,远不止学校环境,还包括广阔的富有教育意义的校外社会环境和自然环境。因此,绿色辅助课程内容也蕴含着学校课程和校外课程的整合。校外课程是指排除于学校课程体系之外的课程,在美国著名美学教育家、课程论专家艾斯纳(E. W. Eisner)将其称为"空无课程"。这种"空无课程"似乎看不见、摸不着,实则丰富多彩,教育意蕴深厚,无时不在,无处不有。[2]基于此,绿色辅助课程就是对实际课程与空无课程的整合,也就是学校课程与校外课程的融合。绿色德育实践课程做到了充分利用被有意或无意排除于学校课程体系之外的课程资源,把社区德育活动与社会宣传教育等隐性资源纳入课程内容之中,扩大了德育的范围,加深了德育的感召力,致力于在德育内容的广度与深度上下功夫。例如,学校组织孩子深入社区街道宣讲安全知识、环保知识,慰问孤寡贫困家庭,参观办税大厅、消防中队、污水处理厂、水电站、气象局等,让学生在体验中亲近自然、走进生活,在实践中接受教育。这些校外德育内容与学校开设的"道德与法治"国家课程以及校内德育实践活动,如环保教育主题活动、感恩教育主题活动等校本课程相辅相成,共同助力于学生的德行发展。

(二)校内课程之间的整合(即学科之间的整合)

叶圣陶先生曾说:教育的最后目标是使分立的课程能发生的影响纠结在一起,

---

[1] 张华.课程与教学论[M].上海:上海教育出版社,2001:20.
[2] 张华.课程与教学论[M].上海:上海教育出版社,2001:70.

构成了有机似的境界,让学生的身心都沉浸其中。[①]这正点明了学科间资源整合的特点。在实际教学过程中,学校教师在处理绿色辅助课程的教材时坚持"以学科为主、跨学科为辅,兼容并包,突出重心"的组织思路,以本学科的知识为主体内容,尽可能搜集与本学科相关的知识素材或背景等,把它们作为教学资源的生成点,以创设各种情境,引导学生运用各种方法和途径进行探究,使各学科教材资源得到创造性的应用。如绿色科技课程就是由国家课程(科学)、地方课程(科技辅助活动、信息技术教育、研究性学习、社会实践)、校本课程(社团活动、科技模型、科技创新)构成的多级交叉学科,是一种集国家、地方和学校三级课程为一体的课程模式,既是对国家课程、地方课程的充分整合,也是对校本课程中的其他学科课程的充分整合。

二、绿色辅助课程的拓展性

课程拓展的总体原则是坚持以深化课程改革为中心,以全面实施素质教育为目标,尊重教育规律,开发适合本地、本校学生的课程,从而达到提高教育教学质量的目的。绿色辅助课程之所以居于辅助地位,从根本上讲,就是因为它是对国家课程、地方课程的补充。此外,绿色辅助课程在内容上既包含了课内与课外内容,还包含了校内与校外内容。

(一)对国家课程、地方课程的补充

国家课程、地方课程、校本课程不是完全独立的,它们共同构成了学校课程的有机整体,拥有共同的培养目标,实现不同的课程价值,承担不同的任务,履行不同的责任,从不同的方面促进学生的发展。可以说,校本课程是对国家课程、地方课程的丰富和补充,其开发目的是满足学生和社区的发展需要。校本课程不能与国家课程、地方课程相割裂,它必须与国家课程、地方课程配套实施。因此,学校的绿色辅助课程本身就是建立在国家课程、地方课程基础之上的拓展课程。拓展性课程赋予了学校在许可范围内针对自身特点对国家和地方课程进行补充、发展、提升的职责与权利,为学校特色的形成和持续发展提供了条件。

---

① 何霞.浅谈课程整合在信息技术教学中的应用[J].中学课程辅导(教师教育),2018(16).

(二)从课内到课外的延续

美国教育家华特科勒涅斯指出:"课堂的外延与课外的外延相等。以课堂学习为核心,能动地向学生的学校生活、家庭生活、社会生活等各个领域自然延伸和拓展,使课堂训练与课外行为训练形成有序、有趣、有力、有效的结合,取得语文教学的整体效益。"[1]这段话虽然是针对语文学科谈的,但事实上,学校开设的所有课程几乎都具有从课内到课外的拓展的特征,绿色辅助课程也不例外。

小学的课堂是每节课40分钟,课内的时间和空间都是有限的。因此,为了弥补时空的有限性与知识的无限性之间的鸿沟,绿色辅助课程注重将有限度的课内知识放置于广阔的课外时空中,保持课内外知识的连贯性与整合性,实现知识的迁移与拓展。例如,绿色阅读课程从两个方面努力向课外拓展:一是大力改进课堂教学,二是拓宽语文教学的途径、形式。首先,在大力改进课堂教学方面,绿色阅读课堂充盈着丰富多彩的语文实践活动,让"小课堂连着大世界"。其次,在拓宽语文教学的途径、形式方面,绿色阅读课堂本着向自然、社会、现实生活开放的原则,让语文教学走出课堂的藩篱,去到田间地头,回归学生的日常生活。另外,绿色阅读课程还重视课外阅读、课外习作的指导,使学生把课内学习所得迁移到课外学习中去。课文是精品,文质兼美,具有经典性、基础性和示范性等特征,在思想内容上体现了鲜明的时代精神,在用词、造句、布局、谋篇、文风等方面有一定的典范性。因而课文能够使学生掌握带有普遍性和规律性的知识和能力。要让学生从特殊到一般,举一反三,学校主题阅读正好与之结合,互补互助。课文阅读对课外阅读起着指导作用,课外阅读反过来又丰富并深化课文的阅读学习,真正做到"得法于课内,得益于课外"。

(三)从校内到校外的拓展

在杜威的整个教育思想体系中,一个一以贯之的基本理念是:个人与社会是有机统一的,教育是一个社会化的过程,教育即生活本身,而不是成人生活的被动准备。教育的本质是使个人特性与社会目的和价值协调起来。[2]因此,学校课程仅仅从课内向课外拓展是不够的,还应该充分向校外拓展,向广阔的社会生活拓展。

---

[1] 韦淑枝.在传记选修课上,办一场思维的盛宴[J].师道·教研,2009,000(008):99.
[2] 张华.课程与教学论[M].上海:上海教育出版社,2001:201.

绿色德育课程充分体现了从校内到校外的拓展性特征。森林小学在开展绿色德育课程中特别重视社会实践活动,如组织班级学生上街美化彭水县城,打扫街道卫生;组织啄木鸟小分队巡查大街上的广告牌,帮助纠正错别字;组织学生参观爱国主义教育基地;组织学生进行暑期"研学"旅行等。在丰富多彩的社会实践活动中,让孩子们多角度地了解社会,感受生活,丰盈心灵。此外,教师在实施德育课程时,注重构建家校共育体系,重视学校、家庭、社会"三位一体"的教育模式,注重对家长的培训,使其落实家庭教育的责任、义务。如借助家长微信群、学校公众号等传播学校育人理念及途径,尝试拓展家校互动的新途径,树立全员德育,全面育人的意识。此外,学校与本地的共青团、消防、关工委、邮政、科协等部门创造合作机制,通过举办"百名师生共写书法"、"消防知识讲座与演练"、"科技大篷车进校园"、"最美家书"、"开好毕业典礼"、评选"森林小博士"等系列活动,赋予家校共育丰富的内涵,既让更多的人参与到孩子们的教育之中,又让孩子们感受到了童年生活的多姿多彩。

三、绿色辅助课程的针对性

在九年义务教育的时间跨度里,小学占了6年,学生普遍在12—13岁毕业。小学阶段的学生正处于生理和心理上的关键期,也是接受科学与人文教育的关键期。实践表明,这个阶段产生和形成的习惯、兴趣、知识,对其今后的人生之路是影响深远的。因此,教育应做到排除一切功利和短视,为受教育者的终生负责,学校教育应该是一种绿色教育,为学生今后的绿色人生奠定基础。

森林希望小学开发的绿色辅助课程就是结合学校文化特色给本校就读的孩子量身定制的。从学生的需求出发,从教育的实践出发,从客观的实际出发,体现了以学生为本、以实践为本、以学校实际为本三大原则。

首先是"从学生中来,到学生中去"。有关调查结果显示,受应试教育的影响,一些地方和学校的汉字书写艺术教育没有得到应有的重视,写字教学的状况和效果令人担忧,书法艺术这项中华传统文化的瑰宝面临传承危机,我校的孩子也不例外。以此为契机,我们在组织开发的绿色艺术课程中特别强调了书法教育。经过近10年的强化,学校学生的书写水平整体上得到了提升。针对孩子良好行为习惯培养实施的绿色德育课程,以培养学生健全人格为主线,将健全人格培养细化到学生日常学习和生活中。学校将健全人格培养作为班级管理的细则,每周一小评,每月一大评。同时,积极开展班级"绿色"文化的建设评选活动,各年级、班级分别选择"花、草、树"等植物构建班级文化。绿色辅助课程具有实践性强的特征,重视开展实践活动。以绿色运动课程为例,学校将具有本地民族特色的踩花山舞和竹竿舞纳入其中,动作简单优雅,再配上优美的民族音乐,孩子们学起来自然兴趣盎然。

其次是以实践为本,解决现实问题。不同的地域、不同的学校、不同的学生层次,注定了校本课程的开发不能一刀切,要符合当地的实际、本校的实际、学生的实际。我校地处县城边沿,留守学生占主体,父母多数在外务工,学生普遍缺乏劳动体验。考虑到这些因素,我校着力打造好学校生态环境,在绿色劳动课程开发中,将后山荒坡开垦成种植园,分配给班级管理,各班确定自己的种植项目,学生亲自动手种植瓜果蔬菜。为管理好后山的各种树苗,学校实行学生认领、挂牌管理的方法,孩子们每天都抽课余时间到后山侍弄蔬菜、修剪树苗,真真实实地在劳动中体验到了快乐,收获了知识。

最后,综合考虑学校实际情况,因地制宜。《基础教育课程改革纲要》指出,"为保障和促进课程适应不同地区、学校、学生的要求,实行国家、地方和学校三级课程管理",并要求"学校在执行国家和地方课程的同时,应视当地社会、经济发展的具体情况,结合本校的传统和优势,学生的兴趣和需要,开发和选用适合本校的课程"[1]。根据《基础教育课程改革纲要》相关精神,绿色辅助课程充分考虑学生的需要、兴趣和经验,结合学校实际情况,因地制宜开发校本课程,合理组织教学内容,积极探索自主、合作的学习方式,为学生全面主动发展提供了课程保障。绿色艺术课程中的书法、水墨画,就是依靠学校高素质的书法教师队伍(4名专职书法教师,其中两名现为中国书法家协会会员,兼职书法教师若干)和美术教师队伍(有设施先进的墨韵轩书法练习室);绿色科技课程也是充分依托学校先进的科技体验馆、科技走廊、种植园等学校现有和特有的资源而设置的。

---

[1] 中华人民共和国教育部.国家基础教育课程改革纲要(试行)[EB/OL]. http://www.moe.gov.cn/jyb_sjzl/moe_364/moe_302/moe_309/tnull_4672.html

四、绿色辅助课程的整体布局

当前,学校以培养学生的核心素养为本职。核心素养,主要指学生应具备的、能够适应终身发展和社会发展需要的必备品格和关键能力。2016年9月,北师大发布的《中国学生发展核心素养》中将学生的核心素养概括为三个方面,六大要素,十八个基本点。毋庸置疑的是,核心素养是关于学生知识、技能、情感、态度、价值观等多方面的综合表现;是每一名学生获得成功生活、适应个人终身发展和社会发展需要的、不可或缺的素养。这与学校提出的"绿色教育奠基绿色人生"这一办校理念相符。

"绿色教育"是致力于每一个生命个体终身、全面、可持续发展的教育,它通过教育及管理,使教学双方形成终身可持续发展的潜力与品质,同时实现学校的可持续发展。"绿色教育"不是一个仅局限于环保范畴的概念,而是一种体现环境育人的隐性教育,是一种人与人、人与自然高度和谐的教育,是一种人文素养与科学精神相融的教育。要使"绿色教育""中国学生的核心素养"落地,让它在"森林"里生根发芽,就迫切需要一套完整的课程体系。

基于对"绿色教育""中国学生的核心素养""素质教育"这些关键词的研究,依照三级课程体系建设要求,我校提出统筹推进"绿色德育课程——责任与担当;绿色科技课程——科技与创新;绿色运动课程——运动与健康;绿色艺术课程——艺术与审美;绿色阅读课程——阅读与积累;绿色劳动课程——劳动与实践",以此形成绿色课程体系。如下图所示:

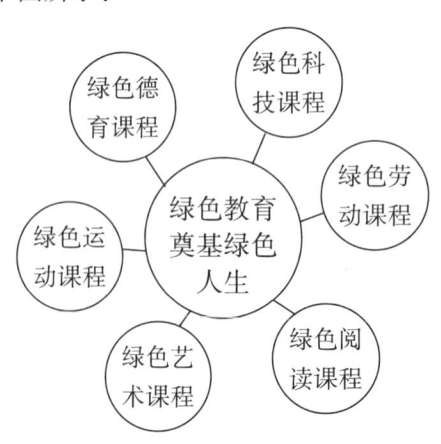

图3-2 绿色辅助课程的整体布局

第三节 课程组织与实施

课程组织是课程实施的前提,课程组织与课程实施共同构成学校教育的重要组成部分。课程目标的确定、课程内容的选择以及课程内容的组织,其最终落脚点都是课程实施。具体到绿色辅助课程,其内容的组织与实施是怎么样的呢?

一、课程组织的含义

华东师范大学课程与教学研究所教授张华在其《课程与教学论》中谈道:课程组织,就是在一定的教育价值观的指导下,将所选出的各种课程要素妥善地组织成课程结构,使各种课程要素在动态运行的课程结构系统中产生合力,以有效地实现课程目标。[1]可见,课程组织是实现课程目标的有效途径。绿色辅助课程紧紧围绕"绿色教育奠基绿色人生"这一价值标杆,将绿色德育、绿色科技、绿色运动、绿色艺术、绿色阅读和绿色劳动六大课程要素,按照"育人为本、德育为先"的原则组织起来,将德育课程放在首要位置,其他课程平行开展,积极开发利用学校各类资源,加强师生交流,以有效地实现各科课程目标。

当然,课程组织的重要性不言而喻。美国教育家拉尔夫·泰勒认为课程组织能对学生的学习产生累积的作用。因为教育的效果不是一朝一夕可达到的,而是长期累积的结果。而课程能否有效地进行,很大程度上在于课程能否有效地组织。课程组织是手段、方法,课程目标是目的。每一门绿色辅助课程的实施都离不开课程开发者对教师、学生、教材、教具、环境等要素的综合考量,都离不开几大要素之间的和谐互动。我们的绿色辅助课程中的书法、水墨画、竹竿舞、踩花山舞、种植园等都是充分结合了学生现状、学校环境、师资队伍、教具教材实际,具有可操作性。

课程组织包含两个维度,即"垂直组织"和"水平组织"。所谓垂直组织,是指将各种课程要素按纵向的发展序列组织起来,它的两个基本标准是"连续性"和"顺序性"。所谓水平组织,是指将各种课程要素按横向(水平)关系组织起来。水平组织的基本标准只有一个,那就是"整合性"。绿色辅助课程体系在纵向的发展序列方面充分考虑了不同年级孩子的知识储备、年龄特点、心理特点等因素,充分体现了

---

[1] 张华.课程与教学论[M].上海:上海教育出版社,2001:230.

课程的连续性和顺序性。在水平组织方面,也充分考虑了学科之间、课内与课外、校内与校外的整合。①

二、课程实施

(一)学术界的两种观点

针对课程实施的认识,学术界主要存在两种观点,一种观点认为,课程实施就是指研究某个课程方案的执行情况,其研究重点是考察课程方案中所设计内容的落实程度。这种观点是将课程方案看作固定的、不可变更的,实施就是一个执行的过程。作为课程执行者的学校和教师,应当很好地理解和运用课程,忠实地执行课程方案中规定的项目。而实施的效果如何,决定于课程执行者对课程方案的理解水平和落实程度。另一种观点则认为,课程实施是作为一个动态的过程而存在的。课程实施是把一项课程改革付诸实践的过程。实施的焦点是实践中改革的程度和影响改革程度的因素②。因此,课程实施不仅研究课程方案的落实程度,还研究学校和教师在执行某个具体课程的过程中,是否按照实际的情况对课程进行了调适以及影响课程改革程度的因素。以上是两种比较典型的对课程实施的认识。可以说,对课程实施的不同认识,导致了课程实施的策略选择、课程实施取向以及实施过程中问题解决方式的不同。持第一种观点的人更倾向于以国家或地方为中心来推行改革,认为改革的过程即是忠实地执行计划的过程;而持第二种观点的人则强调在一个连续的、动态的实施过程中,将学校、教师、学生作为改革的主体,赋予其更多的自主权来实施变革,没有课堂教学层面的改革,就不可能有真正的新课程实施。新课程改革的核心是课堂教学改革,要求赋予学校、教师更多的教学自主权,尊重学生的主体地位。

(二)绿色辅助课程的实施

1.绿色德育课程的实施

绿色德育课程以学生良好思想品德的养成为目标,学校通过建构体系化的课程、联动化的家校共育机制来达成绿色德育目标。具体做法如下:(1)探索建立1-

---

① 张华.课程与教学论[M].上海:上海教育出版社,2001:232.
② 张华.课程与教学论[M].上海:上海教育出版社,2001:331.

6年级的绿色德育课程体系;(2)以"学生健全人格培养"为主线,积极实施养成教育;(3)以社会实践活动为抓手,营造育人氛围;(4)构建家校共育体系,重视学校、家庭、社会"三位一体"教育模式。

2.绿色科技课程的实施

绿色科技课程主要以学生喜闻乐见的活动形式开展,激发学生动手探索的兴趣,培养他们的科学素养。具体做法如下:(1)成立科技社团;(2)定期开展科技实践活动、科技节活动、科技模型比赛;(3)与家人携手完成科技作业。

表3-1　森林希望小学绿色科技社团一览表

社团名称	辅导老师	学习内容
科技创新一	熊敏、吕中钊	科技小制作、科技小发明、科技创意
科技创新二	郑薇薇、张双玲	科幻画
科技创新三	谢小凤	科技小论文
科技模型	张世明、田红杨	航空模型、航海模型、建筑模型

3.绿色运动课程的实施

绿色运动课程主要以课内联结课外、校内联结校外活动的形式实施,学生体验各类民俗活动,同时能够强健体魄,树立良好的运动精神。绿色运动课程的典型实施案例有:(1)校本教材《森林运动》进课堂、进活动、进家庭;(2)民间传统体育项目"竹竿舞"进课堂。值得一提的是,学校在布置体育家庭作业时努力做到三大坚持:坚持与体育教学相结合;坚持与家庭成员活动相结合;坚持与检查登记评定相结合。

4.绿色艺术课程的实施

为了培养学校学生发现美、欣赏美、感受美的能力,绿色艺术课程应运而生。在综合师资团队的优势后,学校选择以书法课程作为绿色艺术课程的主要形式。书法课程的实施步骤分为三步:(1)营造氛围,激发兴趣。学校着手美化和布局学习走廊,专门提供两间教室作为书法室,邀请彭水本土的知名书家十三人进校园书写示范。(2)师生参与,实施研究。如,在全校开设书法课,由四位专职教师担任书法课老师;成立书法特长班;要求全校教师练习书法;挖掘本土的书法文化等。

（3）以活动促研究，注重理论提升。实践固然重要，但理论提升也绝不能忽视。学校提倡书法教师多进行归纳总结，撰写相关论文，提升理论水平。

5.绿色阅读课程的实施

阅读是基础教育阶段的重要内容，阅读水平的高低直接影响学生的人文素养。绿色阅读课程着重培养学生的阅读兴趣，通过优化读书环境，营造读书氛围，培养孩子们的阅读兴趣。除此以外，学校还盘活图书装备，完善硬件设施，让每个孩子有书可读；以"晨诵"、"午读"、班级读书会为基础推进绿色阅读课程建设，让孩子有时间读书。另外，设置班级读书会、开展亲子共读、举办"读书节"活动等，力求做到全面动员，人人参与。

6.绿色劳动课程的实施

绿色劳动课程是根据不同年龄段学生的特点和需要开设的。具体实践方式有：(1)构建"劳动与实践"校本课程，记录劳动感想。学校在后山开辟出果园、植物园、种植园，以班级为单位，每个班分成若干个种植队。此外，学生需要将种植活动的点滴诉诸笔端，以一篇篇自然笔记记录成长印记。(2)通过课堂渗透劳动教育。播种课、管理课、分享课等，各种类型的课堂促进了学校课程之间的整合。

(三)平台支撑：网上评价系统

森林希望小学主动适应教育信息化这一发展趋势，为更好地服务师生，学校引进了"网上评价系统"。结合本校申报的市级重点课题——"基于核心素养下构建小学生综合素质评价体系的实践研究"，以理论指导实践的工作思路，学校尝试构建网上评价系统。"网上评价系统"借助钉钉办公平台，根据学校六大绿色辅助课程实施效果的评价所需，设计出多元评价窗口，各个评价窗口按各级指标设定评价键，评价均可一键完成。该系统能及时对学生在学习了六大绿色辅助课程后的表现、阶段性的能力展示、阶段性的自我发展进行实时评价，实现了真正的多维评价。比如，在绿色德育课程下的"责任与担当"板块设置相应评价标准，如学习习惯方面，可由老师对孩子的表现进行评价。以一二年级为例，设置的评价指标如：1.上课铃声响，能否迅速回教室，安静地等待老师上课，迟到了打报告，老师允许后才能进教室？2.下课后能否快速收拾整理本节课用具，准备好下节课的学习用品，规范整齐地摆放好学具，做好课前的准备工作，然后离开座位进行课间活动？……教师评价完后,会根据不同的评价情况生成不同的结果,如:A.恭喜你,你已养成良好的学习习惯,继续加油喔! B.你的进步很大,但是你的课前准备习惯还需要努力喔! ……在礼仪习惯、生活习惯、劳动习惯等方面可由家长会同孩子一起评价,根据生成的评价结果,由家长和孩子一起找出做得好的方面和还需改进的方面,为孩子的后续发展指明方向。当然,在实施评价的过程中,肯定会有不完善、不科学的地方,我们会根据实际情况进行持续补充、删减、调整,最终达到科学、完善地评价。

这种基于互联网的评价系统,使得教师、学生都成为教育数据的携带者和生产者,其日常生活习惯和教与学的特征都可以被数据化,而对这些数据进行技术分析,可以为绿色辅助课程的实施提供数据保障。

第四章　绿色辅助课程体系的构建

课程是指学校学生所应学习的学科总和及其进程与安排,是对教育的目标、教学内容、教学活动方式的规划和设计,是教学计划、教学大纲等诸多方面的总和,是以实现各级各类教育目标而规定的学科及其目的、内容、范围与进程的总和,它包括学校老师所教授的各门学科和有目的、有计划的教育活动。课程体系是培养学生核心素养最强有力的保障,森林希望小学以校本课程为载体,践行劳动教育,学校依照三级课程体系建设要求,构建"运动与健康、阅读与积累、艺术与审美、科技与创新、劳动与实践、责任与担当"六大课程,以此形成绿色课程体系,奠基学生绿色人生。

第一节 绿色德育课程——责任与担当

绿色德育课程是绿色教育的有机组成部分,我校尝试构建绿色德育课程。绿色德育是一种充满勃勃生机的教育,是健康、科学、可持续发展的教育,是全方位发展素质、注重能力培养与个性发展、让优秀品德润泽人生旅途的教育。绿色德育课程肩负着培养学生社会责任感的历史使命。

一、课程定位

(一)绿色德育课程是青少年学生健康成长的重要保证

德育工作是学校工作的灵魂。它致力于对学生思想品德和人格素养的培养,体现着学校教育的基本目的,贯穿教育实践的各个方面,统领着整个学校教育,是青少年学生健康成长和学校工作的导向、动力和保证。小学德育是社会主义精神文明建设的奠基工程,是提高全民族思想道德素质的奠基性教育,是培养造就合格公民的起点。新课程在德育目标定位上,注重政治、思想、道德、心理四个方面。这四个方面各有其特定的内涵,并相互联系。其中,政治教育是方向,思想教育是灵魂,道德教育是核心,心理教育是基础。把政治、思想、道德、心理教育统一起来,更有利于促进学生的全面发展。[①]

(二)绿色德育课程是培养学生良好品质的重要途径

德育课程的开设是培养学生养成良好道德品质的基础,无论是以前的《品德与生活》《品德与社会》,还是自2016年9月全国统一的《道德与法治》,都在这一领域起着举足轻重的作用。德育新课程中提倡"品德培养回归生活化"和"取材生活事件",可是书本上所举的事例十分有限,有些事例与我校实际情况也不尽相符合,学生体验起来会有一定的难度,所以我校开发了绿色德育课程,更多地立足校园生活和社会生活实际,补充和丰富德育课程内容。

(三)绿色德育课程具有无可取代的价值

德育课程与生活紧密联系,具有其他学科无可取代的价值。统编小学《道德与法治》教材的总主编鲁洁先生在教材编写过程中一直提醒编写者要"走进儿童,走近些,再走近些"。[②]因此德育课程多以生活中的真实事件为内容,去掉了惯用式的英雄事迹,更为生活化,多以儿童所见所惑所思所想为主,如忘记带文具了、和同桌发生争吵了、与老师有矛盾了,通过这些琐事去引导儿童正确的行为和品德养成。

二、课程依据

(一)时代依据

党中央高度重视中小学德育工作,特别是党的十八大以来,国家先后出台了一系列关于深化课程改革、社会主义核心价值观教育、中华优秀传统文化教育、劳动教育、家庭教育等方面的中小学德育政策文件,对整体规划、统筹推进中小学德育工作作出了全面部署。为了深入落实立德树人根本任务,不断提高中小学德育工作的实效性,将党和国家关于中小学德育工作的要求全面细致精准地落到实处,教育部于2017年8月发布了《中小学德育工作指南》。

为落实《中小学德育工作指南》和我县行动计划,全面推进德育工作,实现中小

---

① 李淑颖,冯实.新课程小学德育课程实施现状及对策研究[J].教育教学论坛,2020(10):77-78.

② 章乐.小学德育课程实效性的提升策略——兼论统编小学《道德与法治》四年级教材的特点[J].课程.教材.教法,2019,39(10):24-29.

学德育工作的有效性、针对性和规律性,我校作为县级实验学校,积极行动,完善符合学校实际的德育工作计划,明确德育工作方向,把握德育工作核心内容,推进学校德育工作常态化、长期化、规律化,推进德育工作落细、落小、落实,提升德育工作的实际效果,将立德树人落到实处,让德育工作受到学生的喜欢、家长的认可和社会的支持。

(二)课标依据

《道德与法治》(部编版)明确指出:本课程以儿童的生活为基础,以三条主线和四个方面构成课程的基本框架。三条主线是:儿童与自我、儿童与社会、儿童与自然。四个方面是:健康、安全地生活;愉快、积极地生活;负责任、有爱心地生活;动动脑、有创意地生活。

三条主线和四个方面交织构成儿童生活的基本层面,健康、安全地生活是儿童生活的前提和基础,它旨在使儿童从小知道珍爱生命,养成良好的生活习惯,拥有基本的健康意识和生活能力,初步了解环境与人的生存的关系,为其一生身心健康地发展打下基础。愉快、积极地生活是儿童生活的主调,它旨在使儿童获得对社会、对生活的积极体验,初步懂得和谐的集体生活的重要性,发展主体意识,形成开朗、进取的个性品质,为形成乐观向上的生活态度打下基础。负责任、有爱心地生活是儿童自身的道德需求,也是社会的要求,它旨在使儿童形成对集体和社会生活的正确态度,学会关心,学会负责任,养成良好的品德和行为习惯,为成为爱祖国、爱人民、爱劳动,爱科学、爱社会主义的公民打下基础;动手动脑、有创意地生活是儿童个性发展的内在需要,也是时代提出的要求。它旨在引导儿童学会学习,发展认识能力、动手能力和创造能力,利用自己的知识和聪明才智去探究和解决问题,让生活更丰富更美好,并在此过程中充分地展现并提升自己的智慧,享受创造带来的欢乐。

(三)课程性质依据

德育课程是渗透在学生学习、生活各方面的,比较具有开放性。绿色德育课程以"培养学生健全人格"为总体目标,在不同的学科之中进行道德情感或者是非观的教育,落实课程育人:可以大力营造校园文化,积极创设美观、和谐、高雅的校园环境,催生奋进向上的力量,发挥环境育人的作用;可以在不同的时节开展主题鲜明、内容丰富、形式多样的活动,充分发挥活动育人的作用;可以通过整合社会资源,不断丰富和拓展学生社会实践的内容,在这个过程中不断增强学生的社会责任感、创新精神和实践能力;可以细化学校的管理制度,对学生产生潜移默化的影响;可以动员家庭和社会的力量,在时空上密切衔接,积极互补,形成以学校教育为主体,以家庭教育为基础,以社会教育为依托的教育格局,发挥教育的整体效应。

三、课程目标

(一)德育总体目标

中小学德育课程以社会主义核心价值观为导向,以学生生活为基础,融合道德、心理健康、法律、国情、经济、政治、文化、哲学等相关内容,对学生进行良好品德与行为习惯、马克思主义基本观点及中国特色社会主义理论教育,帮助学生提高社会参与能力,提高道德素质和思想政治素质,逐步树立正确的世界观、人生观和价值观,培养有信仰、有思想、有尊严、有担当的中国公民。中小学德育课程集中体现国家意志和社会主义核心价值观的要求,具有思想性、实践性、开放性、综合性等特征,是学校德育工作的主渠道和主阵地。与学校其他课程和学校德育活动相互配合、相互支撑,共同完成对学生的德育任务。

《道德与法治》(部编版)课程标准重在引导和帮助学生达到以下四个方面的目标。

1.情感与态度

| (1)爱亲敬长、爱集体、爱家乡、爱祖国 |
| (2)挚爱生命,热爱自然 |
| (3)自信向上、诚实勇敢,有责任心 |
| (4)喜欢动手动脑,乐于想象与创造 |

2.行为与习惯

(1)初步养成良好的生活、卫生习惯
(2)养成基本的文明习惯
(3)乐于参加劳动和有意义的活动
(4)保护环境,爱惜资源

3.知识与技能

(1)掌握自身生活必需的基本知识和基本技能
(2)具有与同伴友好交往、合作的基本方法和技能
(3)具有初步的探究能力
(4)初步了解自然、社会常识
(5)初步了解有关祖国的知识

4.过程与方法

(1)体验提出问题、探究或解决生活中的问题的过程
(2)初步体验与社区和社会生活相联系的学习过程
(3)学习几种简单的调查研究方法并尝试应用

(二)绿色德育具体目标

注重学生德育细节的培养,抓行动德育,树立森林学生阳光、博学、明礼、多才的形象。构建家校共育体系,形成积极开放,家、校、社会三位一体的德育氛围。

1.森林希望小学绿色德育健全人格培养一、二年级学生养成目标

(1)学习习惯

(1)上课铃声响后,迅速回教室,安静等待老师上课,迟到了打报告,老师允许后才能进教室
(2)下课后快速收拾整理本节课用具,准备好下节课的学习用品,规范整齐地摆放好学具,做好课前的准备工作,然后离开座位进行课间活动。自习课时服从班干部管理
(3)课前能主动预习,养成勤动笔、多使用工具书的习惯
(4)上课不迟到、早退,有事有病要请假,上课手脚放好,坐姿端正,积极发言和主动学习,并能认真听取他人发言
(5)上课专心听讲,积极思考,敢于提问,能大胆发表意见,回答问题时要站姿正确,口齿清晰,声音适中(不能喊),说完整话,无语病

(6)看书时要求把书平放在胸前,找到要看的页码后,左手伸平压住书,右手伸出食指,跟着老师边指边读。发言或提问时举起右手,举手时胳膊肘不得放在桌子上,手掌伸平,不宜与耳朵贴得太近

(7)布置作业要先标记,能自觉地读书和独立完成作业,做到当天的事情当天做完,并且书写工整,有错误及时订正并弄懂

(8)做作业或考试要认真审题,勤动脑,答题要仔细。多看有益的课外书,积累好词好句

(9)认真学写铅笔字,写字姿势要准确,做到"三个一"(眼离书本一尺远,胸离书桌一拳远,手离笔尖一寸远),养成良好的书写习惯,用笔完毕笔尖朝前平放在课桌上

(2)礼仪习惯

(1)认识国旗、国徽、队旗、队徽,尊敬国旗、热爱国旗,升(降)旗和奏国歌时要敬礼,国歌响起时不能随便走动,能准确地随音乐伴奏演唱国歌和队歌,熟悉队章,学会佩戴红领巾

(2)衣着整洁,不忘佩戴校徽,少先队员要佩戴好红领巾或队徽,学会标准的敬队礼

(3)尊敬长辈,在公共场所遇到师长、邻居长辈或其他相识的人主动招呼。团结同学,不讲脏话、土话和粗话,要讲普通话,经常使用文明礼貌用语

(4)能倾听别人意见,不随便打断别人发言

(5)课间、午间不打闹追逐,注意开展安全有益的活动。上下楼梯轻声慢步并靠右行走

(6)出操、放学、集会、到功能室上课时必须在指定地点排队,做到快、静、齐,公共场所保持安静,学习区内部大声喧哗

(7)食堂进餐要排队,不浪费粮食,不乱倒饭菜,饭盆轻放

(8)诚实、守信,勇于承认错误,知错就改

(9)不乱翻别人东西,进他人房间要先敲门。离座时往左轻迈一步,将凳子轻放在桌子下面,就座时将凳子轻轻端出,右迈一步就座

(10)集合集会时,来宾、领导、老师、同学讲话完毕要鼓掌致意

(3)生活习惯

(1)按时作息,早睡早起,生活有规律,早晚要刷牙,能自己穿脱衣裤鞋袜,用过的东西放回原处,并摆放整齐

(2)勤洗手、洗澡、剪指甲、换衣服,上厕所时主动排队,不拥挤。不在综合楼上厕所,大小便要入厕,便后要将便槽冲洗干净,将废纸扔到指定地方,饭前便后要洗手

(3)爱护公共财物,不在桌椅、墙壁等处乱写乱画。不折树,不摘花,不随地吐痰,不乱扔杂物。见到垃圾要主动捡拾。保持教室内外及公共场所的环境卫生

(4)不挑食、偏食,不在路边摊乱买零食,合理使用零花钱,爱惜粮食

(5)节约水电,离开时及时关好水龙头和电灯

(6)做眼保健操时要保持手部清洁

(7)在学校小卖部购买的零食需在小卖部处吃完,同时将包装袋扔进垃圾桶里,不将除饮用水以外的任何零食带出伙食团

(8)不进综合楼玩耍。不到后山(滑滑滩除外)玩耍,不在希望花园两边的瓷砖上滑行

(9)打饭时,有序排队,无声等候。不坐在栏杆上。进餐前先洗手。用餐完毕要将用过的纸巾、方便面盒子丢进垃圾桶里,餐盘、碗筷要放到指定地点,同时还要将剩菜、剩饭倾倒在指定的垃圾桶里,不得扔在餐桌上或地上。就餐时不大声谈笑,细嚼慢咽,不要发出声音

(10)在校外就餐的学生,需在有垃圾桶的摊点处购买食品,否则,不得在此摊点购买食品。吃完后要将饭盒及食品包装袋扔进垃圾桶里,不得乱扔乱丢。不得将各种零食带进校园

(4)安全习惯

(1)遵守交通规则,路上行走要走人行道,过马路要当心,不在大街上骑自行车、玩滑板、溜冰,没有家长陪伴,不准到河边玩耍及下河游泳

(2)上下车船要守秩序,不把头手伸出窗外。听、看见车辆要主动避让

(3)离家离校要给家长和老师打招呼,征得同意才能离开

(4)不玩火、玩电和刀具及危险性玩具,不做危险性游戏,发生意外伤害事故,要及时求援

(5)知道火警电话119,报警电话110,急救电话120

(6)不打架、不骂人,发现打架、骂人的事情要向老师报告。课间活动遵守游戏规则

(7)进出教室或功能室有秩序,在走廊内、上下楼梯轻声慢步靠右行,不在教学楼内大声喧哗,不在楼梯扶手上滑行。不在走廊做各种游戏。不在希望花园两边的瓷砖上滑行

(5)劳动习惯

(1)经常清理书包和学具,每周洗一次书包

(2)学会自己清理房间,帮助家长做一些力所能及的家务

(3)积极参加各项公益活动

(6)传统感恩

(1)知道三八妇女节,在这天给妈妈讲一句感谢的话或唱一首儿歌,会背诵古诗《游子吟》

(2)知道清明节是祭奠亲人、缅怀革命先烈的日子

(3)能在五一劳动节参加适当的劳动

(4)和同伴一起高高兴兴的庆祝六一

(5)知道9月10日是教师节,给老师说句感谢的话

(6)知道10月1日是国庆节

(7)知道春节以及春节的一些习俗(放鞭炮、走亲戚、拜年、上坟、舞龙、舞狮等)

(8)知道父母的生日,并能在父母生日的时候给父母送一份自己做的礼物,懂得"饮水思源"的道理

2.森林希望小学绿色德育健全人格培养三、四年级学生养成目标

(1)学习习惯

(1)上课专心听讲,大胆发言,敢于提问,勤于思考,养成勤动笔、多使用工具书的习惯

(2)能课前主动预习,课后主动复习,做到"堂堂清,课课清"

(3)按时完成各科作业,养成检查的好习惯,做到认真审题、仔细答题,书写工整,能及时订正、弄懂错题,能用多种办法解决学习中的问题

(4)认真听取他人发言,能积极参与合作学习,并具有一定的合作能力。

(5)书写作业要工整,认真学习毛笔字,养成良好的书写习惯。

(6)养成勤做笔记的好习惯。学会收集、整理资料和交流心得,乐于识字,课外多读好书,积累好词好句

(7)爱惜学具,学习用具准备齐全,自觉保存好书本及学习用具,每次学具用完后及时收整并放回指定位置,注意用具使用安全

(8)努力学习,积极进取,善于自我反思;明确学习目标,自觉增强学习责任心和学习自信心

(9)能自觉参加课外活动,学会打乒乓球

(2)礼仪习惯

(1)了解国旗、国徽,队旗、队徽及队章,能准确演唱国歌、队歌和敬队礼,升(降)旗仪式要穿校服

(2)坚持佩戴校牌和红领巾,衣着整洁、得体

(3)对于别人遭遇的不幸、偶尔的失败,学习上暂时的落后以及身体的残疾,不应嘲笑、冷笑、歧视,而应该给予热情的帮助

(4)自觉保持校园整洁,不在教室、楼道、操场乱扔纸屑、果皮,不随地吐痰、不乱倒垃圾,要主动捡拾垃圾

(5)不在黑板、墙壁和课桌椅上乱涂、乱画、乱抹、乱刻,爱护学校公共财物、花草树木,节约用水用电

(6)递物与接物时须用双手,以表示对对方的尊重。邻里之间讲究礼节,相互关照,邻居有困难时,能主动帮助,知道待客、做客的基本礼节

(7)坚持讲普通话和使用文明礼貌用语,掌握接打电话的礼貌用语和微笑、点头、鞠躬等常用体态语,与人相处要懂得谦让

(8)诚实、守信,勇于承认错误并及时改正。对人热情大方,说话吐词清楚,做事干练利落

(9)能遵守公共场所的礼仪规范,做文明游客、文明顾客、文明乘客、文明观众

(10)服从值日学生管理,不威胁、打骂红领巾监督岗同学

(3) 生活习惯

(1) 坚持正确的时间观念,珍惜时间,按时作息,生活有规律,一定要吃早餐,学会自己叠被、理床、整理衣物

(2) 不打电子游戏,不玩赌博和危害身心的游戏,多参加户外有益的活动

(3) 坚持保持个人卫生,不乱花零用钱,不乱买零食

(4) 剧烈运动后不要喝冷水、冰水

(5) 在学校小卖部购买的零食需在小卖部处吃完,同时将包装袋扔进垃圾桶里,不将除饮用水以外的任何零食带出伙食团

(6) 不进综合楼玩耍和上厕所。不到后山(滑滑滩除外)玩耍,不在希望花园两边的瓷砖上滑行

(7) 打饭时,有序排队,无声等候。不坐在栏杆上。进餐前先洗手。用餐完毕要将用过的纸巾、方便面盒子丢进垃圾桶里,餐盘、碗筷要放到指定地点,同时还要将剩菜、剩饭倾倒在指定的垃圾桶里,不得扔在餐桌上或地上。就餐时不大声谈笑,细嚼慢咽,不要发出声音

(8) 在校外就餐的学生,需在有垃圾桶的摊点处购买食品,否则,不得在此摊点购买食品 吃完后要将饭盒及食品包装袋扔进垃圾桶里,不得乱扔乱丢。不得将各种零食带进校园

(9) 不将各种零食、刀片、钉子、墨水等带入塑胶运动场,不乱吐口香糖,不穿高跟鞋进运动场

(4) 安全习惯

(1) 过马路时注意安全,遵守交通信号与注意左右来车;要走人行道,记得靠右边行走

(2) 不在马路上玩游戏;不要一边走路一边吃东西

(3) 有防火防盗的意识,遇到危险有办法,当有人跟踪你,可以走到商店假装买东西,或走到人多的地方;遇到麻烦要向警察求救

(4) 独自在家时,不给陌生人开门,要问清楚对方的身份或打电话向父母核实此人的身份

(5) 不攀爬围墙,不擅自下河游泳

(6) 不玩危险游戏,发现有同学玩危险的游戏时应及时制止

(7) 能按照电器使用说明书安全使用电器,不用湿抹布去擦电源开关

(8) 当发生突发事件时听从成人部署或者采取有效措施保护自己

(9) 了解本年龄段罕见传染病的预防常识,培养疾病预防意识

(10) 不打架、不骂人,发现打架、骂人的事情要向老师报告。课间活动遵守游戏规则

(11) 进出教室或功能室有秩序,在走廊内、上下楼梯轻声慢步靠右行,不在教学楼内大声喧哗,不在楼梯扶手上滑行。不在走廊做各种游戏。不在希望花园两边的瓷砖上滑行

（5）劳动习惯

(1) 能自己整理书包、课桌和房间，能在父母指导下打扫屋子
(2) 学会自己清洗书包、袜子、红领巾、手帕、碗筷、茶具等物品
(3) 认真值日，履行值日生的职责，积极参加公益活动
(4) 保持校园、教室、房间及公共场所的整洁，看到垃圾、杂物等知道主动捡拾
(5) 学习怎样洗衣、做饭
(6) 生活节俭，不互相攀比

（6）传统感恩

(1) 在三八妇女节这天给妈妈做一件事情或朗诵一首诗，聆听或学习歌曲《童年的小摇车》
(2) 知道3月12日植树节和3月15日消费者权益日，能树立环保意识和维护自己的合法权益
(3) 在清明节参加扫墓活动，听取革命先烈的感人故事，缅怀先烈
(4) 五一劳动节能参加有益的活动，了解节日的由来。知道五四青年节
(5) 了解国际六一儿童节的由来，并和亲人、老师、同伴共同欢庆节日，珍惜今天的幸福时光。学会歌曲《快乐的节日》
(6) 知道农历的五月初五是我国的传统节日——端午节，农历的八月十五是中秋节，了解节日的由来以及习俗（端午节吃粽子，中秋节吃月饼）
(7) 知道7月1日是中国共产党的生日，了解其由来，能讲述一些中国共产党创始人的故事
(8) 教师节这天给老师做件表示感谢的事，学唱歌曲《感恩的心》，懂得"知恩图报"的道理
(9) 了解国庆节的由来，知道中华人民共和国成立的艰辛

3. 森林希望小学绿色德育健全人格培养五、六年级学生养成目标

（1）学习习惯

(1) 课前认真预习，上课专心听讲，不开小差，积极举手发言，回答问题时声音洪亮但不吼叫
(2) 能认真、按时完成各科作业，不拖拉，不抄袭，审题仔细，不懂之处善于向别人请教
(3) 多查资料，多动脑筋
(4) 多读书、读好书，看书时要读、写、思相结合，认真做好笔记，勾勒重点词句，能写读后心得，并能相互交流心得体会
(5) 能制订学习计划并按照计划学习
(6) 养成写日记的习惯，对学过的单元和知识能自己整理复习，不断提高自学能力

(2)礼仪习惯

(1)能准确、清晰地演唱国歌和队歌,演唱时,神情庄重,歌词准确,能讲解一些英雄人物和励志的故事
(2)无论在什么场所听到国歌响起都要立刻原地立正站好
(3)要以诚待人,正确处理和同学的关系,答应别人的事要及时做到,勇于承认和改正错误
(4)做事要学会换位思考,行事不冲动、不莽撞,不给别人添麻烦
(5)礼貌待人,坚持讲普通话和使用文明礼貌用语,不乱翻别人的东西和打断别人说话
(6)尊老爱幼,能虚心听取老师、长辈的教导,主动帮助别人,多和老师、父母、长辈、同学沟通、交流自己的想法

(3)生活习惯

(1)不挑食、偏食,不买不合格或过期的食品,少喝饮料多喝水,不边走边吃。不将各种零食带进校园和带出伙食团
(2)保持个人卫生,勤理发,勤剪指甲,勤换衣服
(3)保持环境卫生,认真值日,不留卫生死角,看到垃圾及时处理
(4)爱惜学习生活用具,不乱丢乱放,用完后要立即整理
(5)爱惜粮食不浪费,用餐要排队,进餐要有序,不高声喧哗,盛饭盛汤相互礼让,保持桌面整洁。不乱倒剩菜剩饭

(4)安全习惯

(1)增强安全意识,运动前做好准备活动,运动时要循序渐进,增强自我保护意识
(2)遵守公共秩序,不急追猛跑,不玩火,不抽烟,不喝酒
(3)积极参加班级、学校、社区组织的活动,不做危险的游戏和动作
(4)遵守交通规则,来回路上注意避让车辆,不在规定不能骑车的地方骑车,不违章停车、超车、骑快车和脱把骑车,骑车靠右行,骑车时不追逐、嬉戏、打闹
(5)上下楼梯右行礼让,脚步轻放,勿扰他人
(6)不在楼梯间、走廊上做游戏。不搭肩挽臂,不追打跑跳,不高声喧哗,不并排行走
(7)爱护学校和社区的环境卫生,爱护花草树木和庄稼,不在建筑物和文物古迹上涂抹刻画,不接收外来人员散发的宣传用品,不随意丢弃纸、物
(8)坚持不打架、不骂人。发现打架、骂人的情况要劝阻或报告老师,不为一时的"哥们义气"而为他人隐瞒事实真相,同时要学会自我保护。不与校外人员来往,不到他校捣乱。同学之间发生纠纷要互相协商或请老师协调解决
(9)不携带管制刀具,不偷盗,不做违法的事
(10)懂得一些防火、防触电、防毒等安全常识。能准确拨打119、110、120等求助电话,能说明求助原因和事发地点

(11)遵守公共场所秩序,出入时不拥挤,观看演出或集合集会时不随便走动,演出结束或领导讲话完毕时要鼓掌致谢

(12)不进营业性网吧、游戏厅,不沉迷电子游戏和网上聊天

(13)上厕所时,主动排队,不拥挤。不在综合楼上厕所

(14)不进综合楼玩耍。不到后山(滑滑滩除外)玩耍。不在希望花园两边的瓷砖上滑行

(15)服从值日学生管理,不得威胁、打骂红领巾监督岗同学

(5)劳动习惯

(1)在劳动中学会合作和自我保护

(2)主动帮助他人做事,热心公益活动

(3)做事多动脑,不蛮干

(6)传统感恩

(1)知道"百善孝为先"的传统美德,在三八妇女节给妈妈写一封信,母亲节(5月的第二个星期天)那天给妈妈洗洗脚、捶捶背,或送一束康乃馨等,能和妈妈交流沟通,听歌曲《人生第一次》,感谢给予生命的妈妈的养育之恩,要永远铭记住这份母爱,珍惜生命

(2)参加清明节的扫墓、祭奠活动,通过讲、传、诵、读等祭奠形式,牢记民族的历史,增强民族自豪感和责任感,传承和发扬爱国主义精神,珍惜今天的生活,争做五好少年

(3)知道五四青年节的由来,了解当时热血青年的励志故事,能和同学交流心得,了解歌曲《毕业歌》

(4)在小升初之际,学唱《童年》和《明天会更美好》,记住难忘的金色童年和童年时代给你传授知识的老师和共同学习生活的同学,要永远铭记师恩和同学间真挚的友谊,展望美好的未来

(5)在父亲节(6月的第三个星期日)那天帮助父亲做一件事情或说一段感谢的话等,知道那天子女佩戴红玫瑰表示对健在父亲的爱戴,佩戴白玫瑰表示对已故父亲的悼念。聆听歌曲《父亲》,感受父亲的辛劳和父爱的伟大

(6)学习歌曲《听妈妈讲那过去的事情》,了解中国共产党诞生的地点及经过的磨难,知道只有在中国共产党的领导下我们的国家才能日益强大

(7)知道8月1日是中国人民解放军建立的日子,了解军队及军人们为国家的安全、社会的稳定、世界和平所作出的巨大贡献,从而热爱和尊敬解放军

(8)在国庆的时候,能通过唱、读、讲、传等方式讲述新中国成立以来中国发生的翻天覆地的变化,来歌颂我们伟大的祖国,和全国人民一起共同庆祝祖国的生日。了解诗歌《我骄傲,我是中国人》,歌曲《十月是你的生日,中国》

(9)知道农历的九月初九是重阳节,在这天给家里的长辈打个电话或和他们聚餐,感谢他们几十年来对家庭的贡献,祝福他们身体健康,晚年幸福

(10)知道其他的一些节日,如6月5日是世界环保日,4月22日是世界地球日,6月25日是全国土地日,等等

四、课程内容

结合学生年龄特点以及校情,我校绿色德育课程共分为低、中、高三个年段,课程内容如下:

(一)一、二年级低段共30个主题

1. 养成教育

(1) 上学
(2) 放学
(3) 学习(课前、课堂、课间)
(4) 站姿
(5) 坐姿
(6) 行走
(7) 文明用餐
(8) 问好、道谢
(9) 道歉
(10) 道别

2. 节庆教育

(1) 认识国旗、热爱国旗
(2) 向雷锋叔叔学习
(3) 学习民族小英雄
(4) 了解我们的端午节、中秋节、春节
(5) 快快乐乐过六一

3. 仪式教育

(1) 入学典礼
(2) 我是一名小学生啦
(3) 参加升旗仪式很光荣
(4) 我想加入光荣的少先队

4. 实践教育

（1） 自己的事情自己做（比如：①学穿衣②学系鞋带③学会整理书包等）
（2） 我有一个温暖的家
（3） 我是家里的小主人
（4） "零花钱"，我能管好你
（5） 公共场所我能做到……
（6） 我和课外书交朋友

5. 家校共育

（1） 友善
（2） 感恩
（3） 守时
（4） 锻炼
（5） 阳光

（二）三、四年级中段共30个主题

1. 养成教育

（1） 开学第一课
（2） 规范学习姿态
（3） 争做学习小主人（课前、课堂、课间）
（4） 文明用餐
（5） 文明如厕
（6） 集合集会讲秩序
（7） 课间文明我做到
（8） 争做文明森林人

2. 节庆教育

（1） 学习雷锋好榜样
（2） 缅怀英烈 走进清明
（3） 了解端午节、中秋节、重阳节等传统节日
（4） 我爱红领巾
（5） 欢庆六一
（6） 庆祝国庆

3.仪式教育

(1) 开学典礼
(2) 我是一名小学生
(3) 庄严的升旗仪式
(4) 光荣的少先队
(5) 我是一名合格的少先队员

4.实践教育

(1) 自己的事情自己做(比如:学会整理自己的房间、家里的事情帮着做、学会自护自救)
(2) 和爸爸妈妈做好朋友
(3) 我能遵守交通规则
(4) 勤俭节约是美德
(5) 爱护环境
(6) 做个快乐的"读书虫"

5.家校共育

(1) 坚持
(2) 爱国
(3) 责任
(4) 安全
(5) 阳光、自信

(三)五、六年级高段共32个主题

1.养成教育

(1) 开学常规我做到
(2) 小学生的着装礼
(3) 争做文明的小学生(公交车上讲文明、尊敬老师、和同学友好相处)
(4) 文明用餐
(5) 文明如厕
(6) 集合集会讲秩序
(7) 我会文明走路
(8) 争做文明森林人

2. 节庆教育

（1） 争做雷锋好少年
（2） 清明扫墓 缅怀革命先烈
（3） 了解端午节、中秋节等传统节日
（4） 我的节日我做主
（5） 五一劳动节

3. 仪式教育

（1） 开学典礼
（2） 我是一名优秀的小学生
（3） 我为升旗仪式做准备
（4） 我为红领巾添光彩
（5） 过好我们的建队日
（6） 毕业典礼

4. 实践教育

（1） 自己的事情自己做（比如:学会做家务、能做简单的饭菜等）
（2） 与家人一起分享
（3） 我是家里的小主人
（4） 参加义务劳动
（5） 学会照顾家人
（6） 我是一个爱学习的孩子
（7） 远离网吧 文明上网
（8） 我与节约同行

5. 家校共育

（1） 尊重
（2） 责任与担当
（3） 诚实
（4） 自我保护
（5） 沟通、宽容与大度

五、课程实施

(一)探索建立绿色德育培养体系

将"六年"的德育工作作一个细化的安排,充分考虑各个年龄段学生的培养目标、内容、手段、方式,注重德育细节的培养,将德育落到实处,从学生一年级入学到六年级毕业,将德育培养细化安排到每一学期、每一个月、每一周,并逐渐完善,形成一个相对稳定的培养体系,形成德育系列校本教材(文明礼仪、安全等)。落实教师培训,将培养体系转化为老师的育人实践,注重过程监控,加大评价监督力度。

(二)积极实施学生养成教育

以"学生健全人格培养"为主线,积极实施养成教育。继续开展"八个一"德育工作。(即:每学期制订一个严密的养成教育计划;每月一次班主任工作例会和月检;每周一次升旗仪式;每周一个养成教育主题;每周一堂主题班会课;每周有值周教师和班级"小黄帽"值日;每周一期校园电视台直播节目;每天一次大课间活动及眼保健操)

(三)强化学科德育功能

营造德育"一盘棋"的氛围,落实教师人人应育人,事事皆育人的理念,充分挖掘学科德育教育内涵。语文、数学学科紧密联系生活实际,对学生进行爱国主义、感恩教育等,引导学生迎难而上、学以致用,勇攀科学高峰;美术、音乐课陶冶学生的情操,使其形成高尚纯洁的人格;体育课提高少年儿童身体素质的同时,也让孩子们养成健康的行为方式、生活方式;科学课,引导孩子们对动、植物观察的同时,既可以进行珍爱生命的教育,还可以渗透保护环境的教育,教会孩子们与大自然和谐相处等。

(四)重视社会实践活动

鼓励学生阅读雷锋日记,上街美化彭水县城,组织纠正错别字小分队观察大街上的广告牌。在参观爱国主义教育基地的过程中,通过亲手给烈士们制作小白花,听老兵讲述先烈们的故事,瞻仰烈士墓,亲手给英雄们献花等一系列活动,孩子们深深地感受到了幸福生活的来之不易,除了倍加珍惜之外,还应该以先烈们为榜样,发扬吃苦耐劳、迎难而上、勇于献身的精神,为建设祖国美好的明天做出自己的贡献;通过参观县城污水处理厂,孩子们了解了有许多默默无闻的人,为了更多的人过上绿色健康的生活,昼夜忙碌不停,从而明白爱护环境不只是一句响亮的口号,还应从身边的小事做起,从珍惜每一滴水开始做起;在暑期研学旅行的过程中,孩子们多角度地了解了社会,感受着生活,丰盈着心灵,了解了读万卷书,行万里路的重要性,更明白了国家的美丽富强离不开各行各业人们的分工合作,无私奉献。

(五)构建家、校、社会共育体系

重视学校、家庭、社会"三位一体"教育模式,注重对家长的培训,落实家庭教育的责任。借助家长微信群、公众号等传播学校育人理念及途径,尝试拓展家校互动的新途径,树立全员德育、全面育人的意识。学校与本地的共青团、消防、关工委、邮政、科协等部门创造合作机制,通过举办"百名师生共写书法""消防知识讲座与演练""科技大篷车进校园""最美家书""森林小博士"等系列活动,赋予家校共育丰富的内涵,既让更多的人参与到孩子们的教育之中,又让孩子们倍感童年生活的多姿多彩。

(六)做足细节工作,树立学校名片

提高森林学生的辨识度,树立森林学生阳光、博学、明礼、多才的形象。通过着装、学习用具、礼仪规范等细节入手,提升森林学生的辨识度,一方面通过提高辨识度,强化学生的自我约束;另一方面,通过提高辨识度,利用社会舆论加大对学生校外言行的约束。

六、课程评价

学校从教师评价和学生评价、社会评价三个维度推进绿色德育课程的实施。学校关注每一位学生健康成长的同时,也关注每一位教师、学生家长的成长。[①]学校整合国家、地方、学校三级课程,绿色德育课程是对国家课程和地方课程的延伸与补充。国家课程以课堂为主阵地,校本课程依托社团活动。同时,辅以家庭和社会实践,有效推进绿色德育课程的实施。

---

① 叶燕惠.特色德育课程与绿色评价体系的微整合[J].清风,2020,(04):81-82.

（一）学校评价

1. 教师评价

（1）教师德育课务必有计划、有进度、有教案、有相关德育教育课件等；

（2）教师应按学校整体教学计划的要求，到达规定的课时与教学目标；

（3）每学期每个月设计一个德育主题，围绕这个主题每周展开一次绿色德育课程教学，形式可以多样化，可以是室内、也可以是室外活动；

（4）课堂上能结合学校和学生实际，多拓展，多让学生参与讨论和思考，能够及时做好德育课程记录并对课堂效果做出评价；

（5）教师能够结合绿色德育课程，灵活开展社会实践活动，并能得到学生的喜欢和家长的好评；

（6）学校及时做好绿色德育课程开发与实施的监控和测评工作，对教师给予指导性意见；

（7）学校通过巡视、深入德育课堂、调查访问学生和家长等形式，每学期对教师进行考核，考评以"不合格""合格""良好""优秀"为结果并记入业务档案；

2. 学生评价

（1）通过课堂上对是与非的判断、情景剧再现中的表现等判断孩子们是否形成正确的是非观等；

（2）班级有好人好事记录本，根据每个月孩子们做好事的次数，评选出每月的"乐于助人"之星；

（3）采取学生自评、同学互评、教师推荐等多种方式评选出"我们身边最美的同学"；

（4）通过校内各项活动或是校外社会实践活动中学生的表现，比如情感态度价值观、参与状况等，以"优秀、良好、合格、不合格"等形式记录在案，作为"优秀学生"评比条件；

（5）品学兼优的学生每期可参与学校的"优生""优干"等评比，六年级时可参与"小博士"竞选，这为孩子们的童年留下浓墨重彩的一笔，激发孩子们不懈努力、不断进取，不断成为更好的自己；

（6）学校德育部每周对值周班级中的小黄帽进行培训，使他们分散在学校各个角落,对同学们的行为进行监督,对不文明的行为进行批评教育,情节严重的及时记载并上报德育部,学校以此为依据,对各班德育工作进行考评;

(7)学校利用综合楼一楼的外墙上的公示栏,及时对各班学生德育工作进行公示,以引起学生关注,发扬优点,改正不足;

(8)学校安装了校内监控,针对学生不规范的行为习惯进行提醒,利用综合楼外墙上的LED显示屏对具有示范性的行为习惯进行滚动播放,引导学生养成文明的行为习惯,崇尚积极健康的生活方式;

(9)每周星期五早上八点二十分各班准时收看校园广播,对好人好事和积极向上的风貌进行及时播报,引导全校学生树立正确的世界观、价值观。

(二)社会评价

1.上级评价

(1)每学期对学校德育工作进行实地考察,通过大型活动中学生的精神面貌、与人见面时的礼节、校园环境、班级文化建设等方面,对学校德育工作进行评定;

(2)组织县城和乡镇学校轮流到我校来参观,学习学校先进的绿色德育课程理念,促进周边及乡镇学校的发展;

(3)组织师生积极参加各级各类德育活动,检验学校绿色德育课程的实施效果。

2.家长评价

(1)给家长发放调查问卷,根据统计结果来衡量学校的办学质量,在家长和学生心目中的满意度,以及教师的工作效果;

(2)定期召开家长委员会代表会议,搜集意见和建议,集思广益,促进学校长远发展。

总之,我校绿色德育课程以培养学生"健全人格"为主线,构建"教师、学生、社会"三位一体的评价体系,实施多元评价,注重过程管理,采用定量评价与定性评价相结合的方式,对师生的"教"与"学"进行诊断,以此促进师生成长。

第二节　绿色科技课程——科技与创新

随着社会的发展，科学与技术进入了有史以来发展最快的历史时期。科学与技术的日新月异，正深刻地改变着人们的生产、生活方式，社会的发展越来越依靠科学与技术。每一位生活在科学技术高速发展时代的人，都必须具有科学素质，而小学科学课程承担了培养小学生科学素质的责任。我校的绿色科技课程是根据《义务教育小学科学课程标准》，结合我校具体实际而开发的课程，集国家、地方和学校三级课程为一体的新型课程模式，旨在激发学生的科学探究热情与创新欲望，发展合作能力、实践能力和创新意识，培养学生的科学素养与献身科学的精神。

一、课程定位

（一）绿色科技课程是对国家课程的创新、延展与补充

绿色科技课程是一种集国家、地方和学校三级课程为一体的新型课程模式，是一门基础性、拓展性与研究性的课程，是对国家课程的创新、延展与补充。该课程充分地利用学校和地方文化资源，让学生自主学习，亲身体验生活，开展研究性学习。加强科学教育已成为当今世界教育改革的核心内容，我校小学科学教育紧跟科技时代的发展要求，明确自身学科教学的价值定位，从小培养学生的科学素养，优化学科教学策略，为学生的全面发展提供强有力的教学支撑。其课程开设的真正意义是将学生置于一种主动、探究的学习状态下，让他们回归社会实践、亲身体验生活并探索知识发展的过程。

（二）绿色科技课程是培养学生科学素养的主要途径

科学素养是指了解必要的科学技术知识，掌握基本的科学方法，树立科学思想，崇尚科学精神，并具备一定的应用它们处理实际问题、参与公共事务的能力。提高公民的科学素养，对于增强公民的社会参与能力，改善生活质量，建设创新型国家，实现经济社会全面协调可持续发展都具有十分重要的意义。小学科学教育应把科学素养培养作为其价值定位，而不是着眼于培养科学家或者某一领域的专门人才。我们在进行科学教育时，一是坚持面向全体学生，二是坚持全面的科学教

育。在教学活动中,我们注重鼓励学生充分发挥自己的想象力,大胆提出自己的新观点、新思路、新方法,或独立思考,推陈出新,或同伴研究,质疑探讨,在学习活动中激发学生的探究精神和创新欲望,使其能积极主动地参与到探索活动中,关心科学新事物,正确理解科学,形成科学的思维方式以及互助与合作的学习方式。

(三)绿色科技课程是教师教学策略的优化路径

对于科学而言,更多的是需要一种能够持续地去探究的精神,并在这种精神的带动下,不断地实现对于新知识的追求。

在教学活动中,教师尊重学生个体差异和特殊需求,优化科学评价,激发并保持学生的探究热情,使其真正体验到科学探究的乐趣,从而形成自主探索的精神与能力。在科学的教学活动中,教师以生为本,尊重学生个体需求,利用分层教学模式进行指导教学,对于理解能力强的学生可以在教学任务上进行知识延伸,突出他们的创新思维能力,重点培养他们的兴趣;对于理解力较弱的学生,则将概念与基础相结合,夯实他们的基础,适当进行拓展训练,重点培养他们学习的信心,开发他们的智力。在学习活动中,注重对学生的探究过程、学习态度、合作交往等方面进行评价。教师在进行这种渗透式教育的同时,也拓宽了自己的知识领域,掌握了更多的科学技能,提高了自己的课堂教学水平。学科渗透科技教育的过程,也是一个教学相长的过程,为教师的专业发展提供了一条极好的途径。①

二、课程依据

(一)与时俱进,加快科技创新,培养科技创新主力军刻不容缓

科学技术是第一生产力,是先进生产力的集中体现和主要标志。党的十八大以来,党中央、国务院高度重视科技创新,作出深入实施创新驱动发展战略的重大决策部署。我国科技创新步入以跟踪为主到跟踪和并跑、领跑并存的新阶段,处于从量的积累向质的飞跃、从点的突破向系统能力提升的重要时期,在国家发展全局中的核心位置更加凸显,在全球创新版图中的位势进一步提升,中国已成为具有重要影响力的科技大国。科技是第一生产力已经成为公认的事实。习近平总书记

---

① 马金娣.小学科技教育学科渗透的实践与思考[J].教育科研论坛,2009(01):71-72.

也在国际教育信息化大会上提倡建设一个"人人皆学、处处能学、时时可学"的学习型社会。①"基础研究是科技创新的源头""我国面临的很多'卡脖子'技术问题,根子是基础理论研究跟不上","国家科技创新力的根本源泉在于人",习近平总书记的重要讲话体现了党和国家对科技创新人才的重视!为实现"两个一百年"奋斗目标,实现中华民族伟大复兴的中国梦,必须坚持走中国特色自主创新道路,加快各领域科技创新。

（二）培养学生科学素养与创新能力,实现可持续发展的人生

科学技术的快速发展在推动人类社会发展的同时,对每一位当代公民的科学素养提出了新的要求,也给小学科技课程改革与发展提出了富有挑战性的课题。绿色科技课程旨在通过探究式学习,保护学生对自然的好奇心,激发他们对科学的兴趣,帮助学生建立一些基本的科学概念,培养其科学探究能力和科学态度,使其初步形成对科学的认识。因此,小学科技课程承担着培养小学生科学素养的责任,并为他们继续学习和终身发展奠定良好的基础。

绿色科技课程是一门以培养学生科学素养为宗旨的基础性课程,科学教育承担着培养公民科学素养的重任。儿童时期的科学教育对每个人科学素养的形成都具有十分重要的影响。学校可以根据学生的能力、爱好和教师的意见购买一些科学读物,如能帮助学生进行实验操作的书籍等,供学生阅读,丰富学生的科学知识。在科技教学的过程中,教师还可以给学生推荐一些有趣的科技读物,让学生最大程度地加强科技能力,培养和提升科技素养。

三、课程目标

（一）总体目标

通过绿色科技课程的学习,使学生掌握基础科学知识和技能,培养科学兴趣和思维习惯;了解科学探究的基本过程和方法,并运用于力所能及的科学探究活动中;了解科学和日常生活以及社会可持续发展的关系;理解求真务实、开拓创新是科学精神的核心。

---

① 许新健.小学科技教育的优化路径探究[J].科教文汇(中旬刊),2016(09):109-110

1.注重三个整合,即科技教育的实施与青少年科技实践活动相整合,与课程教材改革相整合,与现代信息技术相整合。重视渗透未成年人思想道德建设,弘扬敢于创新、勇于实践的科学精神。

2.开展以学生发展为本的创新实践活动,增强创新意识,发展综合运用知识的能力,增进学校与社会的联系,培养学生的社会责任感,从由点带面到全面推进,实施以探究型学习活动为中心的科技教育,提升我校学生的科学素养,提高我校教师的教学研究能力,发展我校的科技特色。

3.积极参加市区级的青少年科技实践活动以及各级各类科技比赛,从学校具体情况出发,结合学生的实际特点和特长,有选择、有重点地参加青少年科技实践活动,激发学生的好奇心与求知欲,形成浓厚的爱科学、学科学、用科学的氛围。注重环境保护和人与自然的和谐相处。

4.在科技制作、科技创新等活动中,保持探究热情,勇于发现问题、提出问题,并对问题进行系统的分析研究,最后解决问题;激发学生探究与创新欲望,努力培养学生创新和实践能力,培养学生献身科学的精神。

5.发展科技特色项目。首先,确保优势项目——航模、科模、科幻画、科技论文等,多参赛多获奖。其次,发展新的特色项目——创造发明。参加各级科技创新大赛,争创佳绩,为学校添荣誉。

6.探索科技教育与课程教材改革相整合的途径。在各类课程的教材中,挖掘有关科技教育因素,通过思想渗透、方法渗透、知识渗透和手段渗透等方式在学科教学中渗透科技教育。

(二)具体目标

绿色科技课程的最终目标是培养学生的科学素养,并为学生的继续学习和终身发展奠定良好的基础。

1.科学知识方面

(1)通过对物质科学有关知识的学习,了解物质的一些基本性质和基本运动形式,认识物体的运动、力的作用、能量、能量的不同形式及其相互转换

(2)通过对生命科学有关知识的学习,了解生命体的主要特征,知道生物的生命活动和生命周期;认识人体和健康,以及生命体与环境的相互作用

(3)通过对地球与空间科学有关知识的学习,了解与地球相关的宇宙环境,知道太阳系的概况;了解地球的运动及地球的圈层结构;认识人类与环境的关系,知道地球是人类应珍惜的家园

2.科学探究方面

(1)了解科学探究是获取科学知识的主要途径,知道它是科学家通过实证、逻辑推理、创造性思维,以及交流讨论等方式形成共识的过程

(2)知道通过科学探究得出的科学知识在一定阶段是正确的,但是随着新证据的增加,其会不断完善、深入和发展

(3)知道科学探究大体包括的要素:提出和聚焦问题,设计研究方案,收集和获取证据,分析数据、得出结论,表达与交流。认识到探究不是模式化的线性过程,而是循环往复、相互交叉的过程

(4)能将科学探究的过程和方法运用于力所能及的探索活动,能根据自己的兴趣爱好参加科技实践体验活动,培养动手操作能力

3.科学态度方面

(1)对自然现象保持好奇心和探究热情,乐于参加观察类、实验类、制作类、调查类科学活动,并能在活动中克服困难,认真完成预定的任务

(2)勇于发表和说明自己的见解;乐于倾听不同的意见和理解别人的观点,以完善和修正自己的观点

(3)在科学探究活动中主动与他人合作,积极地参与交流和讨论

(4)热爱自然,珍爱生命,具有保护环境的意识和社会责任感

4.科学技术与社会的关系

(1)将学到的科学知识和日常生活中运用的工具、器具、设备相联系,识别科学在日常生活中的应用;了解人们是如何运用科学技术来解决实际问题,以改善生活,并使社会的生产和生活方式发生变化的

(2)了解人类活动对所在地区自然环境、生活环境以及社会变迁的影响;了解社会需求是推动科学技术发展的强大动力,科学技术在当代社会和经济发展中已成为一种重要的力量

(3)考虑有关科学技术中的伦理问题,知道科学技术研究和科学技术的运用,都必须考虑伦理和道德的取向,认识到自己在保护环境、节约资源上的责任

四、绿色科技课程内容

童年时期是学习科技最好的时期。这是因为童年是人的一生中好奇心最强烈的时期,对自然现象的兴趣最大。科技课培养孩子们的动手动脑能力,训练其思维能力,小学科技课程的重要性在于,通过学习使学生掌握关键的基础科学知识,培养学生对科学的兴趣,使其在科学精神的照耀下不断地成长。森林希望小学因此增设了科技辅助课程。其内容如下:

表4-1 绿色科技课程内容

年级	书名	主要内容	章节
1-2	《七巧板》	前言	七巧板的来历
		第一章 认识七巧板	1.现代七巧板介绍 2.七巧板的演变发展史
		第二章 拼图	1.按样拼图 2.按图分解 3.举一反三 4.一图多拼
		第三章 专题设计	1.飞机专题 2.动物专题 3.人物专题 4.运动专题
		第四章 拓展应用	观察创造
		第五章 组合创作	1.单副组合创作 2.多副组合创作
		第六章 智力冲关	1.小试牛刀 2.过关斩将 3.最后冲刺 4.附录常见图形

续表

年级	书名	主要内容	章节
3-4	《创新与发明》	发明家的故事	1.鲁班与锯 2.张衡与地动仪 3.双尖绣花针的故事 4."破坏王"——赵念
		灵感思维	1.灵感的秘密 2.捕捉灵感 3.捕捉灵感的要素
		发明创新	1.什么是发明创新 2.缺点列举法 3.加一加 4.减一减 5.扩一扩 6.缩一缩 7.变一变 8.改一改 9.连一连 10.学一学 11.代一代 12.搬一搬 13.反一反 14.定一定
5-6	《科技模型》	认识航模	1.航空模型的历史和现状 2.航空模型的分类
		纸飞机	1.纸飞机原理 2.传统型纸飞机 3.仿真型纸飞机
		橡皮筋动力飞机	1.橡皮筋动力飞机的原理 2.橡皮筋动力飞机的组装和飞行技巧 3.橡皮筋的使用和维护
		电动自由飞	1.电动自由飞的飞行原理 2.电动自由飞的组装与飞行技巧

五、课程实施

绿色科技课程实施是指学校把依据本校办学理念和教育思想开发的"科技教育"课程内化为每个学生的知识、技能、情感、态度和价值观的过程。我校是通过以下途径来进行课程实施的：

(一)成立科技社团

每周星期二与星期四的第七节课开展科技社团课，学生采取自愿报名的原则，根据自己的兴趣爱好参加科技小组兴趣班。科技社团总体工作由熊敏老师具体负责。每学期都有相应的社团计划与社团总结。社团的开展不仅培养了学生的兴趣爱好、动手能力，也为参加市、县级青少年科技创新比赛储备了科技人才。

表4-2 森林希望小学科技社团概况

社团名称	辅导老师	学习内容
科技创新一	熊敏、吕中钊	科技小制作、科技小发明、科技创意
科技创新二	郑薇薇、张双玲	科幻画
科技创新三	谢小凤	科技小论文
科技模型	张世明、田红杨	航空模型、航海模型、建筑模型

(二)每月定期开展一次科技实践体验活动

1.组织学生参观彭水气象观测站
2.组织学生参观彭水污水处理厂
3.组织学生参观彭水环境监测站
4.渝东南片区科技大篷车进校园
5.组织学生参观太空家园中国航天东方红太空家园(彭水)馆
6.组织学生参观大型种植实验基地等

每次科技实践体验活动都是有序地开展，有安全预案、有活动计划、有活动简报。每次活动都由科技负责人亲自组织，班主任与搭班老师带领学生参观、体验，并要求学生撰写参观心得。

（三）开展科技节活动

1. 集中开展一次科普知识宣传
2. 阅读一本科技类优秀图书
3. 组织一次科普讲座
4. 开展一次主题班(队)会和科普知识竞赛
5. 参加一次科技创新实践活动
6. 学生按年级分时分段的参观一次彭水县科技体验馆
7. 三小(小论文、小制作、小创意等)竞赛活动
8. 绘一幅科幻画
9. 校内科技模型比赛(航空模型、建筑模型、航海模型)

（四）参加科技模型比赛活动

积极参加市、内开展的各种科技活动比赛、科技模型比赛(航空模型、建筑模型、航海模型)及科技征文活动。

（五）与家人携手完成科技作业

在假期里，学校都给学生布置了科技作业，可以试着和家人一起，画一幅科幻画，或写一份科技创意，或做一个科技小制作，或写一篇科技小论文。

六、课程评价

课程评价是以课堂教学中的教与学、"投入"（教师的工作量）与"产出"（学生的收获）等方面为评价对象，对课堂教学效益作出价值判断，从而分析原因、探究方法，以规范课堂教学，提高教学效果的重要的教学管理手段。

（一）对教师开展常规性评价

学校的科技课教师基本上都是兼职教师，在兼任科技课教师的同时也教学其他学科，因此学校通过各种评价手段对教师进行不定时的评价，如月检时抽查备课、教案、学生作业的批改、社团记录的填写、集体备课的态度等情况，并不定时地巡察课堂，等等。

（二）对学生开展科技活动评价

学校开展丰富多彩、寓教于乐的科技教育和科普活动，既能让每个学生在活动中得到锻炼和发展，又可充分调动学生参与的积极性，培养其创造性。我校对学生科技活动的情况的评价如下表。

表4-3　学生开展科技活动情况评价

评价内容		小组意见	教师评价	自评
学习态度	重视科技课的学习，不把它当成副科			
	按时完成课内外作业			
	实验时积极、肯动手			
	记录认真、实事求是			
	积极思维，敢于提出问题			
	有科技发现记录本，并坚持记录			
	肯动脑筋，积极回答问题			
	关心和科学有关的新闻事件			
	喜欢阅读科普读物			
对科学的态度	喜欢收看科技栏目			
	关注自然事物			
	爱护小动物，爱护花草树木			
	在家常搞小制作、小实验，或进行观察活动			
合作与交流	能完成小组分配的任务			
	在小组活动中认真、积极			
	善于和同学合作、谦让、互助			
	认真倾听同学的发言			
	能针对别人的发言发表自己的看法			
	能把自己的发现和体会告诉小组同学			
	对别人的表现能认真、公正地评价			

续表

评价内容		小组意见	教师评价	自评
学习常规	积极准备科学探究材料			
	按时进课堂上课,不无故迟到、缺席			
	上课准备好教科书及学习用具			
	上课时专心,不做与学习无关的事			
	无影响教师教学和他人学习的行为			
	爱护实验器材,无糟蹋浪费行为			
	主动收拾,整理实验器材			

(三)对教师进行考核性评价

我校结合"绿色教育奠基绿色人生"的办学理念,特针对教师制定了考核评价机制。

考核范围、对象:3—6年级科学(科技)学科任课教师

考核内容:教材完成量、实验操作、科学(科技)活动

考核方法:

1.教材考核

(1)常规抽查:按课表随机抽查上课情况。教导处组织人员每月至少抽查两次科学课堂,如没有上科学课,每次扣被抽查人0.2分;

(2)期末总查:教材上完100%计20分;教材上完90%计19.5分;教材上完80%计19分。教材上完80%以下不计分。

2.实验考核

每个班级的实验次数、实验时间以任松老师的安排为准。每班每节实验课在实验室和规定的时段内按实验要求完成并由周玲和任松老师督查签字计20分。在规定时段外完成的,扣掉某个实验在全学期实验中的比值分的一半;全学期没完成某个实验的,扣完某个实验在全期实验中的分值。

3.承担科学(科技)活动加分(0.1-2分)

(1)每个年级每个班每学期安排学生围绕本学期教材内容和实验操作内容撰

写科学小论文,参加县级及以上科学小论文活动获奖的,每获奖一篇加0.5分,此项加分最高不超过1分。

(2)五年级每个班按划定区域参加后山种植活动,成立种植队。种植队人数需达到15人及以上,其中60%的学生(9人及以上)以一种植物完整的生长期为内容完成观察笔记且图文并茂的,加计1分。此项加分以教导处抽查为准,若其中某一个学生未完成,则此项不计分。

(3)三、四、六年级的班级的科学老师承担科技竞赛活动。辅导一人次加计0.1分,此项加分最高不超过0.8分;辅导学生参加县级以上科技竞赛活动获三等奖及以上,加计0.2分,不论获奖人数多少,一律加0.2分。

(4)说明

以上条款涉及的获奖加分均以获奖证书和文件为准。被考核老师的科学教学业绩最后得分等于教材考核得分和实验考核得分的平均分再加上第三项的承担活动加分。

总之,我校绿色科技课程着力构建科学的教师、学生评价体系,发挥评价的激励、引领、自我诊断功能,让评价成为教师与学生成长、进步的内部动力,进而提升教师教育教学水平,激发学生参与科学探究的热情和潜力。

第三节 绿色运动课程——运动与健康

随着社会的进步、科技的发展,人们的生活水平日益提高,但是,身体素质却日趋下降,尤其是青少年,肥胖、近视、心理不健康、特异体质等一系列问题不断出现。这引起了国家和社会的高度关注,提高青少年的体质迫在眉睫。对此,我校整合国家、地方、学校三级课程,开发出绿色运动辅助课程,关注学生身体、心理健康,为学生终身保持体育锻炼奠基,为学生拥有绿色人生奠基。

一、课程定位

党和政府历来重视青少年的体质健康工作。建国伊始,毛泽东同志就提出了

"健康第一"的思想,并作为我国教育的重要指导方针确定下来。邓小平同志、江泽民同志也十分关心青少年的健康成长,对青少年体育工作有过很多重要指示。[1]体育与健康课程是学校课程的重要组成部分。本课程以身体练习为主要手段,以学习体育与健康知识、技能和方法为主要内容,以增进学生健康,培养学生终生的体育意识和能力为主要目标。学校对学生身体和心理的健康教育尤为重视,针对体育与健康课程的特点,整合国家、地方、学校三级课程,开发出绿色运动辅助课程。同时,学校还将学生锻炼进行时空拓展和延伸,将锻炼的空间拓展到家庭、社会,将锻炼的时间延伸到课外、假期,通过适宜负荷的身体练习,提高学生体能和运动技能,促进学生身体健康成长,让学生养成爱锻炼、坚持锻炼的好习惯。综上所述,绿色运动辅助课程是对国家课程的拓展和补充,是锻炼学生身体,提高学生身体素质,培养学生健康心理的主要途径,是奠基学生绿色人生的重要载体。

二、课程依据

(一)时代依据

2007年,《中共中央 国务院关于加强青少年体育 增强青少年体质的意见》明确指出:①广大青少年身心健康、体魄强健、意志坚强、充满活力,是一个民族旺盛生命力的体现,是社会文明进步的标志,是国家综合实力的重要方面;②青少年时期是身心健康和各项身体素质发展的关键时期;③当前和今后一个时期,认真落实健康第一的指导思想,把增强学生体质作为学校教育的基本目标之一。[2]这为学校开发绿色运动辅助课程提供了政策依据。2018年9月10日,习近平总书记在全国教育大会上强调:"要树立健康第一的教育理念,开齐开足体育课,帮助学生在体育锻炼中享受乐趣、增强体质、健全人格、锤炼意志。"这为我国未来学校体育的发展指明了方向。

---

[1] 陈小娅.加强青少年体育是全社会的共同任务——学习《中共中央 国务院关于加强青少年体育 增强青少年体质的意见》[J].求是,2007(12):15-17.

[2] 中共中央 国务院关于加强青少年体育 增强青少年体质的意见[J].中国学校卫生,2007(06):481-483.8

(二)课标依据

1. 坚持"健康第一"的指导思想,促进学生健康成长

体育与健康课程以促进学生身体、心理和社会适应能力整体健康水平的提高为目标,构建了技能、认知、情感、行为等领域并行推进的课程结构,融合了体育、生理、心理、卫生保健、环境、社会、安全、营养等诸多学科领域的有关知识,真正关注学生的健康意识、锻炼习惯和卫生习惯的养成,将增进学生健康贯穿于课程实施的全过程,确保"健康第一"的思想落到实处,使学生健康成长。

2. 激发学生的运动兴趣,培养学生终身锻炼的意识

运动兴趣和习惯是学生终身坚持锻炼的前提。重视激发学生的运动兴趣是新体育课程的重要理念之一,是针对"学生喜欢体育而不喜欢体育课"的现状提出来的,它体现了"以学生发展为中心"的思想,强调尊重学生的情感和体验,这样才能提高学生体育学习和活动的积极性。[1]因此,在体育教学中,学生的运动兴趣是实现体育与健康课程目标和价值的有效保证。

3. 以学生发展为中心,重视学生的主体地位

体育与健康课程关注的核心是满足学生的需要和重视学生的情感体验,使其健康成长。从课程设计到评价的各个环节,我校始终把学生主动、全面地发展放在中心地位。在注意发挥教学活动中教师主导作用的同时,特别强调学生学习主体地位的体现,以充分发挥学生锻炼的积极性和运动潜能,提高学生的体育学习能力。

4. 关注个体差异与不同需求,确保每一个学生受益

体育与健康课程充分注意到学生在身体条件、兴趣爱好和运动技能等方面的个体差异,根据这种差异性确定学习目标和评价方法,并提出相应的教学建议,从而保证绝大多数学生能完成课程学习目标,使每个学生都能体验到学习的乐趣。

---

[1] 季浏.《体育与健康课程标准》实施过程中应注意的几个问题[J].上海体育学院学报,2006(04):76-79+91.

三、课程目标

(一)总体目标

课程目标总体上分为运动参与、运动技能、身体健康、心理健康与社会适应四个方面。

1.运动参与

(1)参与体育学习和锻炼
(2)体验成功与运动的乐趣

2.运动技能

(1)学习运动知识
(2)掌握运动技能
(3)增强安全意识

3.身体健康

(1)掌握基本保健知识和方法
(2)塑造良好体形和体态
(3)全面发展体能
(4)提高适应自然环境的能力

4.心理健康与社会适应

(1)培养坚强的意志品质
(2)学会调控情绪的方法
(3)形成合作意识与能力
(4)具有良好的体育道德

(二)具体目标

1.增强体能,掌握和应用基本的体育与健康知识和运动技能。结合我校的学生规范,致力于培养健康文明、博学多才、手脑并用、阳光上进的学生

2.在教育过程中,遵循人的自然生长规律,尊重学生的天性、个性和主体性,培养其对运动的兴趣和爱好,形成坚持锻炼的习惯

3.具有良好的心理品质,表现出人际交往的能力与合作精神,结合个人特点和绿色教学的目标,将学生培养为一个身心健康的青少年

> 4.提高对个人健康和群体健康的责任感,形成健康的生活方式,并且结合我校德行为先、文化立校、一校多品、全面发展的办学方略,使学生不仅在文化课上取得好成绩,在体育课程方面也不落后,逐渐成为德智体全面发展的学生
>
> 5.发扬体育精神,形成积极进取、乐观开朗的生活态度,将体育精神运用到学习和生活中

四、课程内容

我校结合国家、地方、学校三级课程,以国家课程作为基础课程,根据《重庆市中小学体育课程教学指导纲要及评价标准》,对地方和学校教材进行整合,从而开发了绿色辅助课程。绿色运动辅助课程"森林运动"由"体育健康基础知识"和"体育活动技能"两部分组成。

表4-4 绿色运动辅助课程"森林运动"

水平	体育健康基础知识	体育活动				
^^^	^^^	身体活动	体操类活动	球类活动	武术	民族民间活动及体能练习
水平一	1.积极愉快地上好体育课 2."坐立行"我最美 3.饮水有益健康 4.安全地进行游戏 5.健康饮食益处多 6.阳光运动身体好 7.文明如厕讲卫生	1.自然走与游戏 2.大步走与游戏 3.30米快速跑与游戏 4.立定跳远与游戏 5.模仿动物与游戏 6.各种抛接轻物与游戏 7.单手正对投掷方向投掷轻物与游戏	1.立正、稍息、看齐、报数、左右转、原地踏步 2.拍手操、劳动模仿操 3.模仿动物、滚翻、劈叉、仰卧推起成桥 4.跳短绳 5.舞蹈	1.篮球与游戏(抛接球、投球进筐、原地多种姿势拍球) 2.足球与游戏(颠球,传、接地滚球、踢球比赛、直线运球) 3.乒乓球与游戏(颠球比赛,端球比赛,击、接墙反弹球)	1.压腿、压肩 2.基本手型、手法 3.基本步型 4.基本腿法	1.跳皮筋 2.跳房子 3.踢毽子 4.抽陀螺

续表

水平	体育健康基础知识	体育活动				
^	^	身体活动	体操类活动	球类活动	武术	民族民间活动及体能练习
水平二	1.安全运动促健康 2.运动前后的饮食卫生 3.营养不良与健康 4.《国家学生体质健康标准》的意义和要求 5.用眼卫生 6.呼吸道疾病的传染和预防	1.50米跑与游戏 2.300-400米耐力跑与游戏 3.立定跳远与游戏 4.急行跳远与游戏 5.原地投掷沙包与游戏 6.投掷实心球与游戏 7.发展跑、跳、投能力与游戏	1.报数、跑步立定 2.基本部位操 3.跳短绳 4.前、后滚翻 5.支撑跳跃 6.发展悬垂能力与游戏	1.篮球与游戏（原地运球及行进间运球、原地双手胸前传接球、原地双手胸前投球） 2.足球与游戏（脚内侧和脚背正面踢球、脚内侧和脚底接地滚球、脚内侧和脚背正面运球） 3.乒乓球与游戏（正手和反手发球、正手推挡球、正手攻球） 4.发展篮球、足球、乒乓球活动能力练习与游戏	1.武术基本功 2.武术基本动作 3.武术基本组合	1.踩高跷 2.荡秋千 3.竹竿舞

续表

水平	体育健康基础知识	体育活动				
^	^	身体活动	体操类活动	球类活动	武术	民族民间活动及体能练习
水平三	1. 我国奥林匹克运动会取得的光辉成绩 2. 青春期基础知识 3. 轻度损伤的自我处理 4. 认识危险源，远离危险	1. 50米快速跑 2. 400米耐久跑 3. 跨越式跳高 4. 蹲踞式跳远 5. 双手向前掷实心球 6. 助跑投掷垒球 7. 发展跑、跳、投能力与游戏	1. 向左右转走 2. 跳长绳 3. 滚翻组合 4. 单挂膝悬垂摆动 5. 韵律活动 6. 发展悬垂、滚动、支撑能力与游戏	1. 篮球与游戏（移动、行进间双手胸前传接球、体前变向换手运球、单手肩上投篮） 2. 小足球与游戏（脚背内侧和正面传球、脚背正面接球、脚背正面射门） 3. 乒乓球与游戏（正手和反手快攻、正手和反手削球） 4. 软式排球与游戏（正面双手垫球、正面下手发球）	少年拳第一套	1. 发展灵敏性练习 2. 发展柔韧性练习

五、课程实施

（一）"森林运动"走进课堂

"竹竿舞"进课堂。"竹竿舞"是我校传统运动项目，它秉承了民族传统体育项目的特点，有利于激发学生的运动兴趣，培养学生体育锻炼的意识和习惯；通过优美的音乐陶冶学生的情操，并进行多学科的整合，关注了学生的个体差异，保证每一个学生受益。民族民间体育活动进课堂，能使学生体验民族民间体育活动的特点，感受运动的快乐，同时促进身体灵活性、协调性、速度等基本素质和能力的发展，丰富了体育课堂，有利于学生多元化发展。

(二)"森林运动"走进活动

游戏是学生最喜欢的活动,也是各类运动不可缺少的内容,是学生体验成功、获得愉悦的重要手段。所以,"森林运动"应走进学校的各级各类活动中去:走进课外体育活动,走进社团活动,走进运动队,走进大课间活动。

我校曾荣获体育总局授予的国家青少年体育俱乐部称号,学生体育社团涉及田径、乒乓、篮球、跳绳、羽毛球、足球、象棋等7个大项、16个小项,足球项目实现了全覆盖。丰富多彩的学生体育活动,能够培养学生的体育兴趣、爱好和体育锻炼的习惯,并向学生传授体育运动技能,发现和培养具有体育专长的后备人才,为学校参加各级各项体育比赛提供有力的人才保障。

(三)"森林运动"走进家庭

为认真贯彻落实国务院办公厅《关于强化学校体育 促进学生身心健康全面发展的意见》(国办发〔2016〕27号)和重庆市教育委员会《关于印发重庆市强化学校体育 促进学生身心健康全面发展的实施意见》(渝教体卫艺发〔2017〕20号)精神,切实推动我校体育课程改革,进一步完善立德树人机制,促进学生身心健康全面发展,我校结合我县实际,在课程布置上坚持以下原则:

1.坚持与体育教学相结合
2.坚持与家庭成员活动相结合
3.坚持与检查登记评定相结合

表4-5 森林希望小学体育家庭作业

第　　周

项目		时间						
		星期一	星期二	星期三	星期四	星期五	星期六	星期日
规定项目	跳绳							
	仰卧起坐							
自选项目	计时跑、走							
	横叉、纵叉							
	平板支撑							

续表

项目	时间						
		星期一	星期二	星期三	星期四	星期五	星期六	星期日
	俯卧支撑							
	踢毽子							
	仰卧推起成桥							
	球类练习							
	甩纸炮							
	游泳							
未完成原因								
家长签字								

备注：规定项目必须完成，自选项目每生每天选择1—2项。

表4-6　森林希望小学体育家庭作业部分项目完成要求

项目＼年级	年级		
	1—2年级	3—4年级	5—6年级
跳绳	200个以上	300个以上	400个以上
仰卧起坐	15个以上	25个以上	35个以上
计时跑、走	2—3分钟	3—4分钟	5分钟以上
横叉	30秒以上	20秒以上	20秒以上
平板支撑	20秒以上	30秒以上	40秒以上

六、课程评价

(一)积极落实《国家学生体质健康标准》

为建立健全国家学生体质健康监测评价机制，激励学生积极参加身体锻炼，教育部印发《国家学生体质健康标准(2014年修订)》(以下简称《标准》)，要求各学校每学年开展覆盖本校各年级学生的体质健康标准测试工作，并根据学生学年总分评定等级。我校认真落实《国家学生体质健康标准(2014年修订)》，从组织学生进行测试、成绩录入,到测试环境的设置、数据上报、成绩的下载、成绩的反馈(让班主任、学生、家长知道并签字),都是严格按照《标准》进行。

(二)积极开展激励性评价

评价的目的是激发与唤醒,使学生坚持"健康第一的指导思想,促进学生健康成长;激发学生的运动兴趣,培养学生体育锻炼的意识和习惯"。

我校采取多种激励性评价措施,例如把学生体育锻炼和学校"运动达人"评价体系有机结合,把体育锻炼作为"体育达人"评选的一项内容,设置体育达人明星章、体育达人明星墙、体育达人明星廊、体育达人明星秀、体育达人明星杯、体育达人明星事迹宣传等,使学生的每一个进步都能得到显性的肯定,让学生更有成就感和信心。

(三)构建学校体育运动评价体系

1. 学校评价

学校体育成绩的获得离不开阳光体育评价体系的构建。体育评价关注教师、学生、课堂、活动,从"教什么(内容)""怎么教(教学艺术)""教得怎么样(教学效果)"三个维度进行监测。开学前由教导处协同体育组共同确定教学内容;教学情况由教导处和教科室联合抽查;期末,由教导处组织人员对每一名体育教师的任课班级学生进行随机抽样测试。测试内容分笔试和技能测试两大部分,测试标准严格按照国家学生体测标准进行。同时,设置体育教师考核附加分项目,平衡体育与其他学科的考核成绩,最大限度肯定体育教师的工作,调动其积极性。

2. 家庭评价

学校将学生体育成绩、体质健康卡、社团活动参与情况、体育家庭作业完成情况等反馈给家长,让家长全方位了解自己的孩子。今年还通过网络平台反馈学生的体育家庭作业,让家长直观了解孩子的情况。通过线上和线下的调查问卷,家长对学校体育教师、学校社团教练等作出评价。

3. 社会评价

学校积极组队参加市、县各种体育赛事,成绩斐然。在县教委举办的"健康校园杯"田径比赛中,我校在田径运动会上连续七届打破县运会记录,金牌、奖牌总数均位居榜首,以团体总分第一的绝对优势摘取小学组七次冠军;跳绳三连冠,女足三连冠,男足冠军一次、亚军二次,乒乓球冠军一次、亚军三次、季军一次,篮球亚军一次、季军两次,羽毛球季军一次,象棋获得冠军两次、季军一次。跳绳队代表彭水县参加市运会和市锦标赛,获得市级季军,2015、2016年男女足球队还分别代表彭水参加市足球联赛,成绩优异。学校大课间活动荣获重庆市比赛一等奖,很多学校到我校来观摩和学习。竹竿舞队多次到人民小学参加"六一儿童节"的展示活动,得到市委书记的亲切接见;还参加县学生运动会开幕式和县大型活动的表演,得到领导和群众的好评。

我们常说"教无定法、学无定法",其实在对于学生们的身体锻炼评价中,尤其是对学生的体育锻炼评价的过程中,评价的方法可以是多样化的。只要是能够激发学生的锻炼兴趣,引导学生们养成良好的锻炼习惯,提高学生的锻炼能力的评价策略,我们都可以应用到课堂教学中。

第四节 绿色艺术课程——艺术与审美

艺术教育和教学是小学教育不可或缺的一部分,也是学生学术素养的重要组成部分。艺术教育与审美教育有着共同的任务。艺术教育,无论是艺术创作的教育,还是艺术欣赏的教育,都是对审美意识的建构教育,使受教者形成审美的内在尺度。而审美教育的任务在于提高人的审美能力,进而去创造美和体味美。[1]为此我校主要开设了书法和美术两大艺术课程。

---

[1] 姜敏.论艺术教育与审美教育[J].东南大学学报(哲学社会科学版),2004(03):54-57+127.

一、书法课程

（一）书法课程定位

书法是中华民族的文化瑰宝，是人类文明的宝贵财富，是基础教育的重要内容。书法课程以开发、普及、提高技艺和书法鉴赏力为主题，以培养学生综合能力为重点，是传承中华民族优秀文化，培养爱国情怀的重要途径，是以全面提升学生人文素养为核心的学校课程。

（二）书法课程依据

1.现实依据

（1）教育部在下发的《关于在中小学加强写字教学的若干意见》中强调指出："当前，在重视学生掌握计算机汉字输入技术的同时，必须继续强调中小学生写好汉字。继承和弘扬中华民族优秀文化，写字教学应该加强，不应削弱。"这正是实践书法课程的理论保障。

（2）教育部颁布的《写字教学指导纲要》对写字教学提出了非常具体的目标和要求，这为书法课程实践提供了理论指导。

可见，写好字是每个学生的基本素养，书法课程实践能有效地培养学生的审美趣味和审美能力，使其展示个性、开发潜能、净化心灵，塑造完美人格，最后达到全面和谐发展的目的。

2.课标依据

《义务教育语文课程标准》历来重视学生写字教育。2011年版的《义务教育语文课程标准》更加重视写字与书法的学习。这次修订特别强调小学生"正确的写字姿势"和"良好的写字习惯"，强调书写的规范和质量，要求"第一、二、三学段，要在每天的语文课中安排10分钟，在教师指导下随堂练习，做到天天练。要在日常书写中增强练字意识，讲究练字效果"，这也正是实践书法课程的初衷。

（三）书法课程目标

1.总体目标

书法课程以培养学生综合能力为重点，传承中华民族优秀文化，培养爱国情怀，以达到全面提升学生人文素养的目标。

2.具体目标

（1）通过书法课程的研究，挖掘历史悠久的书法文化，激发少儿学习书法的兴趣，培养孩子对中华民族传统文化的热爱

（2）通过书法课程的研究，使学生掌握汉字的书写法则和技能，提升书写能力

（3）通过书法课程的研究，让学生养成循序渐进、严谨而踏实的学习态度，培养学生持之以恒、勤学苦练的精神，潜移默化地加强学生文化艺术修养，使学生接受美的感染和艺术的熏陶，提高审美能力

（4）通过书法课程的研究，使学生在美的氛围中萌动创新精神、团队意识，促成学生良好行为习惯的养成，培养学生良好品德，使其快乐学习，幸福生活

（5）通过书法课程的研究，使教师接受传统文化的熏陶，锤炼教学基本功，提高自身素质，为专业发展提供广阔的空间

（6）通过书法课程的研究，丰厚学校的文化底蕴，提升学校的文化品位，竭力打造独具魅力的书法特色学校，以契合我校"顺木之天，以致其性"的办学理念

（四）书法课程内容

1.少儿书法兴趣的培养

书法教师通过课堂多讲书法家的故事，多用形象化的语言、现代教学手段，多对少儿进行表扬，并请当地知名书家到学校"现身说法"，以此激发少儿学习书法的兴趣。

2.技能训练与育人功能双线并行

在进行书法教育时，不仅要对少儿的书写姿势、临帖和创作进行指导（低年级学生写铅笔字，中高年级学生写钢笔字和毛笔字），更要促进学生德育、智育、美育的和谐发展。

3.少儿书法与学校文化建设

学校将定期从学生书法作品中选用优秀的作品，通过橱窗、走廊、展板、宣传栏等形式丰富学校文化建设，让墨香飘到校园的每一个角落。

书法教师常以柳体、欧体、颜体等名家为范，亲近博大精深的民族传统文化。同时，挖掘本土书法文化，如本地碑刻和石刻拓片；欣赏本地书法家的作品。通过课堂渗透，丰富学生的传统文化知识，以此传承与发展书法，弘扬本土文化。

(五)书法课程实施

书法课程以课堂教学实践为主要阵地,及时总结成功经验,以课堂教学研究为主,上好常态课、展示课、示范课、汇报课;以书法作业、书法作品展、论文、教学案例、作品集等形式反馈教学成果。组织师生参加书法展赛活动。具体过程分三步走:

1.营造氛围,激发兴趣

兴趣是促使人学习的第一动力。学校致力于营造令人神往的氛围,紧紧抓住师生的心。首先,着手美化和布局学校的走廊文化,由学校书法能力强的老师亲自书写书法作品,交予美术组裱制出来,悬挂在学校走廊的每一个角落。或龙飞凤舞,或刚劲有力,或端庄秀丽,古色古香的传统文化就这样在不经意间,潜移默化地熏陶着我们的老师和学生。当然,仅此一举,远远达不到我们的预期。因此,学校专门成立书法组,由具有书法特长的洪伦胜老师任组长,全权负责学校的书法工作。学校还专门提供两间教室作为书法室,作为师生练习和教学的功能室。同时,学校还邀请了彭水本土的知名书家十三人进校园进行书写示范活动,激发了师生学习书法的兴趣。

2.师生参与,实施研究

要想书法课程深入人心,一定要让书法教学和我们的课堂紧密结合,真正意义上促进学生的发展、教师的发展、学校的发展。所以,书法课程研究拟定从四条线开展:一、在全校开设书法课,由四位专职教师担任书法课老师。根据儿童身体发育的规律,书法课程按年段开设。1—2年级主要是铅笔书法,3—6年级以毛笔书法为主。每周一节书法课。学生下午上课前,统一用10分钟时间练习书法。教案分别由书法老师自己编写。二、成立书法特长班。书法教师根据日常的教学观察,将具有书法天赋且书法兴趣浓厚的学生组织起来,无偿地为他们进行定期辅导,以此培养书法特长生,用以点带面的模式带动其他学生学习书法。三、要求全校教师练习书法。四、挖掘本土的书法文化,并将其发扬光大。我们设想在彭水境内寻找一些历代书法名家的拓片、碑刻,以此挖掘和弘扬本土的书法文化,培养师生的书法鉴赏能力。

3.以活动促研究,注重理论提升

书法活动是师生书法练习的延伸,是检验师生练习效果的有效途径。为此,学校开展了各种各样的书法活动,让师生们在活动中浸淫墨香,收获喜悦,以此提高师生的书写兴趣。实践固然重要,但理论的提升绝不能忽视。学校提倡语文老师和专职书法教师平时多进行归纳总结,撰写相关论文,提升自己的理论水平,将内涵打造落到实处,让学校从"内"到"外"真正统一起来。

(六)课程评价

为了确保校本课程开发的合理性和有效性,我们建立了校本课程的评价体系,主要从以下几个方面进行:

1.对教师的课程实施和专业提高的评价

(1)书法专职教师的评价

> A.教学过程的评价。主要是针对教师教学过程进行评定,包括教学准备、教学方法、教学态度、教学效果等方面。
> B.教学效果的评价。主要针对的是自身提高和学生成绩两大块。通过教案设计比赛、评课比赛、艺术教师基本功竞赛、骨干教师评比、辅导学生比赛等途径进行。

(2)书法兼职教师的评价

> A.教学过程的评价。语文教师的评价内容为教育态度和方法,实行动态评价,通过"午间练字"巡查和学生实际书写水平抽测等途径来实施。班主任评价内容为是否重视书法教育,是否将写字教学纳入班主任工作计划,是否经常在班上总结这方面的工作等。
> B.教学效果的评价。通过"墨韵森林"现场书法(毛笔、硬笔)大赛,全县、全市、全国书法大赛等活动来实施。

2.对学生成长的评价

评价的目光放在学生学习书法的过程上,注重学生能力的培养,关注学生在学习过程中的表现,如习惯、态度、积极性、参与状况等,由教师综合评价。学习的客观效果由教师采取适当的方式进行评价。

评价的方法除了观察、调查、考查学习知识、成果展示等外,我们还为每一位学生都设立了一个形成性的书法小档案,将不同时段的作业和作品放到记录袋中,旨在考察每一位学生在学习书法过程中的发展状况,并定期进行总结分析。评价遵循以下几个原则：

> （1）突出书法课程评价的整体性与综合性，从知识与能力、过程与方法、情感态度与价值观几方面进行综合评价，以全面考查学生的书法素养。重视良好书写习惯和学习态度的养成。
> （2）形成性评价和终结性评价相结合。加强形成性评价，收集能反映学生训练过程和结果的资料，如学生的兴趣、成绩记录，教师、同学的评价，等。
> （3）要尊重学生的个体差异，以鼓励、表扬等积极的评价为主，尽量从正面加以引导，使他们对练好书法充满信心。
> （4）个体评价和集体评价相结合。集体评价是指对班级的评价，在考核个体的基础上，统计班级的合格率和优秀率，从而促进班级整体写字水平的提升。

二、美术课程

（一）美术课程定位

随着我国基础教育课程改革的深入，美术教育的重要性被越来越多的人认知。美术教育肩负着培养学生美术核心素养、人文情怀以及创新意识等重任。小学阶段作为学生系统接受美术教学的起始阶段，是启蒙学生美术思维、美术鉴赏意识与创造意识等的关键时期。[①]水墨画是中华民族的传统艺术，国家九年义务教育小学美术教材虽然安排有水墨画，但是内容不多，形式单一，层次不深。因此，我校设置了绿色美术课程，以此作为对国家课程的补充，以便让学生更多地学习水墨画，激发学习兴趣。

（二）美术课程依据

1.时代依据

国务院颁发的《关于基础教育改革与发展的决定》明确提出：实施素质教育，促进德智体美等全面发展，应当体现时代要求，要培养学生具有健壮的体魄和良好的心理素质，养成健康的审美情趣和生活方式。在2020年全国教育工作会议上，教育部部长陈宝生说，为加强美育，今年要在改条件、改教学、改评价上攻坚，完善大中小学相衔接的美育课程体系，构建"基础知识、核心素养、专项特长"三位一体教

---

① 宣梦婷.新课程标准下小学美术课国画教学研究[J].美术教育研究，2019(22):144-145.

学模式。水墨画是美术教育里不可或缺的一项,有利于培养学生的审美情感,提升其审美能力。

2. 课标依据

《小学美术教学大纲》明确指出,小学阶段要"体验中国画的笔墨情趣,临摹中国画"。《义务教育美术课程标准》中也明确指出,中国画是一门基础课程,通过美术课程,学生了解人类文化的丰富性,在广泛的文化情境中认识中国画的特征、中国画表现的多样性以及中国画对社会生活的独特贡献,并逐步形成热爱祖国优秀文化传统和尊重世界文化多样性的价值观。

(三)美术课程目标

1. 补充教材之不足,传承优秀文化

水墨画是中华民族文化的瑰宝,源远流长,在世界艺术之林中独树一帜。"水墨画"以笔墨为载体,布局优美和谐、妙趣横生,意境深远独到,愈来愈为世界所瞩目。《小学美术教学大纲》明确指出,小学阶段"体验中国画的笔墨情趣,临摹中国画"。而现在的学生多数对水墨画接触得比较少,不会欣赏,更不会画。美术课本中,水墨画的内容也较少。传统水墨文化在学校美术教育中处于边缘化,甚至面临消失的可能。拓展水墨画教学实践是继承和弘扬祖国传统艺术,提高儿童审美能力和创造性思维的重要途径之一。让学生从小接触并深入学习水墨画有利于培养学生对中华民族传统文化的热爱,是中国画传承与发展的重要途径。

2. 激发学生的艺术兴趣,培养学生的创新思维

用惯了彩色笔和蜡笔的孩子们都愿意尝试一下用毛笔来画画,水墨画教学自然成了小学美术课程中必不可少的部分。培养学生欣赏水墨画的意境之美、笔墨之美,从而提高学生的审美能力,使其乐于用水墨绘画身边的自然景观,培养创新思维。

3. 提升学生审美能力,助推教师、学校共同成长

水墨画教学活动能促进学生审美能力提升,促进学生综合素质的提升。教师方面,可以进一步提升教师教学水平、专业能力和科研能力,还可以提升教师的审美能力。学校方面,水墨画教学活动与我校初具规模的书法课程相得益彰,形成墨

香系列,推进了我校绿色文化的打造。

(四)美术课程内容

水墨画课程的主要内容是:水墨山水、水墨花鸟、水墨人物。

> 1.充分利用课堂和社团活动,实施水墨画教学,拓宽孩子们的知识面。
> (1)以线描画为基石,锤炼线条,打好水墨画基础。
> (2)以中国画的笔法墨法练习为根本,感受笔墨情韵,变枯燥为乐趣。
> (3)以临摹为手段,掌握基本表现手法,激发学习欲望。
> 2.挖掘地方资源,拓展水墨画教学。
> (1)充分利用彭水境内秀美的山水资源,指导学生写生,培养创造能力。
> (2)以创作为目标,创新出自己的水墨画,升华学生的水墨情结。
> 3.开发水墨漫画,丰富水墨情趣。
> 4.组织学生参加丰富多彩的绘画活动,通过激励方式,分享成功的喜悦,增强自信心。

(五)美术课程实施

本课程以课堂教学实践为主阵地,及时总结成功经验,以水墨画课题研究、学生作业展、论文、课例编写、作品集等形式反馈教学成果。其具体过程分四步走:

1.科学规划,尝试推进

在决定进行水墨画教学实践之初,学校对是否覆盖全校进行了慎重考虑。我们认为,在学校推广水墨画教学和书法教学存在本质区别。首先,我们以美术教研组为核心,由具有水墨画特长的杨小亚老师任组长,全权负责学校的水墨画教学实践工作。学校还专门提供一间屋子作为美术室,作为师生练习和教学的功能室。为了加大水墨画教学推进力度,学校依托美术教研组,成立水墨画学生社团,通过社团活动培养了大批水墨画爱好者。美术教师根据日常的教学观察,将具有绘画天赋且绘画兴趣浓厚的学生组织起来,无偿地为他们进行定期辅导,以此培养水墨画特长生。这种以点带面的模式有利于带动其他学生学习水墨画。事实证明这是一个很成功的举措。

2.理论引领,扎根课堂

经过潜心研究,并根据儿童身心发展规律,我们提出:水墨画教学应该在"玩中学,学中玩",重在感受水墨画的精髓。并确定水墨画教学以大自然秀丽的景观、以人物为素材,构建水墨系列之山水篇、人物篇。水墨画教学分三个阶段实施。低段

(1—2年级)了解水墨画;中段(3—4年级)掌握水墨画特点,写生水墨画;高段(5—6年级)写生水墨画,创作水墨画。同时,我们还结合彭水风土人情,开发水墨漫画,努力探索一条独具特色的水墨画教学之路。

3.活动参与,激发兴趣

各种竞赛活动是师生水墨画练习的延伸,是检验师生练习效果的有效途径。为此,学校每年开展主题为"泼墨人生"的"六一"师生水墨画展;经常参加重庆市小学生绘画大赛,并有80人次分获市级一、二、三等奖。师生们在活动中浸淫墨香,收获喜悦。尤其是2013年重庆市美术现场研讨会中,美术组提前收集师生水墨画作品进行装裱,利用画架和展板进行摆放和悬挂。精美的作品引得不少人驻足观看。流畅的水墨线条、巧妙的构图,浓淡适宜的用墨,赢得参观者啧啧赞叹。

4.理论提升,开发教材

实践必须以科学的理论作指导。进行水墨画教学实践,我们不可能盲目地选材。我们必须有自己的水墨画校本教材,只有这样,才能按照由易到难、循序渐进的方式对学生进行系统的训练。对此,美术教研组的老师边摸索边积累,开发校本教材。美术教师针对自己平时的教学进行归纳提炼,撰写相关论文,提升自己的理论水平,将内涵打造落到实处,让学校从"内"到"外"真正统一起来。

(六)美术课程评价

水墨画课程主要从以下几个方面进行评介:

1.定性评价

定性评价指的是评价者对评价对象直接作出判断,主要关注是否达成目标。比如学生对水墨画课的参与度是高还是不高,教学课堂氛围是和谐还是不和谐,教学效果是好还是不好,等。

2.定量评价

定量评价指的是运用数据,对评价对象作出判断。它讲求量化,如学生绘画了多少件作品,完成情况怎样,参加了多少次比赛,获得多少次绘画奖项,等。

3.过程性评价

我校的水墨画课程教学过程性评价主要包括教师评价和学生评价。

(1)教师教学过程评价。主要是针对教师教学过程进行评定。包括教学准备、教学方法、教学态度、教学效果等方面的评价。

(2)学生学习过程评价。评价的目光放在学生学习水墨画的过程中,注重学生能力的培养,关注学生在学习过程中的表现,如习惯、态度、积极性、参与状况等,学习的客观效果由教师采取适当的方式进行评价。

4. 成果性评价

(1)教师教学成果评价。教学成果评价主要针对的是教师自身业务能力提高和学生成绩两大块。教师成果评价主要是通过教案设计比赛、评课比赛、美术教师基本功竞赛、骨干教师评比、辅导学生比赛成果及获奖情况等途径进行。

(2)学生学习成果评价。学生成果可透过实践操作、作品、竞赛、展演等形式展示,成绩优秀者予以表彰并收入成长记录袋。我校对特别优秀的作品进行装裱,以美化校园;对于优秀学生则推荐上好的中学。

第五节 绿色劳动课程——劳动与实践

劳动教育在学生"德、智、体、美、劳"全面发展中,在奠基学生绿色人生的过程中扮演着重要的角色。

一、课程定位

(一)劳动教育是中小学教育的重要内容

劳动是人类创造社会物质财富和精神财富的重要手段。劳动教育是学校教育的基础目标之一。中小学曾将开设的劳动课程命名为"劳动技术",但在课程的具体实施中,只见"技术"不见"劳动"的现象盛行;"信息技术""综合实践活动"等仅作为一个课程概念,无论在理论上还是实践中,都存在用知识、技术和技能学习替代劳动观念、劳动意识和劳动习惯培养的倾向。对此,我校专门开设了绿色劳动课程。

(二)劳动教育在学校教育中具有重要的地位

随着社会的进步和分工的精细化,劳动的含义也在扩展,中小学劳动教育的内涵也相应有所扩展。《中共中央 国务院关于全面加强新时代大中小学劳动教育的意见》指出：以习近平新时代中国特色社会主义思想为指导，全面贯彻党的教育方针，落实全国教育大会精神，坚持立德树人，坚持培育和践行社会主义核心价值观，把劳动教育纳入人才培养全过程，贯通大中小学各学段，贯穿家庭、学校、社会各方面，与德育、智育、体育、美育相融合。[①]自此，我国传统意义上的"德智体美"全面发展走向"德智体美劳"五育并举。同时，也确立了劳动教育的独立学科地位。

（三）绿色劳动课程符合时代要求

绿色劳动课程遵循时代要求，基于绿色教育理念，整合国家、地方、校本三级课程，拓展劳动教育时空，开展学生劳动实践。其以课堂为主阵地，利用劳技课、综合实践课，实施国家课程；以学科整合为途径，利用学科课堂，培养学生劳动观念和意识。以户外为平台，实施种植和养殖校本课程，让学生进行生产劳动。同时，拓展时空，让学生在家庭、社会进行劳动实践和体验，培养学生的劳动习惯和技能。

二、课程依据

（一）时代依据

2019年，《中国教育现代化2035》指出，"培养德智体美劳全面发展的社会主义建设者和接班人"，"弘扬劳动精神，强化实践动手能力、合作能力、创新能力的培养"[②]；《中共中央 国务院关于深化教育教学改革 全面提高义务教育质量的意见》指出，加强劳动教育，充分发挥劳动综合育人功能，制定劳动教育指导纲要，加强学生生活实践、劳动技术和职业体验教育。2020年，教育部公布《普通高中课程方案(2017年版2020年修订)》，明确指出，劳动为必修课，共6学分，其中志愿服务2分，在课外时间进行，3年不少于40学时。自此，国家正式确定了劳动教育的学科地位。

---

① 中共中央国务院关于全面加强新时代大中小学劳动教育的意见[N].人民日报，2020-03-27(001).
② 中国政府网.《中国教育现代化2035》(2019-02-23)[2020-12-17]. http://www.gov.cn/zhengce/2019-02/23/content_5367987.htm.

(二)课标依据

《小学劳动技术课程标准》明确指出,劳动技术课程是一门基础教育的必修课程,其根本使命旨在全面提高国民的基本技术素养,培养具有技术知识、创新思维、实践能力的一代新人。劳动技术教育是一种提高未来社会成员基本技术素养的教育,是一种开发人的潜能、促进人的思维发展的教育,是一种人人都必须接受和经历的教育。在基础教育阶段,劳动技术课程是中小学生在教育者的引导下,通过独立活动或者与他人合作,在设计、制作、使用、维修等一系列劳动体验和实际探究的技术活动过程中学习技术知识,掌握技术操作,增强技术意识,提高技术素养的一门基础课程。

(三)课程性质依据

劳动技术是一门综合性强、操作性强的学科。它是综合实践活动的重要学习领域,它以学生获得各种劳动体验,形成良好的技术素养,增益创新精神和实践能力为目标,强调动手与动脑相结合,是以探究性、操作性为特征的一门实践活动课。劳动教育可以发挥实践育人的作用,有利于拓宽思想政治教育的实现路径。思想政治教育不能仅仅通过理论说服人和书本教导人两种方式,还必须以实践为基础,通过实践来提高思想政治教育的有效性,增加思想政治教育的深度。同时劳动教育还可以使人从具体的劳动过程中体会劳动的意义和快乐,发现和感悟关于生命、人生、价值等层面的道理,从而实现自由全面发展。[①]

三、课程目标

(一)总体目标

中小学劳动技术学科的总目标是通过教与学的实践,使每个学生都"会动手、能设计、爱劳动",提高学生的技术素养。小学作为技术素养的启蒙阶段,着重于培养学生的技术学习兴趣、基本技能及基本的操作规范。其目标如下:

---

① 李珂.行胜于言:论劳动教育对立德树人的功能支撑[J].教学与研究,2019(05):96-103.

1.知识与技能

(1)了解身边常见事物所含的基本技术内容及制作方法;
(2)了解若干日常生活中常见的加工材料的特性和用途,初步学会根据设想选择材料;
(3)能正确使用一些生活中常见的手工工具,并能合理地选择工具;
(4)能识读一些简单的图样,并利用工具安全、有效地对材料进行加工。

2.过程与方法

(1)从熟悉的环境出发,利用已有知识及调查的结果,设想一种技术作品;
(2)对各种设想进行选择,制订出一个设计草案并能给出选择的理由;
(3)通过语言、文字、简单的图示对设想和作品进行描述或介绍;
(4)对作品进行自我评估并能倾听他人的意见与建议。

3.情感、态度与价值观

(1)养成勤俭、负责、守纪的品质,形成良好的劳动习惯;养成珍惜劳动成果、爱护工具、节约材料的习惯;
(2)培养对技术问题的兴趣,引发探究的欲望;
(3)形成良好的合作和交流的氛围,养成诚实、负责、进取、热爱生活的精神品质;
(4)培养不怕挫折、勇于创新的精神;
(5)了解技术对日常生活的影响。

(二)具体目标

1.知识与技能

(1)掌握简单的劳动技能,如自我管理:洗脸、洗头、洗澡、洗袜子;家务劳动:扫地、洗菜、洗碗等;
(2)参加适宜的劳动体验,了解简单的劳动技术,能进行一些基本的尝试;
(3)践行种植课程,参加简单的生产劳动,懂得并掌握一些基本的生产劳动技能;
(4)能识读一些简单的图样,并利用工具安全、有效地对材料进行加工。

2.过程与方法

(1)利用家校共育平台,家校共同制订学生劳动培养计划,有目的地让学生参加生活劳动,培养劳动技能;
(2)学生参加生活和生产劳动体验,了解一些基本的劳动常识,并能学会一些基本的劳动技能;
(3)学校五年级实施春秋两季种植活动,并进行轮换,让学生参加生产劳动,掌握种植活动的知识和技能;
(4)根据设想及使用情况对作品进行自我评估并能倾听他人的意见与建议。

3.情感、态度与价值观

(1)培养学生热爱劳动的品质；
(2)养成勤俭、负责、守纪的劳动品质，形成良好的劳动习惯；养成珍惜劳动成果、爱护工具、节约材料的习惯；
(3)培养学生不怕吃苦、勤奋、自食其力、自立更生的品质；
(4)培养学生不怕挫折、勇于创新的精神。

四、课程内容

学校以班级为主阵地，以"劳动技术"和"综合实践课"为载体实施劳动教育，培养学生的劳动意识和观念。我校绿色劳动辅助课程的具体内容为：

(1)以常规课程为主要内容，开启和开足"劳动技能"和"综合实践"课，上好国家课程；

(2)培养劳动意识，养成劳动习惯，掌握简单的劳动技能。

1.1—2年级的课程内容

(1)家庭：A.以了解和掌握简单的生活劳动技能为主。例如：学会洗脸、刷牙、洗头、洗澡、洗袜子等；B.在家长的陪伴下，参加生活和生产劳动体验，了解一些简单的生产技能。
(2)学校：学会自我管理，了解和掌握简单的自我管理劳动技能。例如：书包整理，擦拭黑板、课桌、板凳；参加班级卫生清洁。

2.3—4年级的课程内容

(1)家庭：A.以了解和掌握简单的生活劳动技能为主。例如：学会洗菜、切菜、炒菜、扫地、拖地、叠被子等；B.在家长的陪伴下，参加生活和生产劳动体验，了解和掌握一些简单的生产技能。
(2)学校：能够自我管理，了解和掌握简单的自我管理劳动技能。例如：书包整理，擦拭黑板、课桌、板凳；参加班级卫生清洁。

3.5—6年级的课程内容

(1)家庭：A.以了解和掌握生活和生产劳动技能为主。例如：学会煮饭、能炒多个菜、扫地、拖地、洗衣服等；B.在家长的陪伴下，参加生活和生产劳动实践，了解和掌握一些简单的生产技能。
(2)学校：A.加强自我管理，了解和掌握简单的自我管理劳动技能。例如：书包整理，擦拭黑板、课桌、板凳；参加班级卫生清洁；B.五年级学生参加学校种植课程，了解和掌握一些简单的耕种知识和技能。

五、课程实施

"处处能实践,生活即教育"是陶行知先生的教育思想,他强调,学校要给予学生充分的实践机会,使其体验劳动的乐趣,在劳动中提高实践能力,做到真正意义上的"知行合一"。我校主要从以下几个途径实施绿色劳动课程。

(一)以班级为阵地实施劳动教育

我校的绿色劳动课程以国家课程为载体,根据课程标准和课程目标,对三级课程进行整合,统筹实施劳动教育。

1. 卫生劳动

学校一直坚持学生独立完成班级卫生的打扫和清洁工作,承担每天的教室和公共区域的清扫;每节课后,擦拭黑板、收拾讲桌等皆由学生完成。课间整理书包、图书角、摆放桌椅和学具,主动捡拾垃圾,学会给垃圾分类。通过班级劳动教育,在潜移默化中培养学生的劳动意识和习惯、责任,让劳动观念扎根于学生的血脉。班级劳动教育也是班级文化的重要组成部分,在构建班级文化时,学校严格遵循"师生即文化,文化即师生"的原则,坚持班级文化由师生共同打造并形成独特风景的思路,发挥班级文化对学生的熏陶、浸润作用,以此奠基学生的绿色人生。学校德育办还利用班级主题(班会)课,开展一系列增强学生劳动意识的主题活动。

2. 劳动实践

学校利用种植园、无土栽培基地、劳技室等,结合传统节日如植树节、五一劳动节等,由德育办灵活安排各年级的劳动主题和活动时间。种植课程以五年级为主,每年轮换,学校还相应开发了认识农具、制作农具、认识种子、栽种、施肥、除草、浇水、捉虫、烹饪、养殖、节气劳动等一系列劳动教育内容。通过种植活动进行知识和技能的传授与学习。

(二)以家庭为平台实施劳动教育

家庭是学生劳动教育的启蒙地,更是学生劳动意识和习惯形成的主阵地。学校通过家校共育的平台,引导学生从家庭小事做起,从身边小事做起,参与家庭劳动。

1. 低年级:在周日和假期,安排学生以个人生活起居为主要内容,完成个人床铺、衣物和书包整理,晒被褥,叠放衣物,清洗内衣、袜子,系鞋带,刷洗碗筷,进行简单的家庭清扫和垃圾分类等,树立自己的事情自己做的意识,提高生活自理能力。

2.中高年级:在周日和假期,安排学生以家庭劳动为主要内容,体验洗衣、洗碗、煮饭、拖地等简单的劳动。初步学会与他人合作劳动,懂得生活用品、食品的来之不易,珍惜劳动成果,初步养成热爱劳动、热爱生活的态度。

平时,以班级为单位,家长督促孩子每天按照发放的劳动清单独立完成常规劳动项目,每月开展内务整理比赛、劳动产品义卖活动以及手工制作、厨艺比赛。

(三)以社会为窗口实施劳动教育

社会是孩子成长过程中的重要教育阵地。学校德育办根据学生年段特点,有序地安排学生进行社会实践。学校依托"志愿者活动"和"研学旅行"两个平台,组织公益活动。每学期,创造机会让学生参加家庭、学校、社区组织的卫生清洁、美化环境、帮助弱者等公益劳动。每一名森林希望小学的孩子,都是"森林志愿者",平均每人每年参与志愿者活动达5次以上。每年寒暑假,学生和父母开展"亲子志愿者活动"。

六、课程评价

为了确保校本课程开发的合理性和有效性,我们建立了劳动课程的评价体系,主要从以下几个方面进行:

(一)教师评价

教师评价,包括教学准备、教学方法、教学态度、教学效果等方面评价。对班级劳动教育开课率、学生劳动实践组织的有序性、教学指导的针对性、保障措施的有效性等进行督查。评价侧重于过程,评比后进行反思再评价。

(二)学生评价

绿色劳动课程采用多元化的手段对学生进行评价。首先,看学生在学习过程中的表现,如每日完成家庭、学校劳动的项目和时间;每周完成的家校劳动的项目和时间;每月参与劳动的项目和时间,评比劳动之星、厨艺之星,并以优秀、良好、合格、不合格的形式记录在案;其次,看学生学习成果。学生成果可通过实践操作、整理内务比赛、厨艺展示、制作水果拼盘、小制作、劳动征文比赛等形式展示成绩,优秀者予以表彰,并记入成长记录袋及学生成长报告册。

1. 定性评价

学校注重考核记录。督促学校老师、家长、社会发挥考核评价的正面引导作用,将劳动素养纳入学生综合素质评价体系,探索完善学生劳动评价制度,劳动教育考核结果记入学生素质报告册。

2. 定量评价

定量评价指的是用数据对评价对象做出判断,如:每天坚持劳动了多少时间,完成了多少劳动项目,每个班级开展绿色劳动课程的课时,家庭、社会实践的完成情况等。

第六节 绿色阅读课程——阅读与积累

阅读是运用语言文字来获取信息、认识世界、发展思维,并获得审美体验与知识的活动。它是从视觉材料中获取信息的过程。视觉材料主要是指文字和图片,也包括符号、公式、图表等。阅读是一种理解、领悟、吸收、鉴赏、评价和探究文章的思维过程。阅读可以改变思想、获取知识,从而可能改变命运。

一、课程定位

(一)绿色阅读课程是提升学生阅读技能的重要辅助课程之一

小学生由于年龄尚小,接受知识的能力非常有限,自身积累的写作素材较少,而写作需要积累大量的写作素材和掌握足够的词汇。阅读是小学语文作文的基础,对于提升学生的语言表达与运用能力、丰富学生的知识文化、增长学生的智慧等都具有重要意义。阅读技能包括阅读的速度、阅读的准确度、阅读的理解等几个方面。从小学一年级到六年级,不同的学段有不同的阅读标准和阅读的书目、阅读的速度要求。我校在制定阅读方案和推荐读本的时候充分考虑了学生的年龄特征和接受水平,形成了一整套科学合理的绿色阅读体系。

(二)绿色阅读课程是促进老师与学生主体地位转换的媒介

阅读是无功利性的,是人类了解外界的通道,也是人类获取知识的主要途径。绿色阅读注重学生与文本之间的交流、精神的对话,注重情智生态平衡,为学生一生的发展奠基。绿色阅读课堂的构建建立在以生为本、师生平等的基础上,以师生互动、生生互动的方式,营造民主平等、轻松愉悦的课堂氛围,教师的教学要使学生由不会读到会读,由不理解到理解,由会读到会说、会写。教师要能够看到学生在语言理解和语言运用上的变化,在掌握读、写方法上的变化,在思想感情上的变化,使学生学得愉快,教师教得轻松。[①]

(三)绿色阅读课程是联系课内学习与课外学习的纽带

在提倡既要减轻学生负担,又要提高教育教学质量的今天,课内几十分钟的阅读难以达到理想的效果。阅读能力的提升是一个长期积累的过程,在注重课内阅读的同时,必须加强课外阅读,推荐适合学生阅读的读本,提高他们的阅读兴趣,教给他们阅读的方法。这样,学生的阅读素养才会得到提高。绿色阅读正在从以下两个方面努力:一方面大力改进课堂教学。课堂教学不应仅限于读书、写字、答问,而应充盈丰富多彩的语文实践活动,让"小课堂连着大世界"。另一方面则拓宽语文教学的途径、形式。教学内容、形式、途径要向自然、社会、现实生活延伸,也就是说,必要时语文教学要走出去。还要重视课外阅读、课外习作的指导,使学生把课内学习所得迁移到课外学习中去。

(四)绿色阅读课程是小学生了解世界、认识世界,从而融入社会的重要途径

根据新课标的要求,语文阅读教学发生巨大变化,不仅重视学生的学习质量,还重视学生的全面健康发展。在这种背景下,阅读对于学生而言不仅是一种学习任务,更是在学习阶段认识世界和理解世界的重要手段,阅读的重要意义不言而喻。绿色阅读作为我校语文教学工作的重要组成部分,不仅能帮助学生树立正确的价值观,还能提升学生对国家的认同感和归属感。加强学生的爱国主义情怀,加

---

① 田本娜.提高小学阅读教学的实效性[J].教育学术月刊,2008(01):81-84.

强民族凝聚力,培养学生的民族创造力,帮助学生树立核心价值观,提升民族文化素养和水平。

二、课程依据

(一)绿色阅读课程的时代依据

我党的教育方针是坚持教育为社会主义现代化建设服务、为人民服务,把立德树人作为教育的根本任务,全面实施素质教育,培养德智体美劳全面发展的社会主义建设者和接班人。要全面实施素质教育,培养德智体美劳全面发展的社会主义建设者和接班人,就要从小学开始。小学阶段是塑造孩子良好认知、习惯和精神人格的最佳时期,小学语文课程涉及的知识面广、人文情感丰富。在小学语文阅读课程和绿色阅读课程中践行教育方针,其意义深远。

(二)绿色阅读课程的教学方法依据

教学方法是教学思想的体现。任何教学方法的实施,都自觉不自觉地受到一定的教学思想的支配。在正确的教学思想支配下所采用的教学方法就比较符合教学的实际,反之则不然。绿色阅读课程需要教师精心设计,通过科学设计教学方案、灵活机智教学提高教学效率;通过引导学生自主、合作、探究实现师生共赢。当然,这就要求新时代语文教师秉着以生为本的理念教学,始终坚持以学生为主体,不断创新课堂教学方法,培养学生自主学习的兴趣,给予学生更多探究知识、合作交流的机会,提高学生学习效率。

(三)绿色阅读课程的课程性质依据

绿色阅读课程是开放的课程,阅读的方式多种多样,不仅可用眼睛看,还可以通过耳朵听和动手写。倾听老师大声朗读是许多孩子爱上阅读的原因,大部分孩子最初的阅读兴趣来源于倾听。当老师用有感情的、有温度的声音大声朗读时,绿色文学作品中蕴藏的东西便最直接最生动地传递给了孩子,直达孩子心灵深处。教师要培养学生想说、敢说的心理素质,通过适当的指导点拨,逐步培养学生独立感知语言乐趣的能力,以调动其表达兴趣,激发其表达欲望。[①]

[①] 孙娟.小学阅读教学中读写结合的策略初探[J].安徽文学(下半月),2010(09):203-204.

(四)绿色阅读课程的课标依据

我校的绿色阅读课程是根据《义务教育语文课程标准(2011年版)》,结合我校具体实际而开发的课程。其目的在于提高学生的文化素养,激发学生学习祖国语言文字的兴趣,培养热爱祖国语言文字的情感。现行的小学一至六年级的语文教材属于国家课程,我校开设的绿色阅读课程是国家课程的拓展、延伸,是对课内课程的丰富,是课内阅读的必要补充。

(五)绿色阅读课程教学目标依据

课程目标是教育方针和教育目的的集中体现,在课程实施中具有纲领性和指导性的作用。不同的目标,反映了不同的价值取向。绿色阅读课程旨在培养学生热爱祖国语言文字的意识,提高学生的素质,使其在学习过程中做到知、情、意、行的统一。因而在确定课程目标时既要考虑到学生的需要和学科的发展,又要重视社会生活的需求。

三、课程目标

阅读是语文课程中十分重要的学习内容,它既是学生实现自身精神成长的主要途径,也是语文各种能力得到发展的基础。在《义务教育语文课程标准(2011年版)》中,第一学段至第三学段阅读目标各有侧重,具体如下:

1.第一学段(1—2年级)

(1)喜欢阅读,感受阅读的乐趣。养成爱护图书的习惯。
(2)学习用普通话正确、流利、有感情地朗读课文。学习默读。
(3)结合上下文和生活实际了解课文中词句的意思,在阅读中积累词语。借助读物中的图画阅读。
(4)阅读浅近的童话、寓言、故事,向往美好的情境,关心自然和生命,对感兴趣的人物和事件有自己的感受和想法,并乐于与人交流。
(5)诵读儿歌、儿童诗和浅近的古诗,展开想象,获得初步的情感体验,感受语言的优美。
(6)认识课文中出现的常用标点符号。在阅读中体会句号、问号、感叹号所表达的不同语气。
(7)积累自己喜欢的成语和格言警句。背诵优秀诗文50篇(段)。课外阅读总量不少于5万字。

2. 第二学段(3—4年级)

(1)用普通话正确、流利、有感情地朗读课文。
(2)初步学会默读,做到不出声,不指读。学习略读,粗知文章大意。
(3)能联系上下文,理解词句的意思,体会课文中关键词句表情达意的作用。能借助字典、词典和生活积累,理解生词的意义。
(4)能初步把握文章的主要内容,体会文章表达的思想感情。能对课文中不理解的地方提出疑问。
(5)能复述叙事性作品的大意,初步感受作品中生动的形象和优美的语言,关心作品中人物的命运和喜怒哀乐,与他人交流自己的阅读感受。
(6)诵读优秀诗文,注意在诵读过程中体验情感,展开想象,领悟诗文大意。
(7)在理解语句的过程中,体会句号与逗号的不同用法,了解冒号、引号的一般用法。
(8)积累课文中的优美词语、精彩句段,以及在课外阅读和生活中获得的语言材料。背诵优秀诗文50篇(段)。
(9)养成读书看报的习惯,收藏图书资料,乐于与同学交流。课外阅读总量不少于40万字。

3. 第三学段(5—6年级)

(1)能用普通话正确、流利、有感情地朗读课文。
(2)默读有一定速度,默读一般读物每分钟不少于300字。学习浏览,扩大知识面,根据需要搜集信息。
(3)能联系上下文和自己的积累,推想课文中有关词句的意思,辨别词语的感情色彩,体会其表达效果。
(4)在阅读中了解文章的表达顺序,体会作者的思想感情,初步领悟文章的基本表达方法。在交流和讨论中,敢于提出看法,作出自己的判断。
(5)阅读叙事性作品,了解事件梗概,能简单描述自己印象最深的场景、人物、细节,说出自己的喜爱、憎恶、崇敬、向往、同情等感受。阅读诗歌,大体把握诗意,想象诗歌描述的情境,体会作品的情感。受到优秀作品的感染和激励,向往和追求美好的理想。阅读说明性文章,能抓住要点,了解文章的基本说明方法。阅读简单的非连续性文本,能从图文等组合材料中找出有价值的信息。
(6)在理解课文的过程中,体会顿号与逗号、分号与句号的不同用法。
(7)诵读优秀诗文,注意通过语调、韵律、节奏等体味作品的内容和情感。背诵优秀诗文60篇(段)。
(8)扩展阅读面。课外阅读总量不少于100万字。

课程标准关于阅读目标与内容的确定,遵循了以下一些基本原则:重视对现代阅读理念的吸纳;重视情感态度价值观的渗透;重视阅读过程的展开和阅读方法的培养;重视知识在阅读中的实际运用。

我校的办学理念是"绿色教育奠基绿色人生",办学目标为"五个一流",在办学理念和目标的引领下,我校着力从绿色课程、绿色科研入手,强调阅读课程为一切学科课程的基础,广泛开展扎实朴实的阅读活动,培养孩子的阅读习惯,让孩子养成一定的阅读能力,提高综合素质,从而为学生的终身学习、可持续性学习打下坚实的基础。

四、课程内容

我校的"绿色阅读"课程涵盖以下核心内容。

第一学段,即小学低年段,课程标准要求"阅读浅近的童话、寓言、故事""诵读儿歌、儿童诗和浅近的古诗。"这不只是课堂教学的要求,也是课外阅读的指导性建议。

第二学段,即小学三四年级,课程标准强调叙事性作品的阅读。根据这个学段学生的阅读心理特点——喜欢生动形象、故事性较强的作品,叙事性的作品应该成为这个学段课外阅读的主要内容。这一学段课外阅读总量不少于40万字。

第三学段,即小学五六年级,要求"扩展阅读面",课外阅读总量不少于100万字。对阅读的水平提升也提出了具体的要求:阅读叙事性作品,了解事件梗概,能简单描述自己印象最深的场景、人物、细节;阅读诗歌,大体把握诗意,想象诗歌描述的情境,体会作品的情感;阅读说明性文章,能抓住要点;诵读优秀诗文,注意通过语调、韵律、节奏等体味作品的内容和情感。这些既是课堂阅读教学的要求,也是课外阅读的引导性意见。

基于对语文课程标准的解读,我校语文教师结合课内的学习,并参照教材的内容,编写了以传统文化为主线的晨诵教材。

> 一年级学生：以儿歌、童谣为主，具体内容围绕"植物""动物""环境保护""季节组诗""动物组诗"展开，以习惯养成为主，培养健康的生活习惯。
>
> 二年级学生：以儿歌、民谣为主，还包括一些中外现代诗文，以认知校园、社区和家乡为主，培养学生热爱校园、热爱家乡的情感。
>
> 三年级学生：以国学为主，诵读《论语》《三字经》《弟子规》等，这是一个涵养的过程，磨炼学生心性，积累传统文化，感悟民族精神。
>
> 四年级学生：围绕二十四节气，行走在农历的天空下。这是常丽华老师开发的中国古典诗词晨诵课程。以中国传统的节气为线索，根据四季变化，开展与节气相应的诗歌诵读、故事讲述、传说描绘等活动，让学生感受民间文化的无穷魅力。
>
> 五年级学生：以边塞诗为主，尤其是盛唐时期的边塞诗。如：李白的《关山月》、《塞下曲》六首、《战城南》、《北风行》，杜甫的《兵车行》、《前出塞九首》、《后出塞六首》，王昌龄的《出塞》、《从军行》，王之涣的《出塞》，王翰的《凉州词》，岑参《白雪歌》等。让学生初步了解边塞诗的题材、风格、意象、体裁等。
>
> 六年级学生：以宋词、古文、散文为主，培养学生热爱祖国的情操，增强民族自豪感。高年级既要学习传统文化，又要拓展认知视野。

除晨诵教材外，学校阅览室配备了三万多册图书供学生阅览。学校图书馆为学生全面发展和教师的专业成长提供全方位的借书服务。为此，我们根据学生在校学习时间和教师工作的特点，相应采用了灵活的借阅方法。一是各班自愿申请管理梦想书架，领取图书室提供的相应图书到班级。由各班推荐二名责任心强、工作认真的同学担任班级图书管理员，由图书馆老师对他们进行上岗前的培训，让他们学会管理方法，以协助图书馆教师和班主任，组织好本班同学们进行借阅。二是让学生办理借阅证，利用课余时间，持借书证到图书馆进行借阅。为打造"书香校园"，丰富学生的课余生活，尽量满足学生的求知欲，让学生养成"读好书、好读书"的习惯，在学校"捐赠图书、创建图书角"的倡议下，各班开展献书活动，同学们纷纷把自己平时喜爱的课外书捐了出来，整整齐齐地摆放在每个班的书柜里，各班有班级管理员协助老师负责借阅工作，以确保同学们的课余阅读时间。目前，全校40个班级全部建起了图书角。

五、课程实施

学校大力开发绿色阅读课程，鼓励学生扩展阅读面，自主选择，多读书，读好书。绿色阅读课程推进过程中，学校选用《新教育晨诵》《中国人阅读书目》《中小学生阅读指导目录(2020年版)》中提到的基础书目、推荐书目和能促使生命拔节生长的现代名篇为主要阅读内容,按年段分层推进,用这些最好的童书,让所有孩子共同沐浴于美妙的诗歌里,共同陶醉于神奇的童话里,共同生活在神奇的科学世界里,沿着彩色的阶梯健康成长。

(一)优化读书环境,营造读书氛围

1.布置墙报及读书标语,优化读书氛围

学校利用可以利用的空间和角落,用诗文、诗画、读书活动标语、名人名言、学生亲笔书画的名言佳句装点学校的橱窗、走廊、墙壁等。教室环境的布置也要求符合书香校园建设的要求,同时体现班级特色,要有班级读书标语,要有班级图书角。让师生在每时每处都感受到这种读书的氛围。

2.以"森林"电视台为窗口,宣传、推进读书活动

在每周五的红领巾广播中,增设"读物推介"、"美文共赏"、"精彩笔记"等栏目。通过这些栏目,引导学生确立读书方向,使学生受到美的熏陶,同时激起学生的阅读兴趣。

(二)盘活图书装备,完善硬件设施,让每个孩子有书可读

(1)继续加强学校图书室建设和管理,充分发挥其作用。要继续认真做好定期、开架、出借工作,让学生自由选择喜爱的图书。要做好新增图书及时上架与推荐介绍工作。

(2)继续完善班级图书角。不断扩充图书数量,逐步完善管理。班级图书角的图书由梦想书架项目提供的书和每班学生自主提供的2—3本优秀课外少儿读物组成。

(3)积极倡导家长为孩子购买学校提供的参考书目中的书籍,丰富学生的图书储备,使学生有更多可供阅读的优秀读物。在此基础上可引导家长建设好"家庭图书角",努力为自己的孩子提供优质的精神食粮,为形成其丰厚的文化底蕴奠定基础。

（三）以"晨诵""午读"、班级读书会为基础，推进绿色阅读课程建设，让孩子有时间读书

晨诵、午读是新教育实验倡导的一种回归朴素的生活方式，是被实践证实了的高效推进儿童阅读的途径。在近几年实践的基础上，我校将继续实施晨诵和午读这两项活动，并形成常规。"午读"是整个儿童阶段的非学科性质的阅读，包括阅读优秀儿童读物、报纸和杂志等。

1. 晨诵

每周的周二、周四有20分钟的晨诵课，学生自主阅读或在教师的指导下诵读。

2. 午读

每周中午1:30—2:00为午读时间（一二年级可视学生实际情况调整为二十分钟），读物为《森林小学学生书目》内的必读书、选读书及各类报纸和杂志。

3. 班级读书会

每周安排一节班级读书课，以班级为单位开展各种形式的班级读书会。教师可依照本班的实际读书情况自行安排活动内容，可以是新书推荐、阅读交流、美文欣赏，也可以是阅读推荐、阅读欣赏、阅读分享、阅读竞赛等。

4. 倡导亲子共读

倡导学生家长买书、读书，建立家庭图书角，倡导亲子共读，使书香校园建设从学校迈向家庭、社会。

（四）举办"读书节"活动

1. 全面动员，人人参与，深入开展"阅读伴我成长"的读书节活动。根据各年级的必读书目及相关的诗词等阅读资料，开展各年级的课外阅读知识竞赛，主要目的是检查学生有没有认真阅读必读书，各班是否利用阅读课等，指导学生积累相关知识。

2. 开展活泼生动的读书活动，营造浓厚的读书氛围。我校读书节期间邀请家长和师生共同参加诸如故事进校园、征文比赛、朗诵比赛、文艺演出等阅读交流活动。组织"书香班级"、"亲子共读书香家庭"、"班级阅读之星"、"诗词诵读大王""小书迷"评比，激发学生读书热情，提升学生的读书质量。

3.设计形式多样的读书展示交流活动。如：低年级设计讲一讲、绘一绘、演一演等活动；中年级设计摘抄优美的诗文片段（与读书笔记结合），制作手抄报，讲一讲精彩的故事等活动；高年级组织写读后感、人物分析、写书评、演讲等活动。

4.构建阅读的家庭环境、社会环境。利用校讯通平台与家长及时沟通，争取家长的密切配合，实施亲子阅读计划，为孩子购书、节假日读书，创造一个宽松的家庭氛围。在班级群里，由语文教师定期向家长和学生推荐好书等，或建立"家校读书QQ群""家校读书钉钉群"，在这里教师和学生家长能够就学生读书的情况、问题进行交流和探讨。另外，向学生家长发放"亲子阅读倡议书"，通过"小手拉大手"活动，真正让书香从校园向家庭、社区拓展辐射。

（五）绿色阅读课程具体实施建议

1.强化阅读指导

教师要有计划、有目的地进行课外阅读指导，带领学生潜心阅读经典美文，领略中外名著，吟咏古今诗文，强化国学教育，在大量的阅读实践中培养小学生良好的阅读习惯。

控制作业量，保证学生每天回家至少有半小时自由阅读时间。不断地探索课外阅读指导的思路，逐步形成课外阅读的基本课型，如：

指导课。这种课型主要是教给小学生阅读的方法。指导学生边读边思考，提高理解能力、评价能力、想象能力等；指导学生写读书笔记和读后感等；指导学生将摘录好词佳句和写感想相结合。

推荐课。小学生年龄小，认知水平有限，选择读物时往往带有盲目性和随意性。因此，老师在推荐课上，可以通过讲解主要内容、朗诵精彩片段等向学生推荐读物，也可以同学之间互相推荐。

欣赏课。这种课型主要是引导学生欣赏阅读材料，可以通过配乐朗诵、角色表演等各种方式，促使学生在理解的基础上对文章进行鉴赏，受到美的熏陶和感染，积累语言材料，提高审美能力。

汇报课。在汇报课上，学生在课前广泛阅读的基础上汇报自己在课外阅读中的感受与收获。主要形式有：读后叙述、交流评论、表演展示等。

2. 实现资源共享

利用好学校图书室内的阅读资源,学生互相借阅。老师、家长可以建立读书群,分享自己的读书心得,推荐适合孩子阅读的书籍。也可引进校外资源,如县新华书店、网上公益图书申请、图书漂流活动等等。还可以开展校际交流,合力缓解资源不均衡问题,实现优质资源多方共享,努力让孩子们在未来遇见一个更好的自己。

除了纸质书,还有电子书。在这个新媒体时代,我们不妨下载一些如"喜马拉雅""天籁听书""酷听听书""蜻蜓FM"等软件,利用乘车、散步、做家务等间隙读书。既能有效利用闲散的碎片化时间,又能免费学知识、长见识。

3. 倡导师生共读

师生同读一本书,是为了让师生共同体验成长的快乐。教师通过各种方式,指导学生阅读,和学生一同阅读,寻找共同的语言密码。由于部分学生没有养成阅读的习惯,可能根本无法静下心来阅读,建议班主任及语文教师在读书活动中和学生一起阅读,且每位语文老师提供几篇本年级学生读物导读稿供大家参考借鉴。课程进行中,教师应给予学生自由阅读与讨论的空间。此时,教师可以在班级内设置学习小组,让学生在小组的范围中进行阅读和讨论,并由小组中阅读水平较高的学生进行引导和帮助工作,让每个学生都参与到阅读活动中,进而提高他们的阅读效率,增强学习的趣味性。[1]

一二年级每周有一节固定的阅读课,3-6年级每周可安排一节班级读书课,以班级为单位开展各种形式的班级读书会。班主任或语文教师可依照本班的实际读书情况自行安排共读内容。班级读书会上可以开展师生新书推荐、阅读交流、美文欣赏活动,也可以进行阅读推荐、阅读欣赏、阅读分享、阅读竞赛,以及围绕阅读展开一系列小活动。

学校应及时选派各年级语文备课组长及部分语文老师参加我县开展的阅读指导能力提升培训,拓展教师视野,了解"整本书"阅读的教学指导策略,提高教师对阅读工作的认识和对教师专业发展的价值认同,从而引导学生博览群书,提升学生的阅读能力,引领我校整本书课堂阅读活动的开展。

---

[1] 刘雄丽.新课程下小学阅读教学的几点感悟[J].文学教育(下),2019(12):104.

表4-7 森林希望小学二年级上学期阅读书目推荐

年级	阅读方式	书目	导师引领	活动设计
二上	班级共读	1.绘本《落叶跳舞》 2.绘本《今天星期三》 3.《神笔马良》 4.《小布头奇遇记》 5.《安徒生童话》 6.绘本《白鲸小久》 7.《一年级大个子二年级小个子》 8.《大个子老鼠小个子猫》 9.《男孩与海龟》	语文教师	故事表演 我最喜欢的故事（手抄报、录音、录像、讲一讲……） 画一画 绘本创编 故事续编
	推荐阅读	《幼学启蒙丛书》第二辑、《小恩的秘密花园》、《格林童话》拼音版、《吹牛大王历险记》、《二年级的小豆豆》、《一本关于颜色的黑书》、《让路给小鸭子》、《鼹鼠的故事》11册、幸福树大师绘本系列6本、《友友的世界》12册、《鼹鼠的月亮河》、《寄来寄去的蚂蚁》系列5册		

表4-8 森林希望小学二年级下学期阅读书目推荐

年级	阅读方式	书目	导师引领	活动设计
二下	班级共读	1.绘本《小真的长头发》 2.绘本《有一天》 3.《我和小姐姐克拉拉》 4.《了不起的狐狸爸爸》 5.《阿凡提的故事》 6.绘本《我不要拉肚子》 7.《二年级的小朵朵》 8.《蝴蝶·豌豆花》 9.《大林和小林》	语文教师	故事表演 我最喜欢的故事（手抄报、录音、录像、讲一讲……） 画一画 绘本创编 故事续编
	推荐阅读	《活了100万次的猫》、《世界上最魔幻的童话》、《世界上最长见识的童话》、《世界上最聪明的童话》、《我是白痴》、《神奇校车》系列第二辑6册、《深海奇珍》、日本图画书大师市川里美作品系列《爷爷的肉丸子汤》《玫瑰花开》《本吉的礼物》三本、《我爱想象》（全4册）、《不一样的卡梅拉》系列13本、《小布头奇遇记》		

表4-9 森林希望小学三年级上学期阅读书目推荐

年级	阅读方式	书目	导师引领	活动设计
三上	班级共读	1.绘本《我的爸爸叫焦尼》 2.《父与子》漫画 3.《爱丽丝漫游奇境记》 4.《长袜子皮皮》 5.《中国神话传说》 6.《木偶奇遇记》 7.《月光下的杜杜狼》 8.《列那狐的故事》	语文教师	阅读笔记 整本书汇报表演 我最喜欢的故事（手抄报、复述故事、读后感……） 故事续编 读书交流会（人物特点、写作特点……）
	推荐阅读	彩乌鸦系列丛书20本、《柳林风声》注音美绘本、《兔子坡》、《皮皮鲁总动员》、《笨狼的故事》、《小熊帕丁顿》系列6册、《和朋友一起想办法》8册、《小不点与安东》、《中外神话传说》、《学会爱自己》3册		

表4-10 森林希望小学三年级下学期阅读书目推荐

年级	阅读方式	书目	导师引领	活动设计
三下	班级共读	1.绘本《勇气》 2.《成语故事》 3.《窗边的小豆豆》 4.《戴小桥全传》 5.《宝葫芦的秘密》 6.《草原上的小木屋》 7.《绿野仙踪》 8.《小学科学书中那些名人故事》	语文教师	阅读笔记 整本书汇报表演 我最喜欢的故事（手抄报、复述故事、读后感……） 故事续编 读书交流会（人物特点、写作特点……）
	推荐阅读	《爱丽丝穿镜奇幻记》、《汤姆叔叔的小屋》注音美绘本、《列那狐的故事》、《格列佛游记》注音美绘本、《水孩子》、《会搔耳朵的猫》、《犟龟》、《想做好孩子》、《谁也不知道的小小国》、《苹果树上的外婆》、《外公是棵樱桃树》、《寻找失落的一角》、《黄香蕉》系列10册、《甜心小米》系列6册、《伊索寓言》青少版、《地球的孩子绿色童书》系列10本'绘本《会走的房子》《再见，小树林》		

表4-11 森林希望小学四年级上学期阅读书目推荐

年级	阅读方式	书目	导师引领	活动设计
四上	班级共读	1.《调皮的日子》 2.《稻草人》 3.《夏洛的网》 4.《我要做个好孩子》 5.《海底两万里》 6.《今天我是升旗手》 7.《有老鼠牌铅笔吗?》 8.《亲爱的汉修先生》	语文教师	思维图梳理 阅读笔记 整本书汇报表演 阅读手抄报 剧本创编 读书交流会(人物特点、写作特点、读后感想……)
	推荐阅读	《妈妈不是我的佣人》、《雷蒙拉八岁》、《爱的教育》、《一百条裙子》、《蛋壳里出来的奶奶》、《洋葱头历险记》、《繁梦大街26号》8册、《一片叶子落下来》、《当世界年纪还小的时候》、《孩子,先别急着吃棉花糖》、《五毛钱的愿望》、《拥抱》(几米)、《我的错都是大人的错》(几米)、《时光电影院》(几米)、《昆虫记》美绘本		

表4-12 森林希望小学四年级下学期阅读书目推荐

年级	阅读方式	书 目	导师引领	活动设计
四下	班级共读	1.《鼹鼠的月亮河》 2.《雄狮去流浪》 3.《格列佛游记》 4.《民间故事(中国)》 5.《西游记》 6.《小兵张嘎》 7.《一百条裙子》	语文教师	思维图梳理 阅读笔记 整本书汇报表演 阅读手抄报 剧本创编 读书交流会(人物特点、写作特点、读后感想……)
	推荐阅读	《屋顶上的小孩》、《五个孩子和一个怪物》、《男孩百科——打造超级学霸,人气男孩的成长书》8册、《女孩百科——儿童卡内基励志成长系列》10册、《青鸟》、《阿甘先生系列》(1-6册)、《闯祸的快乐少年》、《冻僵的王子》、《父与子》、《电话里的童话》、《大盗贼》3册、《世界奇幻文学大师精品系列》12册		

表4-13 森林希望小学五年级上学期阅读书目推荐

年级	阅读方式	书目	导师引领	活动设计
五上	班级共读	1.《狼图腾:小狼小狼》 2.《蜻蜓眼》 3.《水浒传》 4.《斑羚飞渡》 5.《伊索寓言》 6.《男生贾里》、《女生贾梅》 7.《昆虫记》	语文教师	思维图展示交流 写书评 整本书汇报交流 阅读手抄报 剧本创编表演(片段) 图书推介会 读书演讲会(课件……)
	推荐阅读	沈石溪动物小说系列之《最后一头战象》《红飘带狮王》《斑羚飞渡》、《狼王梦》《雪豹悲歌》《第七条猎狗》《王妃黑叶猴》《一只猎雕的遭遇》,《小桔灯》、《寄小读者》、《童年》青少版,《莎士比亚戏剧故事》青少版,《盲音乐家》(俄国)柯罗连科著,《王子与贫儿》青少版,《长腿叔叔》青少版		

表4-14 森林希望小学五年级下学期阅读书目推荐

年级	阅读方式	书目	导师引领	活动设计
五下	班级共读	1.《假如给我三天光明》 2.《中华上下五千年》 3.《天蓝色的彼岸》 4.《鲁滨逊漂流记》 5.《我的妈妈是精灵》 6.《绿山墙的安妮》 7.《西顿野生动物故事》 8.《时代广场的蟋蟀》	语文教师	思维图展示交流 作书评 对比阅读 阅读手抄报 剧本创编表演(片段) 图书推介会 读书演讲会(课件……)
	推荐阅读	《岳飞传》青少版、《上下五千年》青少版、《小兵张嘎》、《宝贝当家》、《第十一根红布条》(曹文轩著)、《蟋蟀也吃兴奋剂》(张之路著)、《永远的布谷鸟》、《红楼梦》青少版、《动物大逃亡》、《凯蒂的幸福时光》、《布鲁诺与布茨》4册、《铁丝网上的小花》、《小时候》、《幸福来临时》		

表4-15　森林希望小学六年级上学期阅读书目推荐

年级	阅读方式	书目	导师引领	活动设计
六上	班级共读	1.《童年河》 2.《少年的荣耀》 3.《草房子》 4.《一千零一夜》 5.《我们的母亲叫中国》 6.《中外名人故事》 7.《雷锋的故事》 8.《永远讲不完的故事》	语文教师	思维图展评 文学素养大擂台 写书评 阅读手抄报 剧本创编表演（片段） 图书推介会 读书演讲会（课件……）
	推荐阅读	《狼图腾》、《男生日记》、《女生日记》、《鲁迅传》、《野草》青少版、《桥下一家人》、《杀死一只知更鸟》、《吴姐姐讲历史故事》15本、《海鸥乔纳森》、《地心游记》		

表4-16　森林希望小学六年级下学期阅读书目推荐

年级	阅读方式	书目	导师引领	活动设计
六下	班级共读	1.□□□□ 2.□□□□ 3.《□□文化》 4.《城南旧事》 5.《史记故事》 6.《聊斋故事》 7.《小王子》 8.《孔子的故事》	语文教师	思维图展评 文学素养大擂台 写书评 阅读手抄报 剧本创编表演（片段） 图书推介会 读书演讲会（课件……）
	推荐阅读	《明朝那些事儿》9册、《无家可归的中学生》、《藏獒》、《男生贾里全传》、《女生贾梅全传》、《钢铁是怎样炼成的》青少版、《让孩子着迷的77×2个经典科学游戏》		

六、课程评价

我校绿色阅读课程目前评价体系还不够完善,应尽可能建立合理的评价体系,把学生的课外阅读纳入到学生综合素质的考核之中。课外阅读评价对学生的阅读行为起着重要的导向作用,在学生的课外阅读实践中,教师、家长以及其他同学的科学的、及时的、有效的评价能够激发学生的阅读兴趣,提高学生在阅读实践中的积极性和主动性,使学生们在有效的学习情境中努力地提高自身的阅读能力,提高自身的阅读效果,进而促进语文素养的有效提高。因此小学语文课外阅读评价标准应从以下几个方面界定:

(一)激励性评价

评价的目的是为了激发与唤醒,使学生持续获得阅读的成就感,增强自信,不断进步。学校可以设置多种激励性评价手段,例如把学生阅读和学校"小明星"评价体系有机结合,把阅读作为"读书之星"评选的一项内容,设置了阅读明星章、阅读明星墙、阅读明星廊、阅读明星秀、阅读明星杯、阅读明星事迹校报宣传等多样的评价手段,使学生的每一个进步都能得到显性的肯定,让孩子更有成就感和信心。富有特色的"明星墙"是学校一道亮丽的风景线,各个班级的小明星都会有自己阅读成果的简介和自身的照片,照片上的一张张笑脸,能够激励其他同学,使他们心中渐渐形成了一种处处严格要求自己,争做榜样的意识。明星墙的小明星照片定期更换,给更多学生以表彰的机会。每月"阅读星光杯"颁奖典礼,由班主任为阅读小明星颁发奖状。另外还有"阅读明星台",也就是学校校报校刊,向师生、家长、社会宣传展示"阅读小明星"的事迹与风采,让评价效应更大化。

(二)多元化评价

1.考查测试

对小学生进行课外阅读考查测评,我们采取两种形式,一种是问卷调查,另一种是书面测试。我们分低中高三个年段给学生发放课外阅读调查问卷,并做好分析表,通过综合多个学段的问卷情况,较客观地了解学生阅读的内容与范围、兴趣与习惯、方法与途径等方面的情况。 结合每学期的县期末测试题进行课外阅读质量调控,测试比重占试题总分的15%——20%,测试成绩纳入学生的学业成绩。并要求教师每学期对学生的课外阅读情况做科学合理的评价,总结成功经验,指出改进措施与策略。

2.活动展演

广泛的课外阅读使学生获取了许多信息,产生了倾诉的愿望,因此教师可以有计划地举办读书故事会、佳作欣赏会、人物评论会、读书看报心得交流会、优秀诗文朗诵赛、读书辩论赛、读书笔记展评等课外阅读活动,为学生搭建一些展示阅读成果的平台,让学生感受阅读的快乐和幸福。这将会激发学生的自信,激起学生进一步阅读的兴趣,燃起学生阅读名著的热情,逐步使学生形成"阅读是一种生活习惯"的理念。学校每年召开一次大型读书活动,每学期围绕书香校园建设开展一些小活动,努力使书香校园活动"人人来参与、月月有活动、年年有层次"。

3.作品展示

各班根据学生的读书笔记、读书记录卡和手抄报评出读书之星,学校将对这些真正爱读书的孩子给予一定奖励。被评为"读书之星"的孩子每学期要写一份有关读书的文章,建立读书记录档案。写得好的文章作为校刊投稿登载。

我们常说"教无定法、学无定法",在对学生们的学习评价中,尤其是对学生的课外阅读评价的过程中,评价的方法可以是多样化的。只要是能够激发学生阅读兴趣,引导学生养成良好的阅读习惯,提高学生的阅读能力的评价策略,我们都可以应用到课堂教学中。

第五章　绿色辅助课程环境的构建

环境,是人类生存的空间及其中直接或间接影响人类生活和发展的各种自然因素的统称。无论是自然环境还是人文环境,都影响甚至决定人的生存、发展。"蓬生麻中,不扶而直;白沙在涅,与之俱黑",一个人所处的环境,会在一定程度上影响其发展。而"绿色教育"则是致力于每一个生命个体终身、全面、可持续发展的教育,它通过教育及管理,使教学双方形成终身可持续发展的潜力与品质,同时实现学校教育的可持续发展。"绿色教育"的施行,需要学校环境的支撑,包括校园物质环境、教学环境和文化环境。

第一节 校园物质环境

校园物质环境主要指师生工作、学习、生活的物质条件,包括学校地址、学校建筑、器材设备、校园绿化、教室环境等以及室内照明、光线、色彩、噪音、温度等物理条件。校园物质环境属于校园物质文化的一部分,是学校一切活动的物质载体。同时,校园物质环境也是学校精神文化的承载形式,一所学校的物质环境可以反映出该学校独特的精神内涵。

一、绿色之基:蕴含育人功能的绿色校园

(一)绿色校园——空间之美

作为二十世纪九十年代创办的学校(1998年建校),森林希望小学与众多普通学校一样,并非是一开始就是高标准、高水平、整体全面规划而建,而是经历了一个持续、漫长的创建过程。在创办初期,功能定位为城乡接合部的配套学校。到了二十一世纪初,学校规模逐渐扩大,对配套的设备设施进行了第一次扩充。2010年以后,随着城镇化步伐的进一步加快,学校办学规模再上台阶,对相应的配套设备设施进行了第二次扩充。虽然学校经历了初建、丰富、完善这样一个动态的过程,但无论是哪一个阶段的扩建扩容、整修整改,都始终坚持标志性原则、功能性原则、继续性原则,以突出物质环境的"空间之美"。

1.标志性原则

一所学校,大到一个区域,小到一个角落,其空间都应该具有其标志性,彰显其聚集性与向心力。首先,体现在学校建筑与所在社区、村落建筑的融合性上。森林希望小学处于彭水苗族土家族自治县汉葭街道沙沱社区,在学校的选址上,本着让社区学生入学的就近、便利原则,既不是在社区的边缘,也不处于社区人员最为密集处,而是选在了既处于社区中心,又靠近自然生态的位置,一边连接社区,一边连接原生态的自然环境,既方便学生入学,又相对僻静,既给附近居民带来方便,同时也不打扰他们的生活;在建筑风格上,学校的建筑风格与社区总体建筑风格相融合,社区内的建筑基本为钢筋混凝土结构,学校整体的建筑风格,在普通公共建筑风格的基础上,辅以简约的欧式元素,与社区的建筑风格虽有区别,但不显得突兀。其次,体现在学校建筑的整体色调上。森林希望小学建筑的整体色调以红色为主,以白色、灰色为分辨色,无论是远观还是近看,无论是俯瞰还是平视,处于彭水县城东南角,红墙绿树的那一片地,就是"森林希望小学",这让学校有很明显的标识性。虽然学校前后经历了两次大面积的扩建,"红色"始终是学校建筑的主色调,每一次的扩建,都沿用这样一个色调。因此,尽管学校校舍建设是分期分步完成的,但依旧浑然一体,无缝对接,丝毫看不出各阶段的建设"痕迹"。

2.功能性原则

学校校舍场地建设,其目的是服务于学校教育教学工作,每个空间都应具备其功能,失去功能的空间就是一个没有灵魂的躯壳。建校之初,我校仅有教学空间,其他功能性空间极度匮乏。为满足管理运行及师生教育教学的需要,我们对校园空间进行了统筹利用,一是将校园空间进行了整体划分,最大效益地发挥环境育人的功效。学校共分为愿景区(校门及进校大道)、教学功能区(东西两侧是教学楼)、综合功能区(综合楼各功能性教室和活动室)、行政办公区(行政办公楼)、实践体验区(后山植物园、地理园、种植园)、体育运动区(多功能田径场、风雨篮球场、乒乓球场等)、生活休闲区(学生食堂及林荫休闲道等);二是打通各功能区之间的"壁垒",使学校各功能区相互形成一个整体空间,每任意两个空间之间均无"隔阂"。师生从大门进入学校后,通过室外场地进入半室外的廊道,再通过相应的交通空间,即可分流至每个功能区当中。

3.传承性原则

学校空间的建设和完善永远在路上。特别是既有一定历史沿革,各个阶段功能定位又不同的学校,既要根据学校自身发展的需求,让空间建设有实用性、实效性,使之不断满足教育教学工作的需要,又要结合学校历史,讲究空间建设的传承性,不能一个时段搞一套,更不能根据个别人的喜好、口味来布局、设计,破坏学校空间建设的整体性、和谐性,让学校变得"花里胡哨",失去"主题",那就得不偿失了。

传承有两个主体,一曰"传",二曰"承"。"传"往往是上一代人自然的、下意识的行为;而"承"则是这一代人主动的、有选择的行为。在学校第二轮扩建的时候,由于扩建区域与现在学校各功能区之间的空间联系不是十分的紧密(第二轮扩建区域位于现在校园区域的东面),两个区域之间有一个连接带(学生进校通道),于是有部分教师提出,是否可以将现扩建区域的空间风格设计得"更有现代感一些"?经过广泛的商议和讨论,最后还是决定沿袭原来的色调和风格,部分空间元素适当整改和添加,从而保持学校"空间之美"。学校空间建设,不仅要沿着时代的步伐前行,还要沿着来时的路前行,要多做实实在在、行之有效的实际建设,不搞华而不实的花架子[①]。

(二)绿色校园——功能之全

如果说学校空间是"骨架",那么空间内部的功能设计布局则是"血肉"。空间内部的功能既是课程得以实现的物质载体,又是学校价值理念的具体体现。空间内部功能因课程而建,因课程而用,其价值因课程而显。

1.坚持功能设计建设的整体性

一是通过对学校的总体规划,逐步形成了具有健康、舒适并且具有一定美学价值的校地、校园、运动场地及其附属设施。二是对基于辅助课程开发的核心区域——综合功能区,按功能进行整体设计。每层一个主题设计,一二层主要基于"责任与担当"课程设计,主题为师生奠基,包含学校主题文化展示及行政功能用房;三层基于"阅读与实践"课程设计,主题为阅读起航,主要包含图书馆、阅览室;四层基于"科技与创新"课程设计,主题为潜力无限,主要包含科学实验室、科技活

---

① 何振,石义林.医药类高职院校校园文化建设研究[J].学理论,2014(09):233-235.

动室、科技馆等;五六层基于"艺术与审美"课程设计,主题为梦想飞天,主要包含书法教室、美术教室、音乐教室、形体训练室等。

2. 坚持功能设计建设的需求性

学校环境建设应满足不同空间的功能需求。学校中不同空间有着不同的教育教学任务,这些任务需要在不同的空间环境中去完成,这就要求这些空间的环境设置要为教学任务服务。例如普通教室是为了传授基本的文化知识,主要借助于黑板、教科书、课桌椅等教学工具实现,它的环境布置主要是为了促进学生的文化知识学习;科学教室是为了教会学生进行科学探索和进行科学体验等,需要借助于科学实验仪器等去实现,它的环境布置则不同于普通教室,有着自己的特色。

在全面梳理各空间功能的基础上,从2014年起,学校共计利用中央专项资金522 121元和其他学校自筹经费876 119元投入各空间功能的完善中,主要任务涉及:图书室、藏书室、科学实验室,音乐教室、体育专用楼、美术教室、卫生室、劳技室、科技馆、科技活动室,书法教室、计算机教室、心理咨询室、电视台等功能室、畅言互动教学系统、电子白板、围墙、栏杆维修、运动场、监控设备、学生饮用水设备、电脑及电脑桌设备、图书及图书架、消防器材、电路整改、教室涂料、门窗维修、厕所改扩建工程,共计大小项目20余个,相应的空间基础设施配套齐全,使用功能均得到了升级改造。

3. 坚持功能设计建设的生态性

学校环境建设应当遵循生态性原则,这就要求学校要充分保留和利用原有的自然生态资源,在原有生态基础上去加以人工改造,让学生贴近大自然,爱惜大自然,用自然的美去陶冶、感化每一个学生,在无形中提高教育效果。教学实践和心理学研究已经表明,整齐清洁、优雅宁静的校园环境使个体心情舒畅、精神振奋,学习效率大大提高,有利于促进学生的智力发展[①]。

学校校舍整体依山而建,由于要预防山体滑坡、岩层松动等自然灾害,所以校舍建筑与学校用地边缘之间,就有意留有一片"空地"。幼儿园利用这片空地建设幼儿活动区,依托靠近幼儿园的、现成且自然成型的"坡形石板",将石板打磨光滑,

---

① 谢丽琼,李秋红,周卫娜,周晶晶,黄艳芳.中学英语课堂中教师运用情感进行英语教学的策略研究[C]..《教师教学能力发展研究》科研成果集(第十六卷).:《教师教学能力发展研究》总课题组,2018:753-756.

添加一些安全附属设施,学生可以在天然的石板上打"滑滑梯"。学生实践区,依托靠近围墙的一块平地,通过堆砌土墙、回填泥土等,这一块面积不大的平地,成了学生的种植实践区。每个学年,学生都在老师的带领下,参与各项种植活动,体验劳动的艰辛,学会劳动的技能,收获劳动的果实。

(三)绿色校园——自然之态

校园环境具有一种特殊的教育性,它能够行"不言之教",能够作为教师教育的有效补充,对学生的身心发展产生潜移默化的影响[①]。

1.构建"森林"生态圈,实现人与自然的和谐

"森林"即"生态",按"构建森林生态圈"的思路,整体规划学校生态环境建设,力求做到富有层次感、艺术性和观赏性,营造校园绿色人文环境。"森林"里应该有乔木、灌木、藤蔓,各种花草交相辉映,错落有致,方成其为"森林"。学校精心布局,让师生时刻体验到植物四季的美意,体会到自然与人的和谐。自然环境与教育理念"顺木之天、以致其性"和谐相融,也与"亲近自然、快乐成长"的学风相顺应。校园成为学生最为留恋和喜欢的"家"。

2.构建环境交流生态,发挥环境潜在的育人功能

学校需要更多教室之外的可供师生交流的场所。在学校中,相当多的活动是自发性的。课后,许多学生会自发地聚在一起,志同道合的同学会一起聊天、讨论、阅读、思考。因此,创设一个可以敞开心扉并能提供交流的学习环境尤为重要。如何设计布置这些场所,并让这些场所发挥其潜在的育人功能?我们在设计学校生态环境时,立足构建环境交流生态的角度,对进入学校生态环境的资源进行审核把关,学校生态环境不是普通的社会环境,它不是社会资源的简单堆砌,进入到校园中的所有元素——一花一草、一树一木——都是经过认真挑选的,都有它存在的意义,能够发挥潜在的育人功能。

---

① 李肖峰,李振良.高校"全员育人"人才培养路径探析[J].教育与职业,2014(21):41-42.

(四)绿色校园——人文之蕴

1.彰显学校核心理念

物质文化是精神文化的承载形式,应当反映学校独特的精神内涵。校园的物质环境不仅具有实用价值,而且具有独有的教育价值。以文化视角看待校园的物质载体,就会发现其中重要的教育元素与课程资源。学校管理者要尽可能地赋予校园物质环境充分的教育元素,为校园物质环境注入学校独特的精神内涵,充分发掘、利用、拓展、延伸其教育价值。学校管理者要让校园的物质环境会说话,会说学校特有的"文化"。森林希望小学的学生一进入学校"愿景区",首先映入眼帘的是寓意"三木成森"的校门,由书家书写后雕刻在石碑上的学校的校训"阳光"、教学理念"顺木之天,以致其性"、学风"亲近自然、快乐成长",伫立在学生进校道路的两侧,一路伴随着学生"前进"的脚步。就在踏入教学区的时候,由"黄秧苗"(一种灌木)拼植的"希望",给学生强烈的视觉冲击,进入教学区,"绿色教育奠基绿色人生"十个字抬头可见。真正形成"点、线、面"结合的立体文化育人空间。

2.彰显师生集体智慧

师生是学校的主人,同样也应当是校园文化建设的参与者。无论是精神文化建设,还是物质文化建设,师生都应当是参与的主体。师生参与的过程,同样也是文化创生的过程。学校管理者要相信师生的能力,发掘集体的智慧,将校园物质文化建设的主动权交给全校师生,尊重他们的意见,倾听他们的想法,给予他们参与的机会和平台。通过全校师生智慧的彰显与体现,提升校园物质文化的包容性与开放性,让校园物质文化更具人情味。

3.彰显学校历史积淀

校园物质文化是校园精神文化的外在体现,是师生长期积淀、发展、补充、完善的产物。因而,物质文化应当具有一定的延续性与稳定性,学校管理者不能任意而为,仅仅凭自己的意志、自己的想法而随意改变,应当尊重历史、尊重过去。如此,才能体现校园物质文化的厚重与深刻。我校"愿景区"有一扇伫立了二十多年的"老校门",这是当初建校时修建的校门,形状为"双手托起状",又好似刚出土的"绿芽",原本是两部分,左右对称,后来,学校在扩建时将其中一部分拆除了,剩下一部分一直坐落在那里,这是学校的"文物",见证着学校发展、变迁的历史。教育的薪火代代相传。薪火相传中，校园内总会留下师生员工的生命印迹，这些留有生命旅痕的一切物化的东西，就是一所学校的物质文化。它是这所学校人文精神的体现，也是这所学校独特的记忆和名片，更是这所学校学生健康成长的重要依托。

(五)绿色校园——细节之显

森林希望小学的每间教室里均设有雨伞收纳器。2016年以前，每到下雨天，教室的廊道、窗台、课桌甚至是讲台上，到处都是雨伞，地上遍地是雨伞收拢后滴下的雨水，教室内外一片狼藉。地上的雨水，不仅对室内卫生产生了负面效应，同时，湿滑的地面，也成为学生们行走时的安全隐患。老师、学生对这样的现象基本都习以为常了。本来这个问题的解决也很简单，学校只需要出资采购柜台专门放雨伞就行了，但如果只靠"钱"解决问题，学校文化建设过程中，师生的主体性特别是学生的创造性就缺失了。2017年秋季，学校科技节如期举行，在"小发明、小制作"单元，我们有针对性地进行了布置，鼓励学生解决这一"疑难问题"。在最后，我们选择了其中一个学生的作品，学校向这个学生"购买专利"，并鼓励其再改进、再完善。最后，我们以该学生的作品为样本，统一制作了学校的雨伞收纳器。

显而易见的是，一所学校的物质文化不是自发形成的，需要经过人为的精心设计，需要所有关系人趋同的价值追求。我们从最基本的、最细小的环节做起，让校园成为一个真正的文化景观，打造真正意义上的学校文化。平凡即文化，生活即文化，文化最忌讳矫揉造作，文化需要的就是真实与生活，只要学校管理注重了细节、生活，就可以打造好属于自己的特色文化。

二、绿色之翼：打造育人功能的特色平台

(一)种植园——基于"劳动与实践"的特色平台

在设计"劳动与实践"课程时，我校遵循"绿色教育是关爱生命的教育"这一理念，依据各个阶段学生生理、心理特点及认识水平的不同，将"劳动与实践"课程整体设计思路确定为生活自理——校内体验——初会实践这样一个大体框架，将"生活自理"定位为基础性课程，将"校内体验"定位为拓展性课程，将"社会实践"定位为实践性课程。之所以这样设计，一是基于不同年龄阶段学生培养目标不同，二是

为了充分整合校内外资源。"生活自理"主要针对低年级学生,采取家校结合的方式,旨在培养学生独立自主的能力,以及良好的生活习惯等;"校内体验"以学校种植园为基地,对象集中为每个学年的四年级学生,主要课程内容是学生在老师的带领下,开展系列种植活动,目的是让学生通过亲自参与劳动实践,感受劳动的艰辛、体验成功的喜悦、知晓种植的相关过程、掌握科学的种植方法等;"社会实践"以学校周边的专业合作社、种养殖基地为载体,对象集中在高年级学生,通过研学旅行的方式来实施。

(二)地理园——基于"科技与创新"的特色平台

2018年,学校开始筹划地理园的建设,在规划设计之初,学校没有像以前一样,让某公司或某部分人来规划设计。因为如果用外来的力量建成,等于让学生被动地接受建成后的样子,这既没有发挥师生的主观能动性,也没有发挥其创造性,建成后的结果可能与师生的期望值相去甚远。于是,学校果断决策,面向全校师生发出地理园设计"征集令"。"征集令"发出之初,学校也担心征集计划"流产",怕学生们拿不出设计或设计没有新意,但仅仅几天后,几个五年级的学生就拿出了他们的设计初稿,原来,这几天学生收到学校的"征集令"后,就开始分工查找资料,初步决定,地理园的标本,都采用我们当地资源来制作,既选取那些普遍性的标本,如煤、砂岩、页岩等,又选取一些我们当地特有的标本,如萤石、方解石、红豆杉,特别有创意的是,学生们加上了"化石"这一标本,原来其中一个学生的老家就发现有化石(在我县鹿角镇、善感乡均发现有化石)。当学生的设计交到学校后,学校立即请来县科委及科协相关专家,对这份设计进行论证,最后,相关专家一致同意了该设计方案。

参与校园物质环境建设可以激发学生的创新意识,提高学生的实践能力、创新精神。在校园物质环境建设中,学校应给学生创造平等、信任、宽容、进取的氛围。当学生参与进来后,好奇心、求知欲必然促使他们去查阅资料、去探究,而这些正是创新的动力。

(三)廊道建设——基于"艺术与审美"的特色平台

学校廊道是学校空间上的一个功能区,其作用在于:打通各功能区之间的"壁垒",让每任意两个空间之间均无"隔阂",使不同功能区之间相互形成一个整体空间。学校的廊道是一个半室外的场景,利用廊道,再通过相应的交通空间,人员即可分流至每个功能区当中。新教学楼共有五个廊道,结合传统文化的"仁、义、礼、智、信"主题,刚好一个廊道一个主题文化,学校只负责搭建基本的"框架",每一个廊道主题内容则由书法、水墨画社团的学生负责选取。学生们选取了一个个与主题相关的故事,或书或画,尽管没有打印体或广告体的统一、精美,但却无比真实而亲切。这既是师生艺术文化和内涵的彰显,又是校本课程可视化的体现,且德育课程也浸润其间,毫无违和之感。沿着这个思路,我们进一步完善了旧教学楼另一个廊道的建设,将这个更多人的必经之地,建设成书法、水墨画课程的作业平台、展示平台,学生看到自己的作品、作业能被展示,会有满满的成就感、自豪感。

第二节 教学环境

教学环境是一个由多种不同要素构成的复杂系统,广义的教学环境是指影响学校教学活动的全部条件,包括物理环境和心理环境。而这两类环境又可作为相对独立的子系统存在,并具有各自不同的构成要素。狭义的教学环境特指班级内影响教学的全部条件,包括班级规模、座位模式、班级气氛、师生关系等。课堂是学校教育的主阵地,更是奠基学生绿色人生的核心场所,教学环境的创设尤为重要[1]。

一、基于全面育人的环境创设

社会文化心理环境是由学校内部许多无形的社会、文化、心理因素构成的一个复杂的环境系统,它与物质环境共同构成了教学环境的整体。与物理环境不同的是,社会文化心理环境是一个看不见、摸不着的无形环境,但它对师生的心理活动和社会行为,乃至整个学校的教育、教学活动都有着重要的影响,有时其影响力会

---

[1] 高浩.职业教育中计算机教学优化路径分析[J].计算机光盘软件与应用,2013,16(16):202-203.

超过物理环境[①]。"亲近自然,快乐成长"是我校的学风,营造和谐自然的教学环境,让学生心情放松,在快乐中学习是我们绿色教学环境构建的重中之重。

(一)构建和谐的师生关系

影响班风及教室气氛的重要因素就是由师生关系形成的情感环境,它是指教学中形成的一种情绪、情感状态。课堂教学过程既是信息交流过程,也是情感交流过程。要想形成良好的班风和课堂气氛,教师必须改善领导方式,与学生建立良好的关系。研究发现,教师适当的期望,端正的教学态度,恰当的奖惩及引入适宜的合作与竞争,都会给课堂情感状态带来积极的影响,从而能最大限度地满足学生的学习需要,使他们产生愉悦的情绪,收到满意的教学效果。教师必须具备端正的教学态度,这是基本的职业操守,也是教师职业道德的底线。

(二)营造良好的"教"与"学"氛围

传统的课堂教学多以教师讲授为主,忽略了对学生的探究、合作、自主学习能力的培养。我校构建了绿色课堂,实施有效教学模式。即"设疑合作探究(以教师为主导,启迪学生思维,教会学生探究学习的方法,使其形成知识与技能迁移运用的能力)——成功体验过程(课堂以学生为主体,教师给学生创设各种学习机会,让学生进行多元训练,参与活动体验,体验成功的乐趣)"有效教学模式。这种课堂教学模式体现了课程的建构性和开放性,以主体性、导学性、探究性、层次性为原则,以"激情互动、探究学习、成功体验"为范式。通过激情互动,让学生融入学习,以此构建和谐的师生关系。同时,教学活动的设计以生为本,使其自由徜徉在知识的海洋中,快乐学习,真正实现课堂教学为学生绿色人生奠基的愿景。

(三)创新课堂评价机制,构建愉悦的学习环境

课堂评价是教师实施教学活动的重要手段,有效的评价能增进师生情感,对学生学习有激励作用,让课堂充满生机和快乐。而传统的课堂评价局限于应试教育,更多关注学生学科知识的学习。在师生"教"与"学"的互动中,教师为了追求教学的进度,与积极回答问题的学生互动较多,关注也更多,但往往不回答问题,没有参与互动的学生占绝大多数,教师却直接忽视了他们。

---

① 王娜.烟台市区中小学生古筝学习状况调查与对策研究[D].鲁东大学,2014.

学校的办学理念是"绿色教育奠基绿色人生",校风是"森林大舞台,有我更精彩",我们关注的是每一个学生的发展,为每一个学生的绿色人生奠基。课堂是践行校风和办学理念的主阵地,对此,我们构建绿色课堂着眼于学生的可持续发展,关注学生的生命成长,注重学生人文素质的提高,用发展的眼光评价学生,用赏识的方法激励学生,并由此构建了师生课堂教学中的绿色评价标准,如表5-1所示。

表5-1 森林希望小学绿色课堂教学评价表

评价项目	评价标准
教学观念的体现	树立"为学而教"、"以学定教"的思想,以学生为主体,树立高效意识,追求教学效率、效益、效果
教学目标的确立	树立三维目标整合意识,教学目标全面、明确、具体,可操作性强
教学内容的处理	正确把握教材,所讲内容具有适当的深度、广度、难度;有效突出教学重点,突破教学难点;具有较大的信息量;注重构建知识体系
教学方式的采用	灵活运用启发式、讨论式、探究式、互动式等多种教学方法和手段;注重培养学生独立思考的能力、动手实践的能力,敢于和善于表达的能力及良好的学习习惯;能对学生进行以激励性为主的多元化评价
教师教学基本功	教态自然、大方;运用普通话教学;传授知识科学、准确;语言精炼、规范;板书工整、有条理;能有效调控教学进程;教学有激情
学生的学习方式	学生在学习过程中能采用以自主学习、合作学习、探究学习为主的学习方式进行学习;学习积极主动;具有问题意识,能够发现问题、分析问题、解决问题
学生参与教学的情况	每个学生在每个时间段都有围绕教学目标的事做,能做到全员参与,全程参与和有效参与;学生在课堂上能做到"三动":"形动"——课堂上手、眼在动;"心动"——课堂上思维在动;"神动"——课堂上情感饱满,富有激情
师生关系和谐程度	师生之间具有愉快的情感沟通与智慧交流,课堂里充满欢乐、微笑、轻松、和谐、合作与互动;教师能与学生建立一种民主、平等、尊重、温暖、理解的师生关系
教学目标达成情况	达成既定的教学目标。学生能厚积知识,建构体系。破解疑难,优化方法,提高能力,并有积极的情感体验
教师教学特色	教师在教学方式、方法上,知识的生成点上有不同寻常之处

二、基于课程实施的时间设计

教学是一个连续的过程,但教学的时间总是一个常数。空间作为一种教学场所,其容量总是受到一定的限制。在单位时间内合理地组织教学活动以提高教学效率,就等于为学生赢得了更多的学习时间。而在一定空间范围内,若能充分提高对空间的使用率就等于扩充了教学空间。研究表明,人的心理活动在一天中的不同时段有着不同的表现。因此,能否科学地分配时间对师生生理及心理都有较大影响,从而对教学成效产生影响。因此,根据青少年学习心理特点及不同学科的性质特点,合理安排好学习时间,使学生在学习中有张有弛、劳逸结合,是创设良好教学环境的重要内容。

我校践行绿色教育,在绿色教育理念下的学科教学亦然转变过去所谓的"主科"和"副科"的错误观念,所有学科同等重要,均衡发展。对此,我们打破了非语数外学科不得安排在上午尤其是第一、二节课的规定。观念的转变,直接提高了对空间的使用率,国家课程的安排和场地的使用更加灵活,尤其学校的各功能室的使用率大大提高。科学实验课,艺体学科的美术课、音乐课、书法课终于能走进专业而充满学科艺术气息的功能室,所有体育课皆能让学生在塑胶操场活动。同时,我们根据绿色校本辅助课程学科的属性、学生的年段特点,开发出近30个绿色校本辅助课程,利用社团活动,将功能室充分利用起来,对国家课程进行补充和延伸,有效提升了学生的学习效率。如书法课程,低段以硬笔书法(铅笔字书写)为主;中段以硬笔书法(钢笔字)为主,辅以毛笔书法知识和简单练习;高段以毛笔书法练习为主。鉴于毛笔书法每次课后必须清洗毛笔的特点,高段的班级多安排在新教学楼,每间教室皆配有水槽。利用假期,学校为学生安排了实践活动课程,将绿色辅助课程活动进行延伸,如安排学生在家做家务,社区当义工等。合理的课程设置,最大化地利用了学习的空间和时间,保证了良好教学环境的构建,也从根本上保障了学生的学习热情。

三、基于个性化发展的空间设计

教学设施是否完备、良好直接关系到整个学校环境的质量和教学活动的正常进行。教学场所包括教室及其他活动场所,如校园、运动场、功能室、教师办公室、食堂等等。它们是学校教学场所的重要部分。研究表明,教学场所的质量对教师和学生的身心活动有直接的影响。

(一)打造绿色环境,营造自然、和谐的教学环境

我们根据绿色教育理念,精心营造"雅、香、净"的校园环境。"雅",环境雅致,育人高雅;"香",校园四季芬芳,墨香、书香萦绕;"净",环境整洁,育干净之人。我们匠心营造,力求让一草一木、一墙一砖说话。

构建绿色生态的自然环境,让"亲近自然、快乐成长"的学风得以实现。学校种植了300多种植物,让学校绿树环绕,置身于鸟语花香之中。繁茂的小叶榕,四季常青;金桂、桃花、丹桂、玉兰、金菊、蜡梅,各类鲜花四季芬芳,与绿叶交相辉映。学校充分利用后山空地,栽种了梨树、枇杷树、李子树等果树,并开垦了一块空地作为学生种植园。果树开花、结果的生长规律,农作物和蔬菜的播种、发芽、生长、成熟等,生长过程中的管理如施肥、浇水、除草、杀虫、松土等,这些都是非常好的教育资源,学生流连其间,观察果树、农作物、蔬菜的生长现象,写观察日记,检验课堂上所学的理论知识。五年级开设了种植课程,学生可以亲身经历农作物和蔬菜的播种、生长、收获,弥补了农耕知识和劳动锻炼的缺乏。同时,也构建了自然、和谐的教学环境,将学校的学风"亲近自然、快乐成长"真正落到了实处。

班级是教学实施的重要场所,良好的班级环境,可以提高学生学习的效率。学校构建了"花——草——树"系列班级文化。以"花、草、树"为主题,每个班级分别选择一种花、草、树作为"班花"、"班草"、"班树",结合年段特点,组织学生根据花、草、树的外在特征和内在品行,开发出系列班级文化,如"班训、班风、班规"等。班级环境的构建则遵循绿色生态的原则,利用具有一定造型的木板,由学校的书法老师统一书写班训。课桌、讲桌、书柜一律采用木质材料。从班级环境布置到班级文化构建,从班风学风营造到班队活动开展,无一不体现自然、生态。

教学用具是教学活动所必需的,对教学活动起着辅助作用。随着现代教育技术的发展,教学用具不断更新换代,教学手段也日益丰富多彩。学校为所有班级都装上了电子白板,使用上了畅言互动教学系统。教师在设计课件的时候可以充分利用声音、图片、视频等手段,让教学场景更加立体,让整个课堂教学更加生动、有趣,激发学生的学习积极性,同时提高教学的效率。

(二)建设个性化的功能室,构建舒适的教学环境

学校为了满足学生学科学习的不同需求,打造了图书室、科学实验室、音乐教室、美术教室、卫生室、劳技室、科技馆、科技活动室、书法教室、计算机教室、心理咨询室、电视台等功能室。学校坚持绿色教育理念,对所有功能室进行了功能性的区域设计。同时,根据学科属性,对功能室作了艺术化处理,进行个性化设计,以此激发学生学习的兴趣。如科技馆走廊以深蓝为主色调,可以旋转变色的廊灯,让人行走间有漫步太空的梦幻般的感受。科技馆内则摆满了各种科技仪器,屋顶则是装上无数如星星般的灯,整层楼充满了科技的神秘,由此也充分激发了学生探索科学的热情。墨韵斋书画功能室则是采用传统的田园风格,古色古香的桌凳,镂空的窗,朱红的颜色,充满了墨韵气息,能让学生快速融入学习之中。音乐教室,则是一个一个跃动的音符、一排排纯白的钢琴键、一排排方凳。让学生步入其间,似有徜徉于音乐世界的感受。

第三节 文化环境

文化环境是指包括影响一个社会的基本价值、观念、偏好和行为的风俗习惯和其他因素,包括自然环境、经济环境、社会环境。文化环境是人的文化存在的维度,是由人创造的和人发生效应的人的境遇[①]。文化环境作为一种效应性环境,对人的存在和发展具有重要的意义。本书的文化环境主要指影响师生的基本价值、观念、偏好、行为的物质、制度、课程、精神等诸多方面的总和。

一、绿色校园文化

校园文化是学校物质文化和精神文化的总称。绿色代表着和谐,代表着生命,代表着生机和活力。绿色校园文化,是指由学校的学风、教风、校风,优良的校园环境,高效的学校管理,良好的师生精神面貌、社会舆论构成的相对稳定的可持续发展的文化。

---

① 蔡红燕.关于文化环境概念的再辨析[J].保山学院学报,2019,38(06):36-40.

绿色校园文化具有导向和激励、约束与调适、凝聚与辐射的功能，它作为一种环境教育力量，对陶冶学生情操，构建学生健全人格，全面提高学习质量，促进学生终身发展方面有着巨大的作用。2008年春，学校提出了"以文化立校"的管理思路，树立了"人本、规范、高效"的工作作风。2009年，学校提出了"绿色教育奠基绿色人生"的办学理念，以"培育科学与人文素养和谐相融的人"为办学宗旨，以"阳光"为校训，以"森林大舞台，有我更精彩"为校风，以"把教育做成艺术"为教风，以"亲近自然、快乐成长"为学风。将"绿色"作为学校文化主题，实施回归生命本真的教育。

（一）营造绿色自然环境，实现教育与自然和谐相融

构建绿色校园环境是实施绿色教育的基础，也是让学风"亲近自然、快乐成长"得以实现的途径。学校种植了300多种植物，让学校置身于鸟语花香之中。小叶榕枝繁叶茂，四季常青，散发着浓浓的生命力；经过嫁接的桃花，春季花开三色，粉的似霞，红的似火，白的似雪。怡人的景色，既让学生感受到植物嫁接的神奇，又让学生在自然之美中得到熏陶，培养审美能力。浓香四溢的金桂、雪白的玉兰、金菊、蜡梅，各类繁花，四季芬芳，与绿叶交相辉映。学生徜徉其间，聆听自然的声音，原生态的教育氤氲而生，让学生体味自然之美、自然之趣、自然之乐。同时，也培养了学生的环保意识。

（二）构建绿色人文环境，实现人与环境的和谐

1.艺术与环境相融，彰显艺术之美

本着"环境即艺术、环境即课程"的原则，将书画艺术、科普人文与环境相融，使其和谐相生。重庆市书法名家书写的校训、教风、学风雕刻于文化石上，矗立在花园的繁花绿影中。地理园、历代书家碑林墙、森林小书家优秀作品展示、墨韵斋书法长廊、水墨画工作坊等点缀其间，更加彰显艺术"润物细无声"的魅力。

2.课程与环境相融，展现课程之美

种类繁多的后山果园、种植园具有浑然天成的美，校园成为学生最为留恋和喜欢的"家"。我们坚持"课程即生活、生活即课程"的教育理念。基于此，学校开发了绿色劳动、实践等课程。学校依山而建，充分利用地形优势，将自然之石整理成滑

滑梯,这里成了学生嬉戏玩耍的天堂,尽情释放儿童的天性,这与我们的教育理念"顺木之天,以致其性"不谋而合。学校开垦荒地,三角梅、玫瑰、月季、金菊、蜡梅、满天星等几十个品种的花草将后山打造成园林景观。一年四季,后山皆成为花的海洋。学校还栽种了梨子、枇杷、李子、桃树、橘子、杏子等果树,并打造了一块空地作为学生种植园。果树开花、结果的生长现象及规律,农作物和蔬菜的播种、发芽、生长、成熟等,生长过程中的管理如施肥、浇水、除草、杀虫、松土等,都是非常好的教育资源。果园、种植园等也由此成了学校绿色劳动课程、绿色实践课程等的重要教育基地。学生漫步其间,观察花草、果树、农作物、蔬菜的生长现象,写观察日记,检验课堂上所学的理论知识,将科学、语文、音乐、美术等课程进行延伸。学生亲身经历农作物和蔬菜的播种、生长、收获,弥补了农耕知识和劳动锻炼的缺乏。优美的环境还完美地与艺术课程融合在一起,展现了艺术课程之美。学生或坐在石凳之上,捧着散发墨香的书籍阅读,享受阅读之乐;或摆上棋盘,在百花丛中对弈;或高歌一曲,翩翩起舞;或嬉戏其间,享受童年之乐。

二、绿色课程文化

绿色教育的核心在于构建一套科学的绿色课程体系。它是培养学生核心素养最强有力的保障,更是学校实施绿色教育的灵魂所在。学校的绿色课程体系包括国家课程、地方课程、校本课程,国家课程是学校课程的主旋律。应坚持国家课程的纲领作用,不折不扣落实。在国家课程落实过程中做到以生为本,着眼于学生的可持续发展,回归教育本真,把教育做成艺术。校本课程是国家课程和地方课程的补充和拓展,是学校特色发展的载体,彰显绿色教育特征[①]。多样的课程设置,既体现"文化立校、一校多品、全面发展"的办学方略,也是"森林大舞台、有我更精彩"这一校风的浸润。在具体而丰富的课程中,实现尊重生命个体、彰显生命价值,达成自然和谐教育的目标。

课程建设是学校文化建设的核心,更是学校一切教育活动的载体。基于学校绿色教育的理念,学校从"课程开发、课堂改革、创新评价"三个方面实施课程文化建设。

---

① 卿林.重庆第一双语学校初中生物《环境教育》校本课程的开发和实践研究[D].重庆师范大学,2017.

(一)开发绿色辅助课程,彰显绿色教育特征

学校依照三级课程体系建设要求,设计开发出"六"大绿色辅助课程,具体包括如下内容。①德育课程。包括学生健全人格培养课程、新生入学课程、毕业课程(如象征森林学生最高荣誉的小博士评选)、礼仪课程等;②运动课程。学校设置了心理咨询室,以疏导师生心理、关注运动卫生。体育学科则开发出近10个社团课程;③阅读课程。包括课内阅读课程、晨诵、午读校本课程;④科学课程。包括数学、科学、科技创新(以科技活动和创新为主,设计开发出近10个校本课程);⑤艺术课程。包括美术、书法、音乐、舞蹈、器乐等社团课程;⑥实践课程。包括科技节、体育节、艺术节、阅读节,社会实践、校内种植。

(二)创建绿色课堂,关注学生生命成长

在绿色教育的理念下衍生出的"绿色课堂",以学生为本,着眼于学生的可持续发展,关注学生的生命成长。在遵循课堂教学规律的同时,注重学生人文素质的提高,用发展的眼光评价学生,用赏识的方法激励学生。绿色课堂是充满生机的、高效的课堂。它需要我们每一位老师参与,运用科研手段,共同探索课程、课堂、课题、课改之间的科学联系与规律。它应是森林教师的共同的智慧结晶,应得到教师、学生、家长、社会的广泛认可。我们尝试从"生命、生态、生本、生活"四个方面入手,构建绿色课堂[①]。

1.营造绿色生态的学习环境,实现学生自由生长

"顺木之天,以致其性"是我们的教育理念。绿色课堂始终围绕学生自由、健康成长,为学生创造自然、和谐的学习环境。

2.关注学生学习生态,培养学生创新思维

我校坚持让学生进行"项目式"学习。学校利用假期,分年段、定项目,让全校学生以班级为单位进行自由组合,组建研究团队,选择研究项目。假期结束后,学校以年级为单位搭建学生"项目式"学习成果展示平台,让学生共享研究成果。同时,学校还对所有成果进行评奖,以激发学生的研究动力,为学生"项目式"学习导航。这种教学模式,培养了学生自主学习、研究性学习、探索性学习的能力。教师

---

① 高俊芬.浅议新课程理念下的绿色生态课堂[J].中学生物教学(下半月),2011(6):6-7.

仅是课堂的设计者和促进者,学生由被动的教学信息接收者转变为具有创造性的学习者。

3.坚持课堂以生为本,实现学生的可持续发展

"绿色教育奠基绿色人生"是我们的办学理念。绿色人生就是具有知识技能基础和可持续发展的人生。绿色课堂以学生为中心,从学生的认知与需求出发,让学生真正成为学习的主人,学生有无进步或发展成为评判教学有没有效益的唯一指标。我们围绕这一指标,构建本校独特的绿色教学模式。该模式主要是指"设疑合作探究(以教师为主导,启迪学生思维,教会学生探究学习的方法,形成知识与技能迁移运用的能力)——成功体验过程(课堂以学生为主体,教师给学生创设各种学习机会,让学生进行多元训练,参与活动体验,体验成功的乐趣)"有效教学模式。这种课堂教学模式体现了课程的建构性和开放性,以主体性、导学性、探究性、层次性为原则,以"激情互动、探究学习、成功体验"为范式,有一定的操作性,教学效果显著。

4.构建生活化课堂,丰富学生生命色彩

"亲近自然、快乐成长"是本校的学风。我校整合国家和地方课程,开发校本辅助课程,把学生的生活经验课堂化,并延展课堂时空,实现在小课堂中放眼大社会,让学生感受到课堂所学源于生活,享受课堂的趣与美,如春节送春联活动、森林绿苗进社区活动、校内种植活动等。通过以上实践活动,学校对多学科进行整合教学,将理论学习与生活实践紧密地结合起来,丰富了学生的生命色彩。

(三)构建绿色评价体系,提高绿色教育质量

学校致力于构建以教师评价为主,以学生自我评价、学生小组评价、学生家长评价为辅的四位一体的联合评价体系。多元的评价更科学,更具有客观性。要让学生和家长成为教育评价的积极参与者,并结合自我评价和家长评价发展学生的评价能力。从教师一元化评价转向师生互动、家校互动、生生互动;将学生自评、互评、家长和教师的评价合理地结合起来;将课堂评价、社会评价和家庭评价有机结合,将学业评价与实践评价、能力评价有机结合;将作业评价、成绩评价和道德品质、文明行为评价有机结合;将网络评价与现实评价有机结合。

三、绿色精神文化

学校精神文化,是指一所学校在一定的社会历史条件下,为谋求生存和发展,为达致既定的教育目标,在长期的文化创造过程中积淀、整合、提炼出来的,反映师生员工共同的理想目标、精神信念、文化传统、学术风范和行为准则的价值观念体系和群体意识。就其内涵来说,它是一所学校在长期的发展过程中逐渐形成的共同的价值取向和心理诉求,是一所学校得以发展壮大的精神支柱,是激励全校师生为实现美好目标积极进取的精神动力;从其外延看,它体现在全校师生的思维方式、行为方式和生活方式之中,体现在全校师生的共同理想信念、道德品格、价值准则和性格特征之中,体现在学校的全部生活和文化形态之中。学校精神文化不仅是一个学校本质、个性、精神面貌的集中体现,也是学校群体成员的世界观、价值观、人生观的总体表现。我校绿色精神文化具体表现在如下几个方面。

(一)绿色班级文化

班级文化建设是校园文化建设的主阵地。遵循"师生即文化,文化即师生"的原则,我们坚持班级文化应是师生共同打造的独特风景。班牌、班训、班级黑板报、学生作品展示等皆由师生共同完成,以此增强学生对班级文化的认同感和归属感。

(二)绿色廊道文化

我们以传统文化为主题,以师生作品荟萃的方式构建森林人文主题教育回廊。每一个主题文化内容皆由师生或绘或书而成,虽没有打印的精美,但却无比真实而亲切。这既是师生艺术文化和内涵的彰显,又是校本课程可视化的体现,让学校的每面墙都能说话,一砖一瓦都能育人。德育课程也在不经意间浸润其间,毫无违和之感。

(三)绿色"符号"文化

我们强调绿色文化应是师生共创共生的。校徽、校旗、校报、校刊、校园吉祥物等,都是出于师生的共同智慧。符号文化在校内无处不在。学生衣装、学习用具、礼仪规范等细节皆融入学校符号文化,以此提升森林学生的辨识度,强化学生自我约束力,树立森林学生阳光、博学、明礼、多才的形象。

(四)绿色管理文化

追求人本、高效、规范的管理理念,实施以人为本、依法治校的绿色管理是求得师生、家庭、社会认同的关键,也是实现人与人和谐相处的保障。构建绿色管理体系,以《森林希望小学章程》为依据,完善学校规章制度,逐步实现精细管理,形成"人本、高效、规范"的内部管理体制。牢固树立管理即服务的理念,为学生发展服务,为教师发展服务。充分关注师生的发展需求,创设尊重、信任、关怀的人文环境,设计有利于教师发展的制度环境,打造优质学校。为了共建共享绿色校园理念,我们追求理念的认同,用制度作保证,实施民主、高效的管理。实行校长负责制,形成"法人治理、职权清晰、相互制衡"的领导体制,以此实现绿色文化共建共享的愿望。

(五)绿色教师文化

建设绿色校园文化,需得构建绿色教师团队。要打造绿色团队,首先要做的是人才资源的开发,有了丰富的人才资源,才能进一步优化绿色团队,建设一支有教育情怀、厚德博学、业务精纯、与时俱进,能把"教育做成艺术"的研究型教师队伍,实现"绿色教育奠基绿色"的理念构想。学校从以下几个方面打造绿色教师队伍,实现教师的可持续发展,丰厚学校的绿色精神文化。

(1)师德过硬的楷模。"师者,传道授业解惑者也","德行"为教师职业之首要要求,德行方正之人方能为教师。学校始终坚持师德师风建设不放松,大力宣讲《森林小学教师基本素质要求》《森林小学教师礼仪规范》《森林小学师德建设的管理规定》。充分发挥教师在学校文化建设中的中流砥柱的作用,开展"森林大讲堂——师德论坛",每次例会前5分钟,由教师轮流开讲,重点梳理和聚焦教师育德意识和遇到的瓶颈,加强师德建设,充分利用评选"森林好教师"等手段和方式,弘扬师德标兵。

(2)可持续发展的"活水"。"问渠哪得清如许,为有源头活水来。"教师是践行绿色文化的重要途径和保障,因此让教师队伍成为"活水"是绿色校园文化的重中之重。学校全方位开展教师培养的顶层设计,从培养目标、培养阶段、培养内容、培养方式、培养师资等方面进行细化。大力推行"青蓝工程"和"五课制"的分层培训计划,促进不同层面教师凸显个性,分层发展,形成教师梯队。

（3）终身学习型教师。建立教师学习制度，努力形成一种弥漫于群体中的学习气氛。学校每周将组织教师学习一次。每学期，教师都要学习2本以上教育书籍，并做好笔记，学校将定期组织教师就某个问题进行交流讨论。

（4）研究型教师。学校收集问题，并将问题进行归类，形成有代表性的专题。专题选定后，教师根据自己的优势或喜好选择专题，然后查找资料，进行调查研究，撰写发言提纲。学校对教师的准备情况进行了解或咨询，促进专题研究的质量，保证论坛的效果。论坛由骨干教师主持，首先选择重点对象发表见解，主持者对发言进行即时评价，充分肯定教师研究的独立价值或闪光点，指出不足，同时把握论坛的正确方向，把研究引向深入。

（5）竞争型教师。竞争能够发现和培养优秀教师。对此，学校开展各类教学比赛活动，如课堂教学、论文（案例）撰写、课件制作、教育故事、试卷命题等评比。比赛的内容尽量做到广泛，注重舆论宣传，强化教师的教研竞争意识。

（6）课程开发的参与者。要实现学生的可持续发展，绿色课程的开发与构建必不可少。教师需根据国家和学校的教育教学目标，本着有利于个性自由发展的原则，了解知识产生和更新的状况以及学生的知识结构，设计切实可行的校本课程。

（7）智能化时代的应用者和推广者。随着人工智能化时代的到来，人工智能化教育技术普及，为教育搭建了更为广阔的平台。这就要求教师应成为人工智能时代教育新技术的应用者和推广者。

（六）绿色学生文化

学生是建设绿色校园文化的重要组成部分，同时，也是绿色精神文化的创造者和传承者。学校把"阳光"作为校训，我们定位的绿色学生应该是内涵丰富、坦诚善良、健康向上、宽容豁达、个性鲜明的阳光之人。要释放学生个性，树立森林学生阳光、博学、明礼、多才的形象，就需要学校搭建多元化的培养平台，构建多元化的评价体系。

建立绿色德育培养体系。将"六年"的德育工作作一个整体细化的安排，充分考虑各个年龄段学生的培养目标、内容、手段、方式，注重德育细节的培养，将德育落到实处，从学生一年级入学到六年级毕业，将德育培养细化安排到每一学期、每一个月，并逐渐完善，形成一个相对稳定的培养体系，形成德育系列校本教材（文明礼仪、安全等）。

以"学生健全人格培养"为主线，积极实施养成教育。继续开展"八个一"德育常态工作。"八个一"即每期制订一个严密的养成教育计划；每月一次班主任工作例会和月检；每周一次升旗仪式；每周一个养成教育主题；每周一堂主题班会课；每周有值周教师和班级"小黄帽"值日；每周一期校园电视台直播节目；每天一次大课间活动及眼保健操。

制订学生全面发展的目标体系。重视学生身心健康发展，扎实推进阳光体育工程，提升心理健康教育品质，关注特殊学生的个性成长，营造健康、阳光、快乐的校园氛围。学校在六年级毕业生中开展森林学生最高荣誉的"森林小博士"评选，鼓励和表彰优秀学生。学校将课堂活动列入课程计划，开设学校社团。全校学生均有机会参加社团小组活动，每周安排两节社团活动课；每年举办为期一周的传统艺术节和体育节活动；另外，读书节、科技节、演讲、革命传统教育、书法、绘画等活动经常举行。

强化学科育人功能。营造德育"一盘棋"的氛围，落实教师人人应育人，事事皆育人的理念，充分挖掘学科德育教育内涵，塑造学生健康的人格，关注学生心理健康，发挥绿色班级文化对学生的影响教育作用。

建构家校共育体系。重视学校、家庭、社会"三位一体"教育模式，注重对家长的培训，使其落实家庭教育的责任。借助家长微信群、公众号等传播学校育人理念及途径，尝试拓展家校互动的新途径，树立全员德育、全面育人的意识。

做足细节工作，提高森林学生的辨识度，树立森林学生阳光、博学、明礼、多才的形象。从穿衣着装、学习用具、礼仪规范等细节入手，提升森林学生的辨识度，一方面可以增强学生自我约束力，另一方面，可以利用社会舆论加大对学生校外言行的约束。

第六章　绿色教育保障机制

重庆市彭水县森林希望小学在当下教育发展现实中,形成了以"绿色教育奠基绿色人生"的办学理念,同时深化"顺木之天,以致其性"教育理念,成为区域教育发展的风向标,对区域教育的发展具有重大而深远的意义。以绿色教育理念为导向的绿色教育保障机制基于学生的未来发展,且关注当下发展。因为只有关注发展态势,才能及时发现问题,调控学校发展方向,使之实现良性发展。绿色保障机制是动态发展的,同时也是永恒的,始终如一地为学校的发展导航,创新学校发展,提高办学水平。

第一节 绿色发展规划

为了将素质教育推向新高度、成就学校及师生可持续发展的目标,我校在认真总结"绿色教育奠基绿色人生"办学理念的基础上,根据《国家中长期教育改革和发展纲要》《重庆市教育事业发展"十三五"规划》,进一步挖掘绿色教育内涵,进一步完善绿色教育体系建设,进一步彰显绿色教育影响力,结合自身发展面临的新形势、新任务,制定了绿色发展规划。

一、绿色发展规划的含义和特征

(一)绿色发展规划的含义

学校发展规划制定的目的是科学定位学校发展目标,提炼和形成学校办学特色,建设和形成学校文化[①]。绿色教育致力于个体终身全面可持续发展,通过教育及管理,使教学双方形成终身可持续发展的潜力与品质,同时实现教育机构(学校)的未来可持续发展。绿色教育目标的实现,要充分依靠学校发展规划的实现。学校发展规划是学校一个时期内要达到的目标,是学校办学思想的体现,是学校文化的再创新,对于学校的发展有指引作用。

绿色发展规划在学校持续性的发展过程中,具有十分重要的战略意义,可以凝

---

① 谢利民.学校发展规划的制定、实施与评价[J].教育研究,2008(02):86-89.

聚智慧,激励团结,引领发展。其次,绿色发展规划对学校整体性发展具有重要意义。最后,绿色发展规划的目标是指向"人"的协调发展。

(二)绿色发展规划的特征

1.强调办学的方向性

绿色发展规划既是一种学校管理方式的更新,又是通过学校成员来制定和实施学校发展综合性方案的过程,是为学校发展提供支持,并不断探索学校发展策略,持续改进教育教学质量而进行的管理行动[①]。我校在制定绿色发展规划时,全面落实"绿色教育奠基绿色人生"的办学理念,努力办好人民满意的教育,坚持教育公平的原则,坚持优先发展的原则,坚持全面培养全面发展的原则。

2.强调学生培养的全面性

树立"绿色"的教育质量观,坚持"五育"并举,全面发展学生素质,深化教育改革,构建德智体美劳全面发展的育人体系,健全立德树人培养机制,在坚定理想信念、厚植爱国主义情怀、加强品德修养、增长知识见识、培养奋斗精神、增强综合素质上下功夫。

3.强调办学的变革性

通过健全教学管理规程,统筹制订教学计划,优化教学环节;开齐开足开好国家规定课程;在教学方式上强调教学相长,注重启发式、互动式、探究式教学;在教学管理规程上强调教学计划、教学环节等方面的变革;在日常监督上强调对融合运用传统与现代技术手段;强调差异化教学和个别化指导的变革;等等。

二、绿色发展规划制定的依据和基础

(一)绿色发展规划制定的依据

1.生态文明时代的绿色发展要求

人类经济社会发展正在进入生态文明时代。传统工业化道路带来了经济与生态的现实矛盾,生态文明时代的任务就是要解决这一矛盾,进而实现可持续发展,这是人类文明进步的必然选择。人类文明发展的历史,就是人与自然交往的历史。

---

① 楚江亭.学校发展规划:内涵、特征及模式转变[J].教育研究,2008(02):81-85+105.

近几十年来，在发展经济的同时保护环境，已经成为世界各国的共识，各国也在不断摸索如何协调和解决经济与生态之间的现实难题。

在大力推崇人与自然和谐共处、经济发展与环境保护齐头并进的时代背景下，中国率先提出"生态文明"这一全新的理念，为人类更快步入生态文明新时代提供了思想指引。2012年11月，中共十八大明确提出构建"人类命运共同体"；2015年十八届五中全会又提出创新、协调、绿色、开放、共享的五大发展理念……不管是"生态文明"，还是"人类命运共同体"，或者是"绿色发展"，都具有内在逻辑的一致性。

2.我国出台的相关政策文件指向

绿色发展规划要求学校用现代生态学理论观照学校整体变革，坚持可持续发展原则，关注教育的协调、创新以及开放、发展、变革，做到质量与效益兼顾，均衡与品质结合，形象与内涵兼美，充分满足广大人民群众对生态、绿色、特色、优质教育的强烈期盼，真正办好公平而有质量的教育。不难看出，新中国成立以来我国出台的教育政策以及相关发展战略都为教育发展以及新时代的人才培养指明了新的方向。比如，《中国教育现代化2035》明确提出"大力推进教育理念、体系、制度、内容、方法、治理现代化"，同时提出了"更加注重以德为先，更加注重全面发展，更加注重面向人人，更加注重融合发展，更加注重共建共享"[1]等推进教育现代化的八大基本理念。《重庆市教育事业发展"十三五"规划》也指出：经济发展进入新常态，要求教育发展也应从供给侧寻找增长的动力源，最大限度地调动社会各主体积极性，培育各类创新主体……

3."生态彭水·绿色教育"的倡导

在深入贯彻落实中国特色社会主义新时代对教育的要求、确保教育优先发展的基础上，为了推进县域中小学教育内涵式快速发展，确保实现"生态彭水"的奋斗目标，彭水县委、县政府结合彭水县教育发展实际，制定了《重庆市彭水苗族土家族自治县关于大力建设"生态彭水·绿色教育"的实施意见(2018—2022)》。该意见明确表明要以"生态彭水·绿色教育"为统率，发挥民族教育的特色，凝聚全县人民的心，达成建设教育强县的共识。绿色教育是旨在焕发学生生命力的教育，其目标是

---

[1] 中共中央、国务院印发《中国教育现代化2035》[EB/OL].http://www.gov.cn/zhengce/2019-02/23/content_5367987.htm, 2019-02-23.

让学生生命充满生机活力、自由生长、不断超越[①]。在绿色教育理念的引领下,全县学校的办学理念、教育体制、教师素质涵养、学生培养、学校课改都将沿着现代化路径科学发展。该意见明确了县域教育发展的方向,也为各类型学校"质量+特色"的办学主张和实践探索指明了道路,对全县绿色教育的发展具有深远而重大的影响。

4.森林小学内部的发展变革

第一,"全面改善贫困地区义务教育薄弱学校基本办学条件""义务教育均衡发展"等国家层面相关政策的出台,为森林希望小学带来了新一轮发展机遇,相关人力、财力的投入,对学校办学条件是一个很大的补充和完善,也为更进一步实施全面素质教育打下了坚实基础。

第二,随着义务教育基本均衡区县达标验收工作的完成,市域内、县域内学校之间的资源差异不断缩小,相对均衡,在资源配置人有我有、我有人有的前提下,凸显学校品牌优势就是看谁对资源的使用更优质化、科学化,就是学校办学理念、过程管理、课程建设、队伍培养等软实力的竞争,如果我们还躺在原来的功劳簿上,不思进取,维持现状,放缓前进的步伐,那就是倒退。

(二)绿色发展规划制定的基础

1.森林小学发展优势

(1)学校品牌建设成果丰硕

多年来,学校以团队合力取胜,求真务实、锐意进取、躬耕教育,抓教改,促教学,质量一直名列全县前茅,形成书法、科技、体育、美术、德育等多元办学特色,先后获得彭水县示范学校、教育先进集体、科研先进集体、科技示范校;重庆市优秀卫生单位、安全文明校园、绿色学校,重庆市首批60所书法示范校、红领巾示范校、教育科研基地校、依法治校先进单位、科技工作先进单位、百佳人文校园、首批52所义教阶段书法艺术特色学校、园林式单位,重庆市科技特色学校、重庆市文明单位,国家青少年体育俱乐部、国家图书馆建设先进集体等荣誉称号。除了各级各类表彰、奖励,社会认可度、家长满意度、师生幸福指数也是学校极为看重的评价指标,多年来的努力,让森林在社会上竖起了一面素质教育的旗帜,家长以子女在森林就读为荣,学生以在森林学习为傲,全体森林人在正确的道路上做正确的事,森林品

---

① 叶向红.绿色教育"三尊重"理论探析[J].中国教育学刊,2015(04):32-37.

牌效应正一步步深入人心。

(2)理念内涵建设卓有成效

2009年,学校提出了"绿色教育奠基绿色人生"的办学理念,将"绿色"作为学校文化主题,实施回归生命本真的教育,为学生可持续发展奠基,率先与应试教育决裂。我校始终坚持教育应排除一切功利和短视,本着为所教育的人的终身负责的态度,始终坚信绿色教育必定会为学生绿色人生奠定坚实基础。八年多来的实践证明,正是学校办学理念所具有的高度和前瞻性,促成了学校内涵建设的成效,更进一步坚定了我们办学的方向。

(3)师资队伍建设成效显著

森林最引以为傲的是拥有一支业务优良、师德高尚、团结奉献的教师队伍。在"绿色管理"理念的指引下,教师队伍建设始终是学校工作的重中之重,我们通过名校结对、外派学习、校本研修、青蓝工程等着力打造师资队伍,提升教师专业素养,树立教师专业尊严,拓宽教师专业生命,经过近几年的努力,现有市级骨干培养对象1名,县级骨干教师13名,学校有近98%的教师获得过市、县各种奖项,分别有24位教师获得市县级课堂教学比赛一、二等奖。100多人次进行各级公开教学或交流,19人次发表了论文等,初步形成一支教学水平高、专业素养高、学科结构合理、科研意识强的教师队伍。

(4)教育教学管理日趋成熟

学校教育教学管理以"人本、高效、规范"为理念,坚持以人为本,形成行政、部门、年级组三级管理网络,各类岗位、各级管理部门职责清晰,职能明确,扎实推行依法治教,依法治校。学校党、政、工及各部门均有较强的宏观视野和统筹意识,能围绕学校整体工作目标,各司其职,推进部门及年级组工作。学校形成了上下统一、齐心协力的管理格局。

(5)基础设施建设基本完善

通过几代森林人的奋斗,教育教学设备设施从无到有,从有到大,从大到精,成就了森林今天一流的办学条件,各项基础设备设施基本完善,学校环境文化建设处于区域内领先水平,为有效开展素质教育提供了坚强保障。

2.存在的问题与不足

(1)教师对"绿色教育"理念的认同不够深入

"绿色教育奠基绿色人生"的办学理念基本得到了老师们的认同,但也存在两个问题:一是部分教师对这一理念的核心还不清楚,比如什么是绿色教育,绿色教育真正的内涵是什么;二是部分教师把这一理念理解为"我"只为学生提供"我"学科范围内的服务,缺乏对学生全面发展的整体关注,更缺乏对不同学生全面发展的整体关注。以人为本,因材施教没有得到全覆盖、全方位落实。

(2)家庭教育缺失导致学生发展水平不一

森林因所处地域及划片招生的限制,现阶段学生主要来源于进城务工子女及流动人口子女,学生监护人以外出务工群体、隔代抚养者居多,监护人无时间也无能力全面承担起家庭教育的任务,这也是制约全面实施素质教育的一个重要因素。部分学生家庭教育因监护人自身水平、能力的原因,只能对学生起一个督促、指导的作用,无法与学校教育形成有效的补充,部分学生甚至家庭教育缺失,导致学生全面发展的程度、水平不一致。

(3)课程体系建设跟不上素质教育的步伐

全面实施素质教育,课程是核心、是关键,现阶段国家、地方、校本三级课程体系建设还不够完善,学校课程设置、课程容量还不能满足全体学生个性化订制的需求,学校课程落实以班级统一授课为主、社团建设为辅,有限的课程设置使学生的兴趣、个性得不到全面的激发、培养、彰显。

(4)教师队伍年龄结构老化致使专业发展诉求低下

进入新时代,党和国家高度重视专业化教师队伍的建设。新一轮课程改革的实施与区域教育质量的提升必须依靠教师队伍素养的整体提升[1]。活到老、学到老,是对每一项专业技术的基本要求,教育改革没有终点,需要每一位老师不断更新教育教学理念,改进教育教学行为,沉淀教育教学经验,事实上,对大多数教师而言,随着年龄的增长、精力的下降,专业发展就会放缓、甚至停止,现阶段,全校教师平均年龄39.6岁,50岁以上教师占10%;40至49岁的教师共计60人,占45%;30至39岁的教师49人,占37%;30岁以下的教师仅仅有10人,占8%。

---

[1] 张祥."四有"好老师引领下的区域教师队伍建设路径探索——以江苏省扬中市为例[J].教师教育论坛,2020,33(12):76-78.

(5)精细化管理与繁杂日常工作之间的矛盾不可调和

全面实施素质教育,不仅仅是一个理想,更不是一句口号,全面、科学、精细化的管理才出效益,精细化的管理需要更多的人力、物力投入,可学校现在承担的社会责任太多(当然这也是教育的一部分),需要完成的工作零散、琐碎,繁杂的评估、调研、检查更需要投入相当的时间与精力,无形中就打破了学校管理的整体性、全面性,部分工作重在布置,而失去了过程的监管、效果的评估,素质教育实施的效果打了折扣。

三、绿色发展规划的远景和目标

(一)绿色发展规划的远景

1.理念目标

在"绿色教育奠基绿色人生"的办学理念下实现学校五个一流发展目标,即:"境界一流、管理一流、环境一流、师资一流、质量一流。"(理念明、管理细、环境美、师资优、质量高,每一项有过程资料,有数据呈现,最终品牌产品是学生水平)

2.育人目标

打造森林师生名片,彰显个性。

教师:厚德博学　因材施教　求真务实　与时俱进

学生:健康文明　博学多才　手脑并用　阳光上进

3.发展目标

打造全员名师队伍;塑造森林学生名片;完善绿色课程体系;构建绿色品牌课堂;建立绿色评价体系;本着"德行为先、文化立校、一校多品、全面发展"的办学方略和可持续发展的理念,把学校打造成一所奠基学生未来,成就教师幸福,教育质量优良,管理规范,文化氛围浓厚的可持续发展的、实施现代化教育的渝东南窗口学校,真正置身于时代前进的舞台,促进学校科学发展、和谐发展、可持续发展。

(二)绿色发展规划的具体目标及措施

1.绿色环境目标

(1)具体目标

环境是实施绿色教育的依托——构建绿色环境体系。围绕"绿色、阳光、整洁、可持续"的环境建设理念,逐步完善静态的物质环境和动态的人文环境建设,进一步增强校园环境的文化育人功能,实现人与环境的和谐统一。

(2)主要措施

第一,精心营造校园物质文化。一是坚持班级文化建设是校园文化建设主阵地的思路,按共性统一、个性突显的建设要求,坚持理念不动摇、方向不偏离的原则,发挥全体师生的创造性,建设完善班级文化;二是坚持环境文化影响人、教育人的建设思路,完善功能室文化、办公室文化、楼道文化、厕所文化、运动文化、休闲文化等方面的建设。

第二,不断完善设备设施建设。一是在2018年前,落实"全面改薄"底线二十一条要求;二是按学校特色课程建设要求,规划建设美术、音乐、体育、书法方面的特色功能室及设备;三是着眼学校信息化建设,利用五年时间,逐渐完善教室、办公室、功能室信息网络设备设施硬件建设,尝试引进"人人通"建设;四是全力促成校园扩建工程于2018年底之前动工,完成综合楼、新校门建设,实现学前教育、义务教育相对独立办学。

第三,不断加强精神文化建设。精神文化建设是一个复杂、系统的综合体,精神文化建设坚持不喊口号、不唱高调,摒弃形式主义,拒绝假大空,将校风、教风、学风建设有机地、润物细无声地融入学校整体的课程建设、制度建设、课堂教学及各项活动设计之中。

2.绿色管理目标

(1)具体目标

管理是实施绿色教育的基础。以《森林希望小学章程》为依据,完善学校规章制度,逐步实现精细管理,形成"人本、高效、规范"的内部管理体制。牢固树立管理即服务的理念,为学生发展服务,为教师发展服务。充分关注师生的发展需求,创设尊重、信任、关怀的人文环境,设计有利于教师发展的制度环境,打造优质品牌学校。

(2)主要措施

第一,理念认同。进一步明晰学校文化的内涵,组织讨论活动,逐步产生理念认同。以《森林希望小学章程》为依据,完善理念系统建设(校歌、吉祥物等),充分挖掘理念的内涵和外延。

第二,制度保证。改革、完善相应管理制度,保证制度建设的人文关怀与规范引领相结合,赋予制度以学校文化色彩,梳理、形成比较稳定的学校管理制度体系。注重在条文中突出"绿色教育奠基绿色人生的"办学理念、发展目标、价值追求等精神文化条款,赋制度以灵魂。加大制度执行力度,保证制度的规范性、严肃性。

第三,民主管理。坚持校务公开,重视教代会参与学校管理,保障教职工的知情权、参与权,创设尊重、民主、信任、关怀的人文环境。加强信息反馈机制建设,建立调研、座谈制度,拓展校内外对话渠道,畅通信息传递。每年多渠道地进行目标达成评价,各类满意度测评。将绩效评价与发展性评价相结合,发挥评价的反思与激励功能。

第四,高效管理。实行校长负责制,形成"法人治理、职权清晰、相互制衡"的领导体制。明确各个职能部门的工作标准,围绕目标层层展开工作。加强质量过程管理,实行全员岗位责任制,提高各个层面的运行效能。发挥分管人员职能,落实板块管理。

3.师资队伍建设目标

(1)具体目标

努力建设一支有教育情怀、厚德博学、业务精纯、与时俱进,能把"教育做成艺术"的研究型教师队伍。

(2)具体措施

第一,聚焦师德。始终坚持师德师风建设不放松,大力宣讲《森林希望小学教师基本素质要求》《森林希望小学教师礼仪规范》《森林希望小学师德建设的管理规定》。充分发挥教师在学校文化建设中的中流砥柱作用,开展"森林大讲堂——师德论坛",每次例会前后由教师轮流开讲,重点梳理和聚焦教师育德意识和遭遇的瓶颈。加强师德建设,充分利用评选"森林好教师"等手段和方式,弘扬身边的师德标兵。

第二,完善制度。将教师自主提升与学校要求相结合,分层(主要依据年龄划分,老幼有别)分类制订教师个人发展规划,建立教师个人发展档案,提高教师专业发展意识,完善教师专业发展评价体系,尝试建立起激发教师个性化发展的评价激励机制。探索将分阶段、分对象(自评与他评)所得到的评价结果与教师评职晋级挂钩。

第三，改革校本教研。坚持以教师发展为本，强化教研团队作用，裁减形而上学的校本研修内容，提升集体备课效率，开展"主题式"大教研组团队教研活动，提高校本培训的实效性。加强校本研修课程建设，不断创新和丰富校本研修内容，共建共享优质校本研修课程资源，加强校本研修的过程管理与评价。

第四，创新培养模式。全方位开展教师培养的顶层设计，从培养目标、培养阶段、培养内容、培养方式、培养师资等方面进行细化。大力推行"青蓝工程"和"五课制"的分层培训计划（"五课"是指新教师汇报课，青年教师展能课，中年教师特色课，资深教师示范课，骨干教师引领课），促进不同层面教师凸显个性与特征，分层发展，形成教师梯队。

4.德育工作目标

（1）具体目标

注重学生德育细节的培养，抓行动德育，树立森林学生阳光、博学、明礼、多才的形象。构建家校共育体系，形成积极开放、家校社会三位一体的德育氛围。开发德育系列校本教材，注重德育教育的学科渗透。

（2）主要措施

第一，探索建立绿色德育培养体系。将"六年"的德育工作作一个整体细化的安排，充分考虑各个年龄段学生的培养目标、内容、手段、方式，注重德育细节的培养，将行动德育落到实处，注重过程监控，加大评价力度。

第二，以"学生健全人格培养"为主线，积极实施养成教育。继续开展"八个一"德育常态工作。(即：每期制订一个严密的养成教育计划；每月一次班主任工作例会和月检；每周一次升旗仪式规范有特色；每周一个养成教育主题；每周一堂主题班会课；每周有值周教师和班级"小黄帽"值日；每周一期校园电视台直播节目；每天一次大课间活动及眼保健操）

第三，重视学生身心健康发展，扎实推进"阳光工程"，提升学生身体心理健康水平，关注特殊学生的个性成长，营造健康、阳光、快乐的校园氛围。

第四，强化学科德育功能。营造德育"一盘棋"的氛围，落实教师人人应育人，事事皆育人的理念，充分挖掘学科德育内涵，塑造学生健康和谐的人格，关注学生心理健康，发挥绿色班级文化对学生的影响教育作用。

5.绿色课程建设目标

(1)具体目标

未来学校的绿色课程开发应该包括:其一,德育课程(德育知识与运用、德育实践与运用);其二,健康课程(心理疏导、运动技能);其三,阅读课程(课内阅读课程、课外阅读课程);其四,科学课程(数学、科学、科技创新);其五,艺术课程(美术、书法、音乐、舞蹈等课程;进行国家、地方、学校三级课程整合,开发出适合本校的绿色艺术课程,让每一名学生受惠,让每一名学生都能掌握一门艺术特长);其六,实践课程(整合学校各类活动,如科技节、体育节、艺术节、阅读节,落实社会实践课程,加强对外交流、研学、访学等等)。

(2)具体措施

首先,绿色课程体系的构建本着整体规划、逐年完善的原则,采取校外专家团队指导、学校团队顶层设计框架、学校教师充实内容的模式进行。(这是未来五年内最具挑战性的工作,也是学校品牌建设的核心竞争力)

然后,广泛征求相关人士(专家、领导、教师、学生、家长)意见,力求绿色课程科学、完整、适用、合理。

6.绿色课堂建设目标

(1)具体目标

在绿色教育的理念下衍生出的"绿色课堂",以学生为本,着眼于学生的可持续发展,关注学生的生命成长。在遵循课堂教学规律的同时,注重学生人文素质的提高,用发展的眼光评价学生,用赏识的方法激励学生。绿色课堂是充满生机、高效的课堂。它需要我们每一位老师参与,运用科研手段,共同探索课程、课堂、课题、课改之间的科学联系与规律。它应是森林教师的共同的智慧结晶,得到教师、学生、家长、社会的广泛认可。同时,学校还会适时开发出配套的绿色课堂标准。

(2)具体措施

尝试从"生命、生态、生本、生活"四个方面入手进行绿色课堂构建。

第一,关注学生生命成长。教学始终围绕学生自由、生动成长的宗旨,不断努力解放学生,时刻关注生命成长,回归教育本真。

第二,关注学生学习生态。远离封闭的室内教学,提倡自主学习,崇尚研究性学习和探索性学习。教师的角色为设计者和促进者,学生由被动的教学信息接受者转变为具有创造性的学习者。

第三,坚持课堂以生为本。以学生为中心,从学生的认知与需求出发,让学生真正成为学习的主人,教师课堂教学由"教知识"转变为"教人"。

第四,生活化课堂。把学生的生活经验课堂化,并延展课堂时空,实现在小课堂中放眼大社会,让学生感受到课堂所学源于生活,享受课堂的趣与美。

7.绿色评价的目标

(1)具体目标

学生综合素质评价是一个方式多样、主体多元、关注学生全面发展的适合我校实际的评价体系,具有过程性、全面性、可量化、可积分、易操作等特点,可以形成一个评价报告,而且能做到客观、公正、开放。最后生成的评价报告,可以是分数,也可以是统计报告。这套评价体系以教师评价为主,辅以学生自我评价、学生小组评价、学生家长评价。

(2)具体措施

第一,教师评价系统建设。以森林教师各项评价制度(诸如:教师职称、岗位、出勤、奖励性加分、师德)为参考,结合绿色课程、绿色课堂实施的内容和要求进行设计。其重心在于为绿色课程、绿色课堂的实施保驾护航。

第二,学生评价体系建设。首先,构建评价的内容。"运动与健康""阅读与积累""艺术与审美""科技与创新""劳动与实践"为评价的主要内容。根据这几个内容,细化其具体的、有代表性的、可操作的评价体系。其次,建立评价制度。我们根据"中国学生发展核心素养"内容及要求,发挥评价的教育功能,促进学生在原有水平上的发展,建立全新的和学生发展核心素养育人目标相结合的综合素质评价体系,建立相应的评价制度。最后,探究评价方式。采用评价者、被评价者参与制定的双方认可的发展目标,运用适当的评价技术和方法,使学生不断认识自我、发展自我、完善自我,不断实现预期发展目标,最后形成评价者、被评价者对评价信息的建构。

四、绿色发展规划的实施和调整

（一）加强组织领导

首先，强化党支部建设，牢固树立"四个意识"，特别是核心意识和看齐意识，认真落实党风廉政建设"两个责任"，切实增强党支部书记抓党建的主业与主责意识，督促教师自觉践行"三严三实"和"两学一做"，做到对党忠诚、个人干净、敢于担当。

其次，切实加强对教育规划实施工作的领导。明确各科室的目标任务，建立健全实施机制，落实工作责任。将本规划的实施情况纳入分管领导和科室负责人绩效考核，完善考核机制和问责制度，确保规划目标的完成。

最后，加强安全稳定及后勤保障工作。牢固树立安全工作长期抓、抓长期的意识，按照"一岗双责"的要求和"谁主管、谁负责"的原则，提高安全管理水平，切实做好安全稳定工作。

（二）强化经费保障

首先，拓宽经费筹措渠道。建立以政府投入为主体，多元筹措教育经费的机制。确保教育经费支出的科学性和合理性，健全资产管理和财务会计制度。

其次，强化教育经费使用的精细化管理。围绕教育经费规划及预算编制的要求，优化支出结构，加强对教育经费使用的精细化管理。加强审计监督，实行重大项目、经费使用全过程监管。推进学校阳光财务，全面公开预决算。

（三）健全制度保障

首先，建立目标责任制度。对规划提出的目标任务进行分解，明确责任分工，制定具体可行的实施方案。对板块工作发展的重点任务和重大项目，制定时间表和路线图，让教师知晓。

其次，建立监测督导制度。完善对规划实施的监督检查机制，强化过程监管，每年对规划的实施情况进行跟踪监测，定期发布动态信息，及时总结各科室在实施规划中的经验教训，并积极推广先进经验。

第二节　绿色教师

教师是知识的传授者,学生课堂学习中的组织者和合作者,在学校教育中扮演着重要的角色。从某个层面讲,绿色教育的成功与否与教师队伍的建设密不可分。绿色教师是在绿色教育背景下应运而生的,是绿色教育扎根落地的重要载体。

一、绿色教育需要绿色教师

森林小学基于以人为本的发展观念,确定了"绿色教育奠基绿色人生"的办学理念。我们认为,绿色教育是一种教育思想,它涵盖环境与科学、人文与知识等多个方面,是一种人与人、人与自然高度和谐的教育,也是一种人文素养与科学精神相融的教育。它是一种原生态的自然教育,但绝不是放任自流的教育,深刻地体现了教育"培养人、塑造人"的本质。绿色教育的理念是回归生态,寻找学生的童趣、天真与好奇[①]。绿色教育的愿景:教师以教书育人为乐,实现了自己的人生价值;学生以愉快学习为伴,奠定健全人格和知识基础,拥有最绚烂的童年;学校以不断进取为荣,实现可持续发展。

二、绿色教师的理念和特征

绿色教育要求教师不仅是知识的传授者,更是学生心灵的引导者。这就要求教师具有极高的职业道德素质。教师教育,以师德为魂,教师职业道德的好坏直接影响人才培养的质量。教育的本质就是人的发展,前提就是"立德"。教师道德是一定社会的人们对教师与他人(包括社会、学生、家长、自身)应然关系的反思、认同和实践,以及在此基础上形成的关于教师应当如何的价值观念、行为品格、规范行为[①]。教师职业道德即师德,是教师专业发展的重要维度,是全面振兴教师教育的关键所在。

---

① 张同祥.绿色教育[N].中国教师报,2012-12-19(006).
① 王素月,罗生全,赵正.教师道德的多层次发展逻辑及其结构模型[J].教育研究,2019,40(10):143-152.

三、绿色教师队伍的培养和发展

教师是一所学校最大的财富,更是学校发展的源动力。未来为了更好地实施绿色教育,培养绿色教师,打造绿色教师队伍,我们准备从以下方面入手:

(一)铸师德

教师职业道德建设是我国当下建立高素质专业型教师队伍的核心,是人民教师崇高历史使命的必然要求。因此,森林小学要始终坚持师德师风建设不放松,一方面,要将师德考核纳入教师考核评价体系,并摆在教师考核的第一标准,完善师德考核办法,建立健全师德考核档案,建立师德监督机制,开展师德建设专项督导。另一方面,充分发挥教师在学校文化建设中的中流砥柱的作用,比如,开展"森林大讲堂——师德论坛"、弘扬身边的师德标兵、大力宣讲《森林小学教师基本素质要求》《森林小学教师礼仪规范》《森林小学师德建设的管理规定》等。铸师魂,扬师德,形成常态。正如《礼记·学记》曰:"君子既知教之所由兴,又知教之所由废,然后可以为师也"。唯有不断加强师德教育,增加广大人民教师教书育人的责任感和使命感,让他们成为善良的使者、挚爱的化身,才能使他们担起新时代教育发展赋予他们的责任。

(二)完善教师发展相关制度

不同生活领域内教师依据的道德原则不相同。随着教师职业生活向教师专业生活的转变,教师职业道德也逐渐向教师专业道德转型[1]。面对新的形势,如何推进落实教师队伍建设工作,让这些制度深入落实、扎实推进、发挥作用呢?首先,完善教师专业发展评价体系,尝试建立起激发教师个性化发展的评价激励机制。探索将分阶段、分对象(自评与他评)所得到的评价结果与教师评职晋级挂钩。新的时代,新的问题,已有的制度规范不可避免地存在不足之处,要结合新形势,落实细化当前制度,及时修正不符合实际的内容。其次,结合教师发展需要和实际,进一步做好教师专业发展工作。将教师自主提升与学校要求相结合,分层分类制订教师个人发展规划,建立教师个人发展档案,提高教师专业发展意识。最后,严格考核与督导,建立健全教育、宣传、考核、监督与奖惩相结合的教师专业发展工作机制。

---

[1] 苏启敏.论教师专业道德的实践品格[J].教育研究,2013,34(11):119-128.

（三）改革校本教研

坚持以教师发展为本，强化教研团队作用，裁减形而上学的校本研修内容，开展"主题式"大教研组团队教研活动，提高校本培训的实效性。加强校本研修课程建设，不断创新和丰富校本研修内容，共建共享优质校本研修课程资源，加强校本研修的过程管理与评价。

（四）创新培养模式

全方位开展教师培养的顶层设计，从培养目标、培养阶段、培养内容、培养方式、培养师资等方面进行细化。大力推行"青蓝工程"和"五课制"的分层培训计划（"五课"是指新教师汇报课，青年教师展能课，中年教师特色课，资深教师示范课，骨干教师引领课），促进不同层面教师凸显个性与特征，分层发展，形成教师梯队。优化各级各类培训，提高教师培训的针对性和有效性。实施教师学历提升计划，鼓励教师进行学历提升培训，凡在入职森林后进行学历提升培训者，由学校承担教师学历提升规定学费的80%。

（五）搭建培训平台

在教师专业化命题成为教育学领域一种共识之后，而作为实现教师专业化的主渠道—教师培训，其专业化问题则成为新的关注点[①]。为优秀教师成长创建更多学习、交流、展示、示范、辐射的机会，扩大我校优秀教师在市、县层面的影响力。加大骨干教师培养力度，学校支持中青年教师参加市级置换脱产培训及其他相关层次的培训，鼓励教师参加市、县骨干教师的评定，从2017年秋开始，根据《森林小学名师培养方案》《森林小学学科骨干教师评定标准》开展新一轮校级骨干教师的评定，通过多种途径、方式落实骨干教师待遇，体现骨干教师的专业尊严，充分发挥骨干教师在学校教育教学中的引领作用。

---

① 朱旭东,宋萑.论教师培训的核心要素[J].教师教育研究,2013,25(03):1-8.

第三节 绿色班级

16世纪,文艺复兴时期著名的教育家埃拉斯莫斯率先正式使用"班级"一词,17世纪,捷克教育家夸美纽斯最早在《大教学论》中对班级授课制进行了系统描述,奠定了班级组织的理论基础。班级作为学校最基础的管理单位,是学校权力与教育影响能够辐射到的最初级的单元。针对班级中存在的集体意识缺位、学习能动性不足、学生心理脆弱、缺乏责任感、逆反性强等现状,引入绿色教育理念,打造创新型班级管理模式,可以为学生构建可持续的、生态性的、和谐的发展环境。

一、绿色班级的理念和特征

(一)绿色班级的理念

在班级管理中,我们也要有绿色管理意识,从班级的各个方面入手,平衡班级管理中的各种因素,让学生能够在班级中自主健康地成长[②]。绿色班级是绿色教育理念在实践过程中衍生出来的小微社会环境,在这个环境中,以可持续发展、素质教育以及解放天性作为理论指导,促进学生与学生之间、学生与老师之间、学生与自然之间、学生与社会之间形成良性的发展循环与圈层,建立"绿色、和谐、民主、发展"的班级环境。

在绿色教育理念引导下,学校班级管理将打造一种健康和谐的自然、物质、文化心理、教育管理环境,促进师生共同发展。在绿色理念的影响和推动下,班级管理将实现以下目标:其一,在学习氛围上,形成有活力、向心力强、自发性学习氛围浓厚;其二,在学生交往行为上,使学生人际关系融洽、循规蹈矩、品德良好;其三,在育人目标上,实现学生的学习、生活、健康与责任四者之间的平衡。

(二)绿色班级的特征

1.自然——绿色合理的环境建设

环境对人的发展具有重大影响。当下,环境教育包括了三个方面:家庭环境、

[②] 吴小青.绿色班级管理之特征[J].教书育人,2020(04):71.

学校环境、社会环境,而班级环境属于校园环境。因此,现在的小学教育不能忽视校园环境,尤其是班级环境的影响,温暖和谐的班集体环境能使学生性格活泼、心理健康、行为具有理性,并善于交往。学校理应为儿童的成长提供一个适宜的、充满关爱和自由的班级环境。

森林小学在绿色教育理念指导下形成了以"绿色教育奠基绿色人生"的办学理念,同时深化"顺木之天、以致其性"发展观,在以绿色教育为导向的实践探索中,绿色教育理念的深入贯彻离不开外部环境的改善,班级自然环境建设是重要一环。教室是师生活动的主要场所,在对学生的教育过程中,需要让学生意识并感受到生态、绿色、环保的重要意义。

2. 发展——可持续性的学习氛围创造

推动人的全面发展是马克思主义的本质要求。人是社会之本,一切发展都是要以人为中心的,人的生命是引领一切的本源和主宰。学生发展在本质上是实践性的,发展的概念意味着持久的变化。

因此,在绿色班级中,将"发展"作为师生安身立命的根本,教育教学以落实立德树人根本任务为准则,立足于学生的全面发展,秉持"以人为本"的教育本质,倡导构建可持续性的学习氛围,帮助学生达到趣味学习、自我学习、全面学习。在这样的环境中,老师不仅是知识的传授者,更是心灵的引导者。教师更重要的使命是"育人""成才",完成学生的信心教育,自律教育、理想教育,帮助学生培养优秀的学习习惯,达成智力与能力的统一,造就真正的发展型人才。班主任要善于组织学生开展丰富多彩的环保活动,且活动形式和内容应充分体现学生的主体地,尊重学生的意愿,力求贴近学生生活和已有经验,让学生在活动中体验、感悟、发展[1]。

3. 和谐——健康平等的人际环境打造

当下,和谐理念也被运用到教育发展中,尤其是在对班级的建设和管理中,绿色教育理念倡导绿色班级的建立,以和谐为基本,打造健康平等的人际交往环境。班级作为学生集体的基层组织,是学校教育教学得以正常进行的基本载体,也是师生进行信息交流、开展活动的主要场所。班级是一个综合体,在这个集体中,除了教师,还包括许多性格迥异、发展水平不一、理想追求各异的学生。绿色班级基于

---

[1] 吴梅芬,凌伯军.创建"绿色"班级文化——谈班级文化建设实践与探究[J].环境教育,2016(06):61-63.

"和谐"的教育发展观念,倡导平等和谐的人际关系与学生德智体美各方面和谐的发展。具体表现如下:其一,学生与教师之间的和谐。教师在课堂上不应该扮演一个权威的"家长型"角色,最重要的是倾听,帮助孩子树立正确的观念,以平等对话的方式,构建良性互动,引导学生学会理解差异、包容差异,打造健康平等的人际交往环境;其二,学生与学生之间的和谐。在学生合作的过程中,要养成合作意识,学生需要张扬自己的个性,但是应该减少"说服力"与"压迫感",营造良好的班级氛围;其三,教师与家长之间的和谐。教师和家长有一个共同的目标——希望孩子成人成才,因此,家长和教师应该经常沟通,探讨、研究教育孩子的方法,达成基本共识。

4. 民主——学生主体的班级管理

当下,在绿色教育理念的引导下,我们着力打造绿色班级。在绿色班级建设中,"民主"一词的意义主要指向被管理者,即学生,意为让学生舒张个性,实现全面发展的自由[②]。绿色班级的教育理念倡导以人为本,遵循民主原则,实现班级管理民主化和科学化,这无疑是班级管理的最高境界,也是教育教学的成功体现。在这样的班集体中,一方面,教师不再是知识权威的代表,而是以引导者、组织者、促进者的身份与学生一起学习、探讨、交流,调动学生的学习积极性、主动性。学生是被管理对象,同时也应该是管理的主体。"最好的教育是自我教育",这一句话是绿色教育的关键所在,教师应该摆脱"保姆"标签,学生应该在教育环节拥有更多的自主权。另一方面,师生都要遵循一定的规律,齐心协力,创造出一个好的班级环境,学生在此生活学习,健康成长,乐在其中;教师上课兴趣盎然,乐在其中,师生彼此都从中获益。

二、绿色班级的远景与目标

绿色班级是一种培养与实践理念,通过班级这一基础的社群单位对学生与老师进行影响,从而在一定程度上帮助学生构建健全、健康的世界观、人生观和价值观,同时,也可以对学生的能力进行针对性训练。绿色班级是以绿色教育为理论基石,帮助培养学生积极乐观的生活态度、全面均衡的能力、健康稳定的情绪与性格

[②] 苏艳芳.浅谈"绿色班级"的创建[J].生活教育,2014(07):101.

的一种教育工具。

(一)绿色班级的远景

森林小学绿色教育中的"绿色"的含义包含了可持续性、自然等,绿色班级倡导学生在自由、民主的环境中生活与成长,关注自己的天性,不压抑自己的爱好,积极发展特长,成为全面均衡但又自立的人才。因此,绿色班级的核心在于"以人为本",班级的发展以人的发展作为前提,以培养适应社会发展的通识性人才为愿景,进行教学内容设计与方式升级,以期建设更具竞争力、更健康、更有特点的人才资源库,要培养出适合社会发展、身心健康、乐观积极、全面均衡的人才。

(二)绿色班级的目标

绿色班级的远景从宏观层面上看,是输送或培养具有高素质、健康、拥有优质生态观念的人才。但从建设目标来看,绿色班级不仅仅涉及人才队伍的建设,更涉及教育理念的更新、教育机制的升级、教育重点的转移或平衡等,绿色班级是新时代社会发展潮流的必然产物,也是绿色理念引导和实践的关键性环节,它拥有多维的建设目标:

1.建立自然、和谐、健康的生态教学环境

绿色班级从狭义上讲是生态的、环保的班级,从广义上讲,是自然、和谐、健康的教育理念、愿景、方式等结合产生的,且更适合人才培养的环境。绿色班级需要师生共同维护,通过观念传递、社会实践、反馈更新等多种方式进行班级建设,最后打造出生态环保、人才奋进、关系和谐的教学环境。

2.创新可持续发展的长效成长教育机制

在传统教育过程中,学生通常处于被动接受信息的教育地位,教师与家长通过外在刺激帮助学生进行学习。由于外部环境或因素差异明显,且不具有统一规范的操作空间,因此,人才教育的结果往往会根据不同的"师者"的变化而变化。绿色班级教学以建设"自律学习、自发成长"的教育机制为目标,希望改善学生与老师、学生与家长之间的关系,从而实现学生与老师、学生与家长之间的平等,老师与家长可以通过正确的方式引导与支持、帮助学生建立健康人格。

3.培养真正的高素质人才

一切的教育理念、工具、手段的运用,都是以人才建设作为最终目标。绿色教育可以通过重塑教育理念、创新教育机制、升级校园文化等多种方式进行人才培养,优质的教学理念与方式可以培养出更具有持续发展能力的人才。绿色班级可以帮助学生创建绿色人生,即充满希望、和谐、积极向上,具有健全人格、知识技能基础和价值品位的人生。当学生完成了小学、中学、大学等一系列教育过程后,可以真正融入社会,并拥有健康、坚韧的品格,这是绿色班级建设的最终目标。

三、绿色班级的形成和发展

森林小学的教育目标:实施绿色教育,为学生整个绿色教育奠定基础,学校重在育人,而育人为本重在学生发展。我们的教育理念:德行为先,全面发展。让每一个孩子的人生充满希望、生机、活力,成为具有健全人格、知识技能和价值品位的人,而要将这些具体落实! 班级成为播种、生长、收获的基地。

(一)绿色班级的形成

班级,是学校的基本单位,班级教学是现代最具代表性的一种教育形态。森林小学的每一个班级都是由两位班主任(正、副班主任)和几位学科教师与一群学生共同组成,整个学校教育功能的发挥主要是在班级活动中实现的。

第一,班主任主要管理班级全面事务,包括:品德、学习、纪律、卫生、体育、安全等等。副班主任同样兼管这些事务,如班主任外出学习不在校时,全权管理班级方方面面。其他任课老师们在课上、课下仍然要承担学生全面发展的育人任务。

第二,一个班级的形成,还需要较为完善的班委组织,森林小学各班班主任都有自己的班主任观,他们用各种各样的方式组建自己的班委组织,相同的是都以学生发展为主。成立好班委组织后,老师们用大胆放手的管理方式培养学生,低年级陪着他们管理,中年级适度放手监督,到了高年级很多班委干部都能独当一面了。这样的方式,让学生有了真正意义上的成长。森林小学的各个班的学生在组织能力、管理能力等方面都较为突出。

第三,森林小学的每一个班级都是育人小阵地。首先,体现在这是一个师生的生活共同体。在近六十米空间里,师生一起活动,我们遵守校规,尊重自己的班级公约。师生的目标在每个班的班训里,师生的行为准则在自主制定的《班级公约》里,在《小学生守则》里。每一位老师遵守教师职责的相关规定,爱生爱教,以身作则,榜样示范。

(二)绿色班级的发展

1.绿色班级文化构建

一个班级就是一个社会,班级社会是一种教育制度,又是一种文化模式,其核心内容就是班级文化。建设良好的班级文化是学校文化建设工作中的重要组成部分,班级文化建设是一个动态的过程,只有群体主动参与创造班级文化,才能形成共同的价值取向,使学生获得创造的自由与发展的空间[①]。总之,教室里的一切都是在为奠定学生的绿色人生创造一个和谐、自然的学习和生活环境。

基于森林小学育人理念,培养核心是"以为为本",班级的一切都围绕人的发展而进行,各个班级又是怎样来打造学校大理念之下的个性化班级文化的呢?

首先,绿色是希望的象征,每间教室因为有绿植的装饰与陪衬,显得非常自然、美好而和谐。比如,木质的班训牌、木质的书柜、木质的讲桌、木质的桌椅,木质的收纳柜等,这些如同学校的育人理念,可持续、可长久的再利用,并且潜移默化地影响学生。

其次,在班训上,学校做了一个不成文的规定:建议各班选用植物(树、花、草)等植物作为班名或中队名。然后在所选植物上挖掘特点,提炼出每个班的班训,每间教室里摆放着所选绿植,每间教室绿意盎然,充满了生命的蓬勃的力量!孩子们在成长过程中,老师们会针对孩子们出现的问题因材施教,通过使学生牢记班训,深入理解班训内涵,然后来引导行为。每一个中队的孩子都在六年的学习、理解、感悟中将班训烙印心中,这将伴随他一生的成长。

最后,教室的两侧有学校统一布置的板块:班级宣传栏,张贴着班级公约、有、课程表、值日生信息等。每个班级还有"一训三风"板块,包括学校的办学理念、校训、校风、教风、学风,时时处处指引学生的发展方向。每间教室还有孩子们的"自我天地"。

---

① 海国华.积极建设班级文化 构建学生精神家园[J].中国教育学刊,2008(08):25-27.

2.绿色班级活动开展

健康绿色的综合实践活动,不仅能使学生形成人与人之间,人与集体之间的和谐意识,还能让孩子们在活动中体验成功感、自豪感[①]。活动教育的宗旨是,让学生在活动中生动活泼、主动地成长,作为班级承载的活动,既有课堂教学,又有德育、学生能力、艺体等方面的活动,主要包括两个方面:

(1)班级的自主活动

班级活动,是在各个班的班主任指导下,有目的、有计划地为实现班级教育目标而举行的种种教育、教学实践活动,是集体形成的基础,发展的催华剂。班级活动的目的与学校的教育目标是一致的,都是为了促进学生德、智、体、美、劳等方面的全面发展。

首先,每个班还有自己开展的丰富多彩的活动,如各科教学中涉及的活动,如书写评比、才艺展示、绘画能手、读书之星、故事大王、演讲、辩论等活动,这些活动都有利于学生的个人成长,老师们正是在这些班级活动中,让学生自主积极参与,孩子们的人际交往能力,活动的组织能力、团结协作的意识都得到大幅度的提高。

然后,每学期,学校德育部就学生的学习、能力发展拟定年段计划,然后分年段确定目标,拟定学生的各项活动。每一个班级就在是德育部总计划、大目标的指引下开展主题班会活动

(2)学校的集体活动

为了学生的均衡发展,学校积极为师生提供展示平台,森林小学作为学校层面,一直给师生提供着丰富多彩的活动,师生都谨记:森林大舞台,有我更精彩!

第一,开学初有开学典礼,在学生在庄严、隆重的仪式感中,激起自己全面新学期新打算的热情,以最快、最好的方式投入到新一学期的学习之中去。学期结束有散学典礼,在学生在满满收获的仪式感中获取成就感,激起新的学习和生活的热情。毕业时会评选森林小学最高荣誉奖——森林"小博士",他们在评比过程中大放异彩,让人叹服!毕业典礼的仪式中,孩子们感恩老师,感恩母校,接受人生洗礼,更加热爱生活。

第二,在春季,有现场作文大赛,学生书画展示,读书月中的"快乐书市",一年

[①] 冯丹萍.构建绿色的综合实践活动[J].作文成功之路(下),2017(02):21.

一度欢庆"六一"活动等等,中高段的球类比赛等等。

第三,在秋季。一年一度的校运动会,"一二九"歌咏比赛等等。还有每周二、四的各类社团活动、每个月的主题黑板报活动、每个班轮流承担升旗仪式活动等。这些活动都是在老师的指导、排练下完成的。

第四节 绿色评价

在以绿色教育为导向的实践探索中,评价改革是促进绿色教育的源动力。通过多年实践,从评价对象出发,学校逐渐建立起学生发展评价、教师发展评价、学校发展评价等维度的"绿色评价体系",形成了具体的实践流程,开发了配套的评价工具,开展了由"筛"到"泵"的评价研究。

一、绿色评价的价值原则

(一)绿色评价的价值

绿色教育实施的统称为绿色评价。绿色评价是绿色教育建构和实践的价值导向和动力系统,起着引领发展的重要作用。绿色评价基于传统的评价,重新构建较为完善和科学的评价体系,大刀阔斧地改革传统评价中的不足,重点在于彰显"评价"在绿色教育中的引力作用和导航功能。绿色评价是绿色教育的生根发芽的源动力。

评价能帮助学生明确努力方向。正确的评价要有比较明确的目的性,它可以使学生了解自己对于学习目标的完成程度,唤起学生新的认知需要和成就需要,从而引导学生朝着正确的方向发展[①]。

1.以绿色评价激发学校发展活力

科学运用绿色评价,能够激发学生、教师、学校的内在发展动力,有效挖掘三者的发展潜力,激发其生命活力,提高其主动性和创新性,从而达到自我革新,共同发

[①] 马林妹.绿色教育:课堂评价语的巧妙运用[J].新课程(综合版),2013(10):57-58.

展的目的。

2.以绿色评价促进学校文化管理

绿色文化渗透于学校的全面发展之中,有效提升学校管理和教育教学的发展。而绿色评价在这个过程中起着重要的作用,我们通过观察学生、教师、学校三者评价主体,开展多维度监测、调控,为学校文化管理保驾护航。

3.以绿色评价推动学校内涵发展

"绿色教育奠基绿色人生"是学校的办学理念。要奠基师生的绿色人生,实现学生、教师、学校三者的可持续发展,绿色评价的介入至关重要。我们通过评价改革促进学生个性发展,教师专业发展,学校特色发展,促进三者的可持续发展,从而实现丰厚学校内涵发展的目标。

4.以绿色评价引领学校教育创新

《国家中长期教育发展规划纲要(2010—2020年)》要求"把改革创新作为教育发展的强大动力。教育要发展,根本靠改革",并且"鼓励地方和学校大胆探索和实验""改革教育质量评价和人才制度"[2]。作为重庆市教育质量综合评价改革试点项目学校,绿色评价已经成为学校整体发展战略的重要组成部分,引领着学校的教育改革创新。绿色评价的原则

绿色评价是以学校发展现状,学校过程发展为评价对象,以学生、教师、学校为评价主体,管控学校发展,调控学校发展方向,为学校的可持续发展提供科学方法,它主要遵循以下原则:

1.导向性与自主性相结合的原则

绿色评价通过诊断学校发展现状,引导学校自我诊断,让学校始终保持科学发展的态势,激励学校不断进步,自我革新,自我完善,以此促进学校整体发展。学校、教师、学生都是评价的主体,三者是皆是通过自我诊断与评价,要充分尊重他们的主体地位,挖掘他们自身发展的潜能,开拓发展时空,发挥评价主体的主动性和创造性,让三者自我正确认识,才能真正带动学校的可持续发展。

---

[2] 国家中长期教育发展规划纲要(2010—2020年)[EB/OL].http://www.moe.gov.cn/jyb_xwfb/s6052/moe_838/201008/t20100802_93704.html,2020-07-29.

2.定量与定性相结合的原则

绿色评价通过建立数据平台,通过过程管理的大量数据积累,开展大数据梳理对比,以此正确认识自我,促进自我发展。同时,还通过家庭与社会定性评价,对学校整体发展提供参考意见,从而有效提高学校整体发展。

3.全面化与个性化相结合的原则

绿色评价针对学校、教师、学生做项目上的全方位评价,关注学生的德智体美劳全面发展。对三者进行诊断评估,为未来发展方向导航,以此引领学校整体水平良性发展。与此同时,也为教师和学生个体的诊断和评估进行量身打造,以此促进师生个性发展,学校的特色发展,从而提高学校的整体办学水平。

4.发展性与激励性相结合的原则

发展性原则要求学校改革创新要保证学校规划、教师发展计划以及学生发展需在原有的基础上都有所发展。学校办学取得的成绩仅是暂时的现实状态,不能止步不前,要以发展的眼光观察和思考学校的未来发展变化。同时,通过各种激励性的手段,竭尽所能调动一切有利于学校发展的积极因素,使得激励机制始终如一,随着发展进行动态变化,让学校搭上高速发展之列车。

二、绿色评价的体系构建

结合学校的办学理念——"绿色教育奠基绿色人生",绿色教育的实施旨在奠基师生的绿色人生,形成三者的可持续发展态势。学校构建的绿色评价体系从评价对象出发,重点关注学生、教师、学校三者的一体化、和谐发展,分别从学生、教师、学校三个方面的进行测试和评估。这种自主性、校本化评价手段,不仅是其自身发展的内在需要,更是学校掌握学校发展状况、诊断学校教育得失、提升学校整体教育质量的必备手段。为此,学校建构了学生综合素质评价、教师专业成长评价、学校发展性评价三位一体的绿色评价体系。而这三者无一例外皆指向学校的教育对象——学生,以学生为中心进行评价,关注学生的发展,为学生的绿色人生奠基。这也正好符合新课程改革的核心理念:一切为了学生的发展。同时,也与2016年北京师范大学课题组发布的《中国学生发展核心素养》指向关注"人"本身的全面发展是一脉相承的。三种评价通过诊断、评估,为三者的发展导航,相互影响,互相促进,形成良性循环态势,全力构建学校的绿色评价体系。

三、绿色评价的基本方法

(一)学生综合素质评价

1.评价内容全面化

对学生的评价不能一味地盲从应试教育的"唯分数论",这种单一、固执的评价方式将学生的个性化发展掩埋,生产出千人一面的模式化"产品"。学生是具有主体创造性、独立完整性以及自我发展性的个体,所以,在评价的内容上,应该摒弃传统应试教育的分数崇拜,转而关注学生发展的过程,这个过程包括学生的学习态度、学习目标、学习习惯、课堂表现、行为举止等。与此同时,在终身教育理念指导下,还必须关注学生的生命成长,把素质教育、终身学习的理念贯彻到整个教育过程中,转变传统的"筛"到奠基绿色人生的"泵",引领学生可持续发展,为学生奠基绿色人生保驾护航。

2.评价方式多样化

在全面推进素质教育的今天,森林小学实行开放的"网络评价系统"。2017年,森林小学成功申报市级重点课题"基于核心素养下构建小学生综合素质评价体系的实践研究",尝试构建网上学生评价系统,它能及时地对学生的表现,阶段性的能力展示,阶段性的自我发展进行实时评价,实现真正的多元评价。家长、学科教师、同伴皆可以通过手机参与其中,使得评价更全面,更科学,更及时。

这种"网上评价体系"可根据学校评价所需设计多元评价窗口,各个评价窗口按各级指标设定评价键,评价均可一键完成,如需特别说明可在下拉菜单中添加。比如一级评价窗口设为"自我展示""同伴互评""师生互动""家校互动"四个。在一级窗口下面根据"责任与担当""运动与健康""阅读与积累""艺术与审美""科技与创新""劳动与实践"六大课程体系分设二级指标。二级指标下根据评价目标分设评价按钮,学生本人和生生之间、老师、家长,在评价按钮中直接点击选择评价即可生成评价结果。如有特殊说明,可选择评价按钮中的添加菜单,即可填写内容。如在"自我展示"下的"艺术与审美"中,学生可以根据评价指标的内容把自己的艺术类作品等通过添加方式上传到评价系统中。同时,为了最大限度地减轻老师评价的工作量,避免"穿新鞋走老路"的尴尬。系统设置时增添对"一般表现"的同学由系统自动进行评价,"特别表现"的学生由教师进行特别评价的功能。

3. 评价主体多元化和互动化

传统的评价基本上是班主任一个人的评价,这种评价太狭窄,个人主观印象太重。为了达成高质量的评价,学校尝试构建一个方式多样、主体多元、关注学生全面发展的评价体系。这套评价体系以教师评价为主,辅以学生自我评价、学生小组评价、学生家长评价四位一体的联合评价体系。多元的评价更科学,更具有客观性。要让学生和家长成为教育评价的积极参与者,并结合学生的自我评价和家长评价发展学生的评价能力。从教师一元化评价转向师生互动、家校互动、生生互动;将学生自评、互评、家长和教师的评价合理地结合起来;将课堂评价、社会评价和家庭评价有机结合,将学业评价与实践评价、能力评价有机结合;将作业评价、成绩评价和道德品质、文明行为评价有机结合;将网络评价与现实评价有机结合。这样的评价才能起到引领和为学生绿色人生奠基的作用。

4. 评价过程动态化和发展化

在过程方法方面,关注长效[1]。传统的学生评价基本是班主任一个人在办公室进行"批量生产"的。这种评价主观性太强,评价结果不具备个体属性。当然,过程性的评价根本就没有。学生的评价应该具有动态发展性原则。即由阶段性评价变成动态性评价、随机评价,阶段性评价只能对一个学生某一阶段的表现和学业成绩作出评价,这对发展迅速的小学生来说,评价的结果是很不客观和公正的,所以"对学生评价要用发展的观点、发展的眼光去评价。这样有利于学生不断地朝着好的方向和更高的目标去努力"。只有这样,才能看出一个学生是不是有潜质,是不是在不断进步。同时,这样的评价真实可信,个体属性明显。网上评价系统是一个虚拟的世界,模块设置生动,内容丰富多样,学生参与无拘无束,学生能将自己最真实的表现和能力展示出来。同时,也避免了现实生活中的虚假性评价,让所有的评价内容更真实,也只有真实的评价才能助推孩子的更好成长。

---

[1] 从"绿色评价"到"绿色教育"[J]. 人民教育, 2016(08): 67-68.

(二)教师专业成长评价方案

绿色教育理念认为,教育要尊重学生的人格、生命价值,改善学生成长的环境,促进学生和教师的可持续发展[①]。教师作为教育中的关键力量,是教育的核心和根本,教师专业化是世界教师教育发展的趋势和潮流,也是我国教师教育改革的需要和方向。为加强全校教师队伍建设,调动教师工作的积极性,激发教师工作创造性,提高教育教学质量,根据《中华人民共和国教师法》《中华人民共和国义务教育法》以及各类教师职业道德规范,基于《森林希望小学制度汇编》进行整体改革,保持整体评价框架不变,对评价内容做调整,结合实际,出台了《森林希望小学教师综合评价方案》。

1.指导思想

《基础教育课程改革纲要(试行)》指出:"建立促进教师不断提高的评价体系。强调教师对自己教学行为的分析与反思,建立以教师自评为主,校长、教师、学生、家长共同参与的评价制度,使教师从多种渠道获得信息,不断提高教学水平。"森林小学教师专业成长评价方案根据《森林希望小学教师综合评价方案》的精神,遵循教育规律,坚持以人为本、德育为先,全面、多元、系统的考核教师的德、才、能、绩,引导教师对自己的专业成长做出客观评价和深度反思,提高整个学校教师队伍的素质。

2.基本原则

(1)以教师为本、尊重教育规律。尊重教师的主体性,充分考虑教师工作的复杂性、育人性、长期性、实践性等特征。

对全校教师实行分类评价,按主要工作内容不同,平行分为教育管理和学科教育教学两大类,教育管理类分行政管理和后勤保障两类,全体校委会成员纳入行政管理类,负责相关后勤工作占主导地位的非校委会成员纳入后勤保障类;学科教育教学分语文、数学、英语、幼儿、音乐、体育、美术书法、信息技术等类别,学科教育教学分类以教师任教学科为依据,任多学科教师按个人课时量占比高的学科进行归类。所有教师以学期为单位,采用积分量化的方式对相关人员进行综合评价。

[①] 綦春霞,李文,李孝诚.绿色教育观下的初中数学课堂教学改进——基于3所初中项目校数学课堂教学现状的反思[J].中国教师.2012(09).

（2）以师德为先，兼重实绩。包括完善教师专业发展标准体系，把师德考评放在首位，同时注重教师教学的成果以及在岗的实际表现和贡献。学校构建了《森林小学师德建设的管理规定》，实行师德师风一票否决。师德师风10分，作为全校教师的统一量化考核标准。这样既明确定位了师德师风在教师考核的核心地位，又体现了师德与工作业绩并重的和谐发展。

（3）鼓励先进，树立典型，促进发展。发掘教师的先进事迹，培养模范教师，以点带面，引导教师群体不断提高自身思想素质和教学能力，促进教师专业发展。学校出台教师评优评先制度，每年教师节评选"优秀教师""优秀班主任""优秀备课组长""优秀年级组长""先进工作者"等，肯定教师贡献，引领教师发展，促进学校发展。

（4）公正公开，简便易行。坚持实事求是、民主公开，科学合理、程序规范，讲求实效，力戒烦琐。学校完善森林希望小学制度建设，让每一项管理制度置于阳光下，公开透明。任何管理制度的制定和修改皆通过职代会，获得教师代表的认可和同意，让每一名教师当家作主，发挥主人翁精神，共同构建学校文化。同时，工会坚持校务公开制度，将每一项重大的决策即使在校务公开栏和学校工作群（qq群）及时公示。

3.评价方法

为了促进教师专业发展，开展教师专业成长评价，学校决定对教师实行"分类评价"方法，引导教师爱岗敬业、潜心育人、乐于实践，将教师的自我发展、自我完善、教学研究、开拓创新融入日常的教育教学过程之中。"分类评价"具体操作方法如下：

在分类上，按主要工作内容不同，平行分为教育管理和学科教育教学两大类。教育管理类分为行政管理和后勤保障两类，全体校委会成员纳入行政管理类，负责相关后勤工作占主导地位的非校委会成员纳入后勤保障类。学科教育教学分为语文、数学、英语、幼儿、音乐、体育、美术书法、信息技术等类别（因学校课程设置原因，需要增添或删减人员分类情况的，由教导处在学期开学时公示）。学科教育教学分类以教师任教学科为依据，任多个学科教师按个人课时量占比高的学科进行归类。如下图所示：

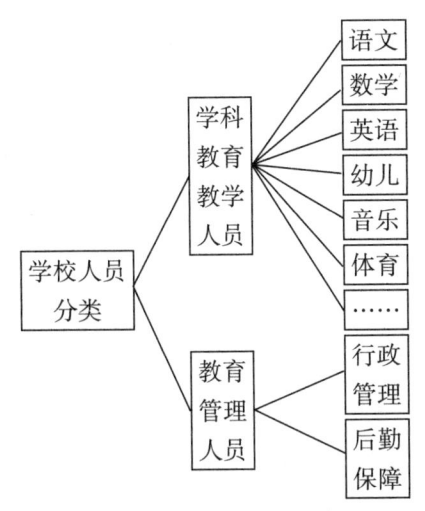

```
                              ┌─ 语文
                              ├─ 数学
                   ┌ 学科      ├─ 英语
                   │ 教育  ────┼─ 幼儿
                   │ 教学      ├─ 音乐
                   │ 人员      ├─ 体育
学校人员 ─┤                   └─ ……
  分类    │
          │ 教育       ┌─ 行政管理
          └ 管理  ─────┤
            人员       └─ 后勤保障
```

在评价方式上,采用综合评价积分量化标准(依据):各类人员常规工作积分起评分均为120分,按相关评价方案加分或扣分后计入个人学期常规工作总分,其中,教育管理类人员按《森林希望小学教育管理岗位考核方案》执行(另附),分别按相关制度、方案进行考核评价;各类人员奖励性加分执行《森林希望小学教师奖励性计分办法》。

在评价内容上,所有教师以学期为单位,采用积分量化的方式对相关人员进行综合评价。学科教育教学类人员按师德师风10分、岗位出勤10分、学科质量30分、专业提升20分、课程建设20分、岗位育人10分、安全保障10分、交办任务10分的量化指标。如下表所示:

教师专业成长考评内容:

类别	师德师风	岗位出勤	学科质量	专业提升	课程建设	岗位育人	安全保障	交办任务
分数	10	10	30	20	20	10	10	10

从"专业提升"和"课程建设"两大板块所占的评分比例看,学校更为关注教师的专业成长,以此建构以人的发展为核心的教师专业成长评价。推动教师的专业成长,提高育人质量,提升学校整体办学水平。

(三)学校发展性评价

学校发展性评价主要着眼"绿色学校文化"和"社会影响"两大维度,两者互相促进,协调发展。厚重的学校文化必然产生良好的社会影响,优良的社会效应反过来助推学校绿色文化的快速发展。因此,对学校的各方面工作和教育教学效果进行理性分析,作出价值判断,从而形成以学校为主体的校本化发展性评价。同时,学生、家长、社区、上级教育行政部门都介入评价,以此形成良性循环态势。

1. 学校文化评价

第一,学校文化的雏形。1999年,学校提出了"管理一流、质量一流、环境一流、设备一流、师资一流"的办学目标,并出台部分管理制度,以此形成学校文化的雏形。

第二,学校办学目标稳步迈进。2002年,学校提出以"高起点、高规格、高质量"为指引,逐步深化内部改革,优化育人环境,提高办学质量,努力向"管理一流、质量一流、环境一流、设备一流、师资一流"的办学目标稳步迈进。学校确立"校美、人和、立善、立美"的办学理念;校训为"团结、协作、坦诚、宽容";校风为"森林大舞台 有你更精彩";学风为"我在森林能成才、我在森林会学习、我在森林真快乐"。

第三,"绿色教育"办学理念的制定。2008年以来,学校规范和完善了文化系统。将文化定位为绿色教育,学校从"绿色环境、绿色管理、绿色德育、绿色教育、绿色科研"五个方面实施绿色教育。学校秉承"五个一流"发展目标及"德行为先、文化立校、一校多品、全面发展"的办学方略;坚持"人本、规范、高效"的管理理念,构建"校美人和"育人环境;以"绿色教育奠基绿色人生"办学理念为指导,深化"顺木之天、以致其性"教育理念;以"阳光"为校训,注重对学生情操的陶冶、兴趣的激发、个性的发展和特长、健康身心的培养;引导学生会学习、会创造、能成才,充分建构师生"森林大舞台、有我更精彩"的人本主体,努力为学生阳光的绿色人生奠基!

第四,"绿色教育"办学理念的深化发展。2018年,学校不断完善和丰厚文化系统。将绿色文化定位为"一树干七枝叶","一树干"即以办学理念"绿色教育奠基师生绿色人生"为根本。我们把这种基于办学理念下的学校文化建设路径概括为"七枝叶",即"绿色环境、绿色管理、绿色德育、绿色课程、绿色课堂、绿色团队、绿色评价",这七枝叶构建了绿色教育的体系内涵,又实现了"绿色教育奠基绿色人生"的理念构想。

从学校文化发展脉络来看,关注人的成长始终是学校文化的灵魂,从未改变。

正是这种"以人为本"的教育理念的不断深化发展,深刻地影响着学校的办学条件、管理细节以及教育质量的评价架构,并且促进了学生综合素质的提升,推动了学校的整体水平发展。

(四)社会评价

社会评价涵盖学生、家长、社区、上级教育行政部门等多维度评价。我们通过组建家委会、召开家长会、实施抽样调查等方式开展家长评价;通过访谈实施学生评价;通过学科水平测试的抽查接受上级教育行政部门的评价;接受重庆市评估院的质量监测中的监测,实施第三方评价。这种社会评价方式取得了良好的教育效果,比如,2011年,市教育评估专家团给予我校"班子强、队伍精、管理实、特色显、质量高、信誉好"的高度赞誉,在社会各界形成良好口碑!

第七章 绿色课程引领学生发展

教育的根本任务是立德树人[①],教育的其他职能也必须依靠、服从和服务于人的发展。因此,现代教育作为科学教育与人文教育交融形成的整体性"绿色"教育,其必然指向尊重生命与个性发展。从受教育者的发展目的来看,绿色教育旨在焕发生命力,让学生的生命充满生机、自由生长、不断超越。事实上,早在2002年左右,森林小学提出的"我在森林能成才、我在森林会学习、我在森林真快乐"就开始模糊地体现了绿色教育思想,并在2008年明确凝练为"绿色教育奠基绿色人生"的办学理念。在此理念下,学校全面构建完成绿色教育"一树干,七枝叶"理论和实践体系,整合、重组了"运动与健康、阅读与积累、艺术与审美、科技与创新、劳动与实践、责任与担当"六大课程,并以此引领着一届又一届学生健康成长。

第一节 学生综合素质发展

综合素质是指一个人的知识水平、道德修养以及各种能力等方面的综合素养。学生综合素质评价的主要内容包括:(1)道德品质;(2)公民素养;(3)学习能力;(4)交流与合作能力;(5)运动与健康;(6)审美与表现。事实上,学生综合素质多被教育工作者和社会大众等价为德智体美劳"五育"。正如2018年9月,习近平总书记在全国教育大会上指出:"坚持中国特色社会主义教育发展道路,培养德智体美劳全面发展的社会主义建设者和接班人。""五育"并举正是学校教育的指挥棒和风向标。

一、学生德育素质培养

绿色德育是实施绿色教育的基石。我校绿色课程之"绿色德育"坚持以"德行为先、全面发展","健全人格培养"为主线,以"构建绿色德育体系 奠基师生绿色人生"为学校的育人目标,紧紧围绕社会主义核心价值观,构建了"绿色德育队伍、绿色德育环境、绿色育人阵地、绿色德育课程"四位一体的绿色德育体系。注重学生

[①] 王群瑛.把立德树人作为教育的根本任务[J].中国高校社会科学,2018(06):15-20.

德育细节的培养,抓行动德育,树立森林学生阳光、博学、明礼(理)、多才的名片形象。构建家校共育体系,形成积极开放、家校社会三位一体的德育氛围。开发德育系列校本教材,注重德育教育的学科渗透。实现全员育人、全方位育人、行动德育的生动局面,为师生绿色人生奠基。

(一)构建绿色德育队伍

在长期教育教学实践中,森林小学逐步构建起高效德育管理体系,其中高质量的德育队伍是我校实施绿色德育的基础和保障。在此体系中,校长负责整体把控,方向引领;分管德育副校长负总责;德育办和安稳办具体负责;班主任则是具体工作的执行者和责任人。作为德育工作成败的关键,我校为每班配置正副两位班主任,其中正班主任全权负责班级德育工作,副班主任全力配合正班主任的德育工作。在"三个并重"理念的指导下,学校为发挥班主任作为德育教育主体的作用,每月进行班主任工作例会或班主任工作经验交流会,组织班主任参与各级各类德育教研活动,提高班主任的德育工作水平。

在过往工作中,我校还通过教师会、班主任会等形式,强化学科教师德育教育责任感,树立起教师德育为先,人人都是德育工作者的观念。在实际工作中,努力做到了使德育工作从以班主任为主变为全员参与,从以学校为主的教育变为家校共同教育,从注重学生学业成绩变为关注学生全面发展和个性发展的"三个转变"。通过积极引领普通教师主动学习,引导保安、食堂工人、保洁员等参与培训,打造了校园绿色德育教育队伍,形成了人人承担育人任务、堂堂渗透育人内容、时时蕴含育人理念、事事体现育人作用的良好局面。这种自上而下、环环相扣、职责分明的管理体系维系着森林绿色德育的高效运转。

(二)打造绿色德育环境

"环境即艺术、环境皆育人"。学校围绕"绿色、阳光、整洁、可持续"的环境建设理念,完善了静态的物质环境文化和动态的人文环境文化建设,增强了校园环境文化育人功能,实现人与环境的"和合"统一。

在具体建设中,一是注重校园绿化的设计、规划、文化品位,力求做到富有层次感、艺术性和观赏性;匠心营造校园绿色人文环境,追求自然与人文的和谐统一,力求让一草一木、一墙一砖说话,让孩子们在潜移默化中得到文化的浸染和熏陶。二是坚持班级文化建设是校园文化建设主阵地的思路,按共性统一、个性突显的建设要求,坚持理念不动摇、方向不偏离的原则,发挥全体师生的创造性,建设完善班级文化。各班级中队以"花、草、树"命名,升华植物内在品质和精神,提炼班训,制作班徽、班牌。严格遵循"师生即文化,文化即师生"的原则,坚持班级文化由师生共同打造并形成独特风景的思路,发挥着班级文化对学生的熏陶、浸润作用。三是坚持环境文化影响人、教育人的建设思路,完善功能室文化、办公室文化、楼道文化、厕所文化、运动文化、休闲文化等方面的建设。所有物质文化建设坚持按照绿色、环保、可持续的原则,确保其整体的协调性、统一性。比如我们用传统文化中"家、孝、礼、仁"等为主题,以师生书写作品荟萃的方式构建森林楼道教育回廊。四是按学校特色课程建设要求,规划建设美术、音乐、体育、书法方面的特色功能室及设备,如陶艺室、钢琴室、书法水墨画展厅、风雨球场、攀岩墙、校史馆、录播室、学术报告厅等方面的建设,为特色课程落实打下物质基础。其中,我校通过将校风、教风、学风建设有机地、润物细无声地融入学校整体的课程建设、制度建设、课堂教学及各项活动设计之中,构建了良好的校园精神风貌。

(三)坚守绿色育人阵地

我校着力构建了绿色德育培养体系,将"六年"的德育工作做一个整体细化的安排,充分考虑各个年龄段学生的培养目标、内容、手段、方式,注重德育细节的培养,行动德育落到实处。从学生一年级入学到学生六年级毕业,将德育培养细化安排到每一学期、每一个月,并逐渐完善,形成一个相对稳定的培养体系,形成德育系列校本教材。同时,落实教师培训,将培养体系转化为老师的育人实践,注重过程监控,加大评价力度。

通过紧扣"健全人格培养"的主线,实施养成教育,形成森林绿色德育"八个一"常规,固化常态化的绿色育人阵地。即:每学期一个养成教育计划;每月一次班主任工作例会和月检;每周一次升旗仪式规范有特色;每周一个养成教育主题;每周一节主题班会课;每周有卫生监督岗、"小黄帽"、安全员值日;每周一期校园电视台直播节目;每天大课间活动、课前一歌、眼保健操。这种以班级为核心,活动为载体,发挥多阵地育人的模式,坚持至今,真正将森林绿色德育落到了实处。

(四)开发绿色德育课程

德育课程的形成和落实是学生德育素质培养的有力保障。森林在多年的实践中,陆续开发出了独具森林特色的绿色德育课程体系,如养成教育课程、节庆课程、仪式课程、实践课程、家校共育课程等,以求构建绿色课程体系,创新行动德育新范式。

1. 养成教育课程

养成教育成体系,以课程为载体。我们以"轻声慢步右行礼让"、"文明就餐"、"安全出校门""文明如厕""不乱扔乱丢""杜绝零食,远离垃圾食品"为养成教育课程内容,作为新生入学的必修课,也作为学生每周强化的常态课。

2. 节庆课程

以各种节气、传统节日、革命纪念日等节庆为课程开发载体,全学期乃至全年统筹设计,形成节庆课程系列。如在植树节,清明节我们向学生讲述节日的来历、意义。在实践活动(比如师生植树、清明扫墓活动)中进行环保、爱的教育。类似这种节庆的课程近百余个主题,教师可根据所需灵活选择,形成规范、系统的行动德育新范式。

3. 仪式课程

最好的教育往往都"润物细无声",借助一定的"仪式",就能让孝悌忠信、礼义廉耻这些抽象的道德规范"随风潜入夜,润物细无声"的内化进学生心里,成为其自觉行为,引领学生树立正确的世界观、人生观和价值观。学校的仪式课程包括:入学仪式、升旗仪式、入队仪式、毕业典礼……借助这些仪式课程,将德育教育浸润其间,奠基学生绿色人生。

4. 社区实践课程

体验式德育往往会起到事半功倍的教育效果。学校以实践活动为载体进行课程开发,让学生在体验中接受思想教育。每学期,我们都要组织学生深入社区街道,开展劳动实践,进行安全、环保宣讲,体验志愿者服务等活动。这一系列的体验式德育课程都收到了很好的效果。

5. 劳动实践课程

为了培养孩子们的劳动能力和热爱劳动的品质,学校在后山开辟了一块实验田,由每一年的四年级在实验田里栽种蔬菜瓜果。要求种植学生写画"观察日记""自然笔记",记录植物的生长,抒写种植感受。我校学生曾多次在县级"观察日记""自然笔记"比赛中荣获一等奖,收到了良好的效果。

二、学生智育素质发展

在充分肯定德育主导地位的同时,还应当充分注意到智育在五育中的基础性地位,即任何"一育"都内在的包含了智育,并以智育为前提和基础。因此,在"一校多品,全面发展"的发展理念下,我校着重利用课堂这个主阵地,夯实学生智育素质基础,提升学生智育素质水平,以达到全面育人的目标。

(一)完善课程体系,在课程中"全面"育人

我校紧随国家步伐,将国家、地方、校本三级课程进行整合,本着"让每一名学生受惠,让每一名学生都能掌握一门艺术特长"的出发点,整合学校科技节、体育节、艺术节、读书节等各类活动,开发出了适合本校的六大绿色辅助课程:"绿色德育课程——责任与担当、绿色科技课程——科技与创新、绿色运动课程——运动与健康、绿色艺术课程——艺术与审美、绿色劳动课程——劳动与实践、绿色阅读课程——阅读与积累"。这六大绿色辅助课程,充分体现了我校"全面育人"的理念。我校课程之"全面",不仅指上述课程的全面性,还特指课程在不同年级间的系统性,注重建设层次分明、内容递进、难易合理的梯度课程。

(二)挖掘隐性课程,发挥隐性育人功能

我校所开发的绿色课程,不只仅重视知识的传授,更注重每一门开发课程所蕴含的隐性育人功能。所谓"隐性"育人功能是指暂时没有被老师意识到或未列入教育目标,但实质存在的育人功能。比如国家课程语文学科,教材中含有大量的充满哲理性的文章,抑或是部分文学性文章中也渗透着育人价值。像许地山先生的"花生的好处很多,有一样最可贵……你们看它矮矮地长在地上,等到成熟了,也不能立刻分辨出来它有没有果实,必须挖起来才知道。"这句话,我们引导学生发现其哲理,使其思想教育功能得到最大限度的发挥。将隐蔽性的哲理渗透给学生,优化育人功能。我们开发的绿色课程也一样需要挖掘这些隐性育人功能。比如"晨诵

课程",那么多优秀的诗文,所蕴含的情感态度价值观是值得去深深挖掘的,也是在教学中必须要渗透的。像"二十四节气"题材的晨诵诗歌,除了让学生诵读、了解诗文以外,感受古代劳动人民的杰出智慧,感受民间文化的无穷魅力就是其内容中所蕴含的隐性育人功能。从某种意义上来说,或许这些隐性的育人功能比明面上的诗文更具教育意义。

(三)建立课程实施机制,实现"全员"育人

课程的实施是教育成功与否的关键。在构建"五育并举"、显隐俱重的绿色课程体系后,我校在课程实施上采取措施如下:

提高教师素质,提升课堂品质。学生智育水平的发展,取决于教师素质以及教师的课堂教学质量。好教师会在课堂教学中开发学生智力,开动学生脑力,从而更有效地提高学生的智育发展水平。为了提升老师们的课堂品质,学校有很多保障措施。首先保证专业对口,音乐人才上音乐,体育人才上体育;第二,重视教师培训,提升教师专业能力;第三,师徒结对,互帮互扶;第四,每周三下午进行各年级各学科的集体备课,保证备课质量;第五,校级领导随机推门听课、看课。第六,参加各类赛课,以赛促教。通过这些措施,促进教师专业成长,提升课堂教学质量,既保证了国家课程教学的质量,促进了学生智育水平的正常发展,又保证了学校六大辅助课程的顺利实施。

课程实施体制科学完备,做到了"全员"育人。所谓"全员"育人,即指绿色教育面向全体学生,绿色课程惠及全体学生。为提高六大绿色辅助课程实施质量,我校专门安排每周二周四下午进行辅助课程教学。在具体实施中,我校采用"社团模式"让绿色课程真正落到了实处。我们的社团活动模式有校级层面的和年级组层面的。其中,学校社团择优选取各班突出"专业"人才参加,旨在发现并培养优秀人才,年级社团则以学生自身兴趣为主,旨在惠及全体学生。

三、学生综合素质发展

通俗来说,提高学生综合素质,意即推动学生全面发展。在上文中,已对在五育中具有主导性地位的德育,和在五育中具有基础性地位的智育做了专门的总结陈述,但五育中的任何一育都不可或缺。因此,下文以补遗的方式对我校绿色课程

引领学生发展进行简要概述。

（一）森林大舞台,有我更精彩——"学生普惠性发展"

"森林大舞台,有我更精彩"是我校的校风。校风即一个校园各种风气的总和,是学校在办学过程中长期积淀而成的具有行为和道德意义的风气,是在校内乃至社会上具有极大影响并被普遍认可的思想和行为风尚。从我校的校风不难看出,我校在学生培养上的理念:即人人有机会,人人有发展。我们关注每一个学生的发展,给每一个学生的成长提供机会和平台。

1.每周班级升旗仪式

我校每周的升旗仪式议程:全校师生集合——值周班级升旗队升国旗——值周班级节目表演——值周班级学生演讲——值周行政讲话。这一套议程中,值周班级有一个节目表演,或者是诗歌朗诵,或者是歌舞表演,全班学生参与。这是森林一直以来的惯例,也是给森林每一个孩子上台锻炼的机会。三年间（值周升旗从四年级开始）,仅升旗仪式这一项,每一个森林孩子至少可以上"森林大舞台"锻炼三次。

2.每年四月的"读书节"活动

2013年,森林首届"读书节"活动正式拉开帷幕。以后的每一年,我校均会响应4月23日的世界读书日,发起时长为一个月的学校读书节活动。在这一个月里,学生将会完成内容丰富多彩的读书活动任务。活动内容涵盖了学生综合素养的多个方面,可以使每一个学生都得到不同程度的锻炼。特别是"快乐书市"活动,学生可以将读过的书籍拿到学校来售卖给同学或老师,极大地培养了学生的语言沟通能力,交流与合作能力。

3.每年六月的"艺术节"活动

一年一度的"六一艺术节"活动是森林的盛事,活动时长为一周。每个年级每个班都有两个节目参加学校的评选,择优在"六一"儿童节当天登台演出。艺术节"活动内容"大致如下:

第一,分年级组进行节目展演,包括幼儿园（结合5+1活动项目、社团活动,特别注重展示学生特长）,每班必须出一个人数为20人以上的歌舞类情景剧等精品节目（如独唱、器乐、语言类节目人数只有几个人的,班上要展示此类节目需提前报德育部批准方可)。分年级活动的时候邀请本年级家长参加。第二,六年级学生"小博士"评选。第三,书画展示活动。每个年级四块书画展板,展板内容以"庆六一 同欢乐"为主题,多为生态、环保相关内容。

根据学校制度,各班级的节目既可以是20-30人大团队表演,也可以是3-5人的小团队表演,但各班教师必须保证每一个孩子在小学阶段至少上台参加一次"艺术节"活动表演。这一活动可以让学生的学习能力、交流与合作能力、运动与健康、艺术与审美等素养得到充分提高。

4.每年九月的"体育运动会"

春季学期森林学生盼望的是一年一度的"艺术节"活动,秋季学期则热望一年一度的"体育运动会"。每一届秋季体育运动会的优胜者,均可代表学校去参加县级学生运动会。森林学生在历届的县级运动会中都成绩卓著。我校的体育运动会,一般持续一周的时间。按低中高段的形式开展相应体育项目的比赛。活动形式丰富多样,包括全班学生参加的接力跑,小团队参加的篮球赛,跳绳比赛,以及跳远,跳高,单人跳绳等个人竞技项目。体育项目种类繁多,参与学生范围极广。在学校要求、班级组织下,每一个学生至少可以参加一项比赛。这让森林的学生充满了活力,心理素质和身体素质出众,运动与健康、交流与合作能力都得到了长足发展。

5.每年的"科技节"活动

每年的"绿苗苗"科技节一直坚持学生全员参与的原则,通过丰富多彩、动手动脑、寓教于乐的科技教育和科普活动,既让每个学生在活动中得到锻炼和发展,又注意参加项目的质量。学校以学生为本,紧密结合我校科技教育方面的特色,充分调动每个学生参与的积极性、创造性,突出每个班级的特色发展。既注重实效,又突出个性发展。

奖项设置项目多,获奖面广。读书心得、小论文、小制作、小发明、小创意、科幻画奖、科技模型比赛奖、观察日记优秀奖、班级组织奖等。前面是对学生个性发展的奖励,后面的组织奖则是综合4-6年级各班学生参与科技节作品质量、数量及班级科技黑板报、班级科技主题队会课、班级科技知识竞赛、科普读书等情况而评选的班级综合性奖励。

以上常态活动的开展,充分体现了我校在绿色教育理念下,学生都得到了普惠性的全面发展,学生的综合素养得到了极大的提高。在学校活动课程惠及全体学生的基础上,学生的个性得到了自然而然、水到渠成的发展。

(二)森林大舞台,有我更精彩——"学生个性彰显"

1.绿色辅助课程助推学生个性成长

学校将第二课堂活动列入课程计划,开设了演讲、书法、绘画、手工、舞蹈、合唱、朗诵、主持、科技、器乐、电脑、珠心算、趣味数学、田径、篮球、乒乓球、象棋、羽毛球、跳绳、跆拳道等六十余个学校社团和年级社团。全校学生均参加社团小组活动。每周安排两节社团活动课,社团活动形成常态。由此而产生的结果就是森林学生综合素质得到了长足发展,综合素养得到了极大的提高。学生参加各级各类活动比赛,成绩突出。其办学成果获得了上级部门和社会的极大肯定。

2.森林"小博士"评选,彰显学生素质

一年一度的森林"小博士"评选最是吸人眼球,这是森林小学生的最高荣誉,也是森林学生彰显个性的最好舞台。我们先进行文化知识考核,遴选出相应学生进入"艺术个性展示"。再根据"文化知识考试得分"与"艺术个性展示得分"之和评选出相应个数的"森林小博士"。这个称号的获得是"德智体美劳"全面发展的结果,是森林小学生综合素养得以全面展现的最好体现。每一届的"森林小博士"学生都是"德智体美劳"全面发展的标兵,是森林的骄傲。

(三)森林大舞台,有我更精彩——"学生发展综合评价"

森林希望小学从1998年建校至今22年,学校一年一变化,三年大变化。从起初的84名学生,到现在的近三千名学生,人数的变化直观体现了办学质量的提升。这样一所"德智体美劳"全面兼顾的学校,学生的发展自然是全面的,素质自然是良好的。2009—2015年,县教委共举办了七届"健康校园杯"田径比赛,我校田径队六次获得小学组团体第一名,一次团体第二名;花样跳绳队连续三次获得小学组团体第一名;科技、绘画、书法、舞蹈、合唱、乒乓、篮球等也多次在国家、市、县级比赛中获奖;刘磊同学作为全国50名,重庆市12名中小学生优秀足球队员代表之一参加了"中日韩中小学生儿童友好交流活动"。2013年春,卫勉同学获"重庆市十佳

少先队员"称号;张芷容同学作为重庆市少先队员代表到北京参加全国优秀少先队员交流。时至今日,森林希望小学的教育教学质量,学生综合素质一直遥遥领先于彭水县所有小学校。

第二节　优秀学生代表案例

森林希望小学办学20余年来,坚持绿色德育,完善课程体系,实施全面育人,奠基学生绿色人生,培育出一批又一批优异的学生。迄今,他们有的仍在大学中学习;有的在国外名校留学;有的已从国家重点大学毕业;有的因其他原因而止步于初、高中,但是他们都在社会各个领域实现着自己的人生价值,闪耀着自己的光芒,有力地验证了学校绿色教育奠基绿色人生的办学理念。

优秀学生代表案例一:

陈培奇,男,汉族,中共党员,出生于1996年,家住重庆市武隆区巷口镇凤山街道。本科就读于哈尔滨工业大学电气工程及自动化学院。本科期间,曾先后获得2015—2016年度"优秀学生干部",2016—2017年度"三好学生"、"优秀团员";2017—2018年度"优秀团干部",2019年度哈尔滨工业大学"优秀毕业生"等荣誉称号。现就读于哈尔滨工业大学电气工程系,围绕"空天高速目标等离子体信息传输及目标探测"国家重大战略需求开展研究工作。目前在 Physics of Plasmas 等学术期刊上发表5篇SCI论文,申请国家发明专利3项。

"还记得年少时的梦吗,像朵永不凋零的花。"每次听到李宗盛的这首歌,思绪就不禁随着旋律飘回那纯真而美好的小学时代。记忆里的清晨,熟悉的朗读声,天真烂漫的笑脸,仿佛一切还在昨天。不知不觉中,我已经从一个懵懂的少年成长为一名风华正茂的青年。2008小学毕业,我以全县第18名的成绩进入了彭水中学初中部,小学坚实的知识基础和良好的学习习惯让我迅速适应了初中的学习模式。2011年初中毕业,我又以全县第2名的成绩保送至彭水中学高中部学习;2015年高考,我通过自己的努力考入了哈尔滨工业大学电气工程及自动化专业,在校期间,我依然保持良好的学习态度和习惯，同时深怀"把自己的理想同祖国的前途、把自己的人生同民族的命运紧密联系在一起"的理想信念，敢于攻坚克难，围绕"空天高速目标等离子体信息传输及目标探测"关键问题，取得一系列科研成果。2019年，我以专业成绩前10%，校"优秀本科毕业生"的成绩保送至本校攻读硕士学位。小时候我的梦想就是成为一名科学家，我想我现在正在实现这个梦想的路上，未来会继续在博士阶段去探索世界的奥秘。

人生有幸遇良师。在我的成长过程中，我要感谢一直努力的自己，当然也要感谢一路上给予我帮助和支持的老师们。森林希望小学给予我最大的财富就是让我有了前进的底气。这种底气会一直伴随我，并帮助我取得更大的成绩。最后祝愿每一位森林学子成为更好的自己，希望你们锻炼新时代少年应有的品质和风范，心中有阳光，脚下有力量，不忘初心，踏浪前行。

优秀学生代表案例二：

刘佰川，男，苗族，出生于1998年1月，中共预备党员，家住彭水县沙沱公路小区，本科就读于复旦大学大数据学院并辅修新闻学，其间参与香港大学交换生学习，现被保送到复旦大学大数据学院读研。在本科期间，多次获得学校本科生奖学金、国家励志奖学金、复旦大学优秀学生一等奖学金，并在数学建模比赛中荣获一等奖；积极参与学生活动，曾任复旦大学大数据学院团委学生会宣传部部长，现为复旦大学大数据学院研代会主席团成员；也热心公益，参与公益，曾义务给进城务工子女补习，参加上海电影博物馆志愿活动。

就读于一个学校，不管是小学、中学、大学，都会吸收到学校传递给我的多种多样的东西，如知识、价值观念等等。这些东西就像记忆海洋中的石头，有的被销蚀干净，有的却会变成珍珠，组成我最值得珍惜的东西，激励我不断超越自我。

虽然现在我是一名硕士生，但是每每追忆过去，或当一回到家乡老城的时候，小学的时光就投影在眼前，我身上始终烙印着森林希望小学的标志，这是我成长的摇篮，我从森林希望小学收获有三：第一是学习兴趣，小时候老师们的热情与耐心、引导与鼓励让学习变成了一件毫不枯燥的事情，让我在学习上始终保持着很高的能动性，毫不夸张地说，这是学习成功的关键；第二是深厚的情谊，小学是求学路上最长的时间段，六年与同学、老师朝夕相处，让我与他们结下了深厚的友谊，至今也保持着联系,让我时时拥抱友情的温暖,伴随我快乐成长;第三是与自我相处的能力,森林小学鼓励学生个性化发展,保护每一个孩子的身心成长,培养了自我认知、自我相处的能力,无论在什么环境下,都能较好地做到自我判断、自我应变、自我适从,永远保持向上向好的定力。

现在由过去奠基,森林希望小学是我成长的起点,校门口的假山,后山的滑梯,人头攒动的小卖部,温暖和谐的教室,特别是那一批批最美的人类灵魂工程师让我拥有了现在的生活。感恩森林小学的曾经,启航了,朝前方,无论我未来将走向何处,或富贵,或平庸,在森林希望小学的日子都将成为我永远的财富。

优秀学生代表案例三:

焦永秋,女,1994年8月出生,小学曾就读于森林希望小学。后考入北京大学法学院,本科毕业后保研至北京大学法学院继续攻读硕士学位。现就职于北京某世界500强央企。大学期间曾参加过院级、校级、全国级模拟法庭比赛,获得过冠军等多项荣誉称号,也获得过大大小小奖学金无数。

小学无疑是人生成长最重要的启蒙阶段,我很庆幸在这么重要的启蒙阶段遇到了让我终生受益的老师们,尤其是班主任陈晓敏老师及数学老师余成容老师。

我并不算是一开始就表现优异的孩子。孩提时光就这样散漫又有些无趣地到了三年级,那时陈老师会要求我们写作文先写好草稿,经她帮我们看过提出修订意见后,再工整地誊抄到新的作业本儿上。或许是出于幼时的好奇心,我竟发现写作文是这么一件有趣的事情,而陈老师也在数次的批阅过程中不断鼓励我,给了我极大的信心。从三年级下学期起,我在一次次的高分作文中越发树立起了学习的信心。上初中之后,寒暑假我经常会一放假就集中几天写完作业,然后就去书店看书,从言情小说到世界名著,从武侠小说到严肃文学。沉浸在书籍里,我仿佛拥有了一座小型避难所,同时又跳出时空限制,在书籍里经历了无数人的人生。这对于少时困苦的我的人格塑造而言,意义非凡。

而教数学的余老师,是另外一个风格。数学逻辑思维训练下的余老师似乎更严肃,但她对于培养学生专注力很有一套。时不时就会想起年幼时坐在教室里听余老师讲"举一反三"奥赛题的时光,她要求所有人必须一步一步顺着她的思路去解题,警告我们一旦走神就不会了。在这样的专注力训练下,一直到现在,我都坚持了这样的习惯。高效率的听课习惯让我受益匪浅。处在信息爆炸的年代,专注力至关重要,我很感恩从小就接受了这样的思维训练。

灵魂的欲望,是你命运的先知。岁月变迁,时移世易。在我的小学毕业纪念册上的首页,陈老师曾经写下过这样一句话:"姑娘,遥远的天边有一颗闪亮的星星,努力去摘下它吧!"人生路漫漫,我会带着老师的祝福继续求知的脚步,终身学习,也祝愿母校在育人育德的道路上越走越好,祝愿老师们身体康健,一生快乐相随。

优秀学生代表案例四:

赵艺桥,女,土家族,出生于1997年,家住彭水县滨江社区,本科就读于上海同济大学。学习刻苦认真,在本科期间多次获得奖学金,曾先后获得2016-2017学年校级奖学金三等奖、2017-2018学年国家励志奖学金,2017-2018学年校级优秀学生奖学金二等奖,2017年优秀学生称号、2019年同济大学优秀毕业生称号。同年保送研究生,现就读于同济大学航空航天与力学学院。曾任学院团学联传媒部部长一职,并曾先后在同济大学勤工助学部、春晖社团工作。参与多次社会志愿活动,兼有上海志愿者证书,课余时间也多次兼职。

尽管读书这么多年,却也始终忘不了最开始的起点。森林希望小学是我梦开始的地方,那翠绿而充满朝气的校园承载了我太多的回忆。小学对我的影响是深刻的,我一直认为我的学习习惯是在小学培养的,初中塑造了我思考的角度,而高中则决定我发展的高度。但没有最开始的积累,永远到达不了最后那步。我一直很感恩教导我的老师,养育我的母校,没有她们,绝不会有现在的我。森林希望小学的老师们,除了教给我书本上的知识,也让我学会了认真踏实。越长大我才越知道认真踏实这四个字背后的意义,这个世界的节奏越来越快,人也越来越容易迷失,只有对自己认真,只有做事情踏实,才不会走弯路。

我还不够完美,但母校会一直鼓励我前行。希望将来有一天母校能真的以我为荣,也祝愿我的母校发展越来越好。

优秀学生代表案例五:

赵益民,男,苗族,出生于1995年8月,共青团员,家住彭水县人和春天,本科与硕士均就读于中央财经大学政府管理学院。在本科期间,多次获得校级奖学金,曾获北京市红十字会骨干青年称号,获国家创新课题一等奖;积极参与学生活动,曾任中央财经大学红十字会副会长,负责与北京市红十字会的外联工作,代表红十字会参与联合国合同基金会项目管理培训,多次组织市级防艾宣传活动。

我在森林希望小学度过了世界观初塑的时期,这里带给我的成长不仅仅是阅历与知识的丰富、习惯的养成,最重要的是,我在这里学会了判断。判断一件事情值不值得、一件事情正不正确,比怎么去完成一件事情更重要,意识在某种程度上决定了实践。

我认为森林希望小学是一所好小学,不是因为师资、不是因为校园环境,而是因为独树一帜的教育理念,即绿色教育,没有压抑,唯有天性的解放;没有强制,唯有循循善诱的引导;让我,终于成为自由的我,可以思考,可以学习、可以自省。让我相信,明天的那个我,是我更想成为的我。

优秀学生代表案例六:

胡双洋,女,土家族,出生于1996年,重庆酉阳县浪坪乡人,本科就读于华中师范大学。2018年入职安徽省宿州市第二中学,担任高中思想政治课教师,并担任班主任和2018级团支部书记。对教学怀着敬畏之心,认真工作。获2019—2020年度校"教学能手"和"优秀党员"称号。

陪着班上孩子们上晚自习时,收到黄老师关于母校要出版办学成果集的消息。一时既激动又忐忑。很荣幸作为2008届4班的代表来分享在母校的求学时光,却又深知比我优秀的校友太多太多。

2006年春节,舅舅舅娘提议让我转学到县城,寄住舅娘家。从此我的人生轨迹发生改变。和森林希望小学的初遇,高大的铁门、道旁新栽的树木、两条长楼梯中间的花圃里绿油油的"希望"二字、砖红色的教学楼、偌大的操场,一切都是那么新奇和充满生机。摸底考试后,我被分到了四(4)班,由于不习惯城里的发音,竟然听不出同学们称呼班主任"王老师"还是"黄老师",干脆"王黄"合在一起叫了,还为自己的机智暗暗叫好。班上的同学很友好,我很快结交了好友,适应了新环境,顺利开启了小学高年级生涯。

现在想来,在森林希望小学学习期间,最幸运的事就是受教于几位非常优秀负责的老师。除了传授的知识以外,令我时常感念的,其实更多的是老师们细致入微的关爱。从入学时的耐心引导到临毕业冲刺阶段延长工作时间的陪伴和辅导,从学习到生活,老师们为我们付出了许多。记忆深刻的是黄老师曾用中午午休的时间去同学家里了解到其家庭经济条件不太好的情况,并在班上鼓励他"穷人的孩子早当家"。而我一直记得起晚上学赶路途中黄老师骑着摩托车载着女儿在我旁边停下的样子,也不会忘记余老师陪我步行回家一路开导我的那个傍晚,时常也会想起2008年5月12号那天黄老师一次次带人上楼拿书包的紧张和感动。

转眼十二年过去,我也成为一名教师,逐渐体会到教书育人的苦与乐。虽然常常觉得不易,但因为曾经被那样温柔地对待过,也想要成为一个温柔的人,期盼着他人因我的存在而更幸福。

感恩母校!祝母校越办越好!

优秀学生代表案例七：

张芷榕,女,苗族,出生于2002年,家住彭水县河堡,目前就读于上海复旦大学。高中时期学习刻苦努力,勤奋认真,最终以优异的成绩考入复旦大学。性格开朗活泼,对学习认真负责,抗压能力强。

此时我正在上海复旦大学内,外面有点慵懒的小雨。慢慢静下来,回想在森林希望小学的那些年,是我胆子最大,脾气最暴躁,才艺最多的时候。而我能幸运地来到复旦,自然离不开小学老师的教导和小伙伴的陪伴。

前几天看到陶老师的照片,不禁感慨：六年了,陶老师竟然一点都没有变,仿佛时光从未在他脸上留下痕迹。数学老师任老师仍然严厉。英语老师任老师依旧漂亮随和。姚老师、杨老师,还有其他的老师,都曾给我无限的包容与鼓励。古时便有:"古之圣王,未有不尊师者也。"所以借这个机会,我想对所有教过我的老师说一声:谢谢！

当然不能忘掉我的那群小伙伴。小时候和豆豆他们一起抢饭,一起打篮球,吵架再和好,考差了互相鼓励等等,都是十分美好的回忆。印象最深的是抢饭,每到下课,我们几位就已做好姿势,只听铃响。其中豆豆同学是优秀者,在楼梯最后几步,一跃而下,有武功高手之味,但没有其内力,只能以摔倒收场。当时正值青春启蒙期,也会有些小情愫。女孩子之间的八卦,男孩子之间的臭美,以及当时许下一辈子做朋友的诺言,都是我人生路上不可多得的宝贵财富。

小学毕业后再回森林,真的发现变化很大,越来越美了。桃红柳绿的春天,花繁叶茂的夏天,枫红菊香的秋天,寂静清幽的冬天。后山多了有机食品的种植地,还有小朋友们专门的小游乐园,真的让我感觉到森林是在实施素质教育,而不是应试教育,给了学生很大的选择与成长空间。我感到十分有幸在这里生活了六年。校门口的苕皮依旧好吃,小零食也仍然未变,也还是那条熟悉的道路。

转眼间,悠悠岁月已如同手中紧抓的沙子,无声无息地消逝。然而,沙子流失,可以再抓一把,花儿凋零,可以来年再赏。可童年却真实地失去了。从前走进校园,如今走回校园。也许人在不停地变化,但不变的是我对森林那颗祝愿和热爱的心!

优秀学生代表案例八:

袁野,男,汉族,生于1992年6月,高中文化,现居住于彭水县河堡街长办,2010年步入社会创业,现经营餐饮店一家,拥有自己的家具公司,家具生产厂两家,直销门市部两家,年生产总值400余万元。

没有高学历,但我有一双勤劳的双手。高中毕业的我,跟随父母干起了家里的老本行——家具建材生产,十几岁便踏入社会开始管理自家家具生产厂。"商场如战场"不是一句空话,在管理自家门店这几年,我彷徨过、失落过、难过过,但却一直没有放弃过,我知道只有勇敢的信念、坚定的步伐,才能为自己找到一条适合的道路。回首过往,我曾多少次地顶着烈日、冒着大雨奔波于工厂、门店、商家之间与形形色色的人打交道。多年的努力没有白费,如今的我拥有着自己的家具生产厂和门店,项目年产值约400万元。

如今的成就不仅是自己努力实践的结果,也是母校教育的结果。年幼时,母校的教诲让我印象深刻,"阳光、勤劳、踏实"就是母校给予我的"财富"。不管在哪,不管遇到何事,我都时常谨记这句话,这就像是一种烙印已深深地印在了我的脑海和心底,并指引着我向前。

"森林希望小学",不仅是一个名称,对我而言它是一种特有的符号,是一种标志,更是一种印记。它,是我获取知识的源泉,是我养成良好习惯的基地,也是我梦想起飞的地方。在母校,我学到了应有的知识,获得了深厚的同学友谊,感受到了师生情谊。母校是一个鼓励、培养学生个性化发展的孵化地,它用自己独有的方式去呵护着每位孩子的成长，培养孩子的兴趣爱好、创新能力和自我认识，让每位孩子都能适应各种不同的环境，让每位学生都能够找到属于自己的那一片天。

作为一名商人，这一路走来，我印象最深的不是那段创业之路，而是那快乐的小学时光。母校的一切犹如昨天，校内的每一棵树木、每一栋建筑、每一座雕塑，我都能清晰地记得。每当我失落、彷徨的时候都会回母校走走，只有母校才能让我全身心地放松。未来，无论我在哪，定当谨记母校的教诲，不忘母校给予我的"财富"。

优秀学生代表案例九：

任健，男，苗族，生于1994年8月，家住彭水县城江城名都。本科就读于中南民族大学外语学院，大学期间曾参与短期支教活动以及流浪狗收容所的志愿活动。毕业以后，在日本神奈川大学历史民族资料学研究科取得研究生学位，且在横滨市民中心兼职教中文。现工作于日本百宜希亚集团家迎知株式会社。

森林希望小学让我怀揣着梦想。在森林希望小学读书的几年，我明白了一个道理，那就是善待每一个可能你认为不切实际的梦想，阳光自信，独立自主，不管前面的路多难，也要坚持实现自己的梦想。上小学时，每次进校园看见花园里大大的"希望"两字，我就会幻想有一天能到外面甚至出国学习，看看外面的世界。

森林希望小学让我羽翼渐丰。在农村出生的我，4年级转学到森林希望小学。我面临最大的困难是农村学校4年级开设英语课程，而县城学校3年级就开设了，整整落后一年，我得从零做起。在老师的谆谆教诲和自己刻苦努力下，最后我迎头赶上，并在英语竞赛中获得了国家级二等奖。其他学科也不落下，我以全校第二名的成绩顺利考上了彭水中学，在初、高中的学习生涯中，我一直保持较好的学习习惯和不怕困难的品质。大学毕业后考取了日本神奈川大学历史民族资料学研究科，取得研究生学历，现工作于日本百宜希亚集团家迎知株式会社。

森林希望小学树立了我不一样的人生观。从农村到县城，从市里到国外，周围很多人都觉得我可能做不到，但从小学开始我一直不放弃自己的梦想，相信自己可以做到，并在坚持下成功实现了自己的梦想。我不敢说自己很成功，但至少已开启了自己的事业道路。

优秀学生代表案例十：

肖松，男，苗族，中共党员。出生于1991年10月，家住彭水县沙土公路小区，大专毕业于四川省遂宁市明进职业学校，在校期间多次获得奖励。经常参加学校的一些课外活动，曾任校学生会主席，也多次参加一些青年志愿者活动。

我常常回想过去，想到我的母校森林。希望小学的学习生活经历，在我人生道路上不可磨灭，正是在森林希望小学各位老师的悉心指导和谆谆教诲下，我在以后的学习工作中才保持着很高的自觉性和能动性。

在森林希望小学学习的6年，我与学校里的同学和睦相处，建立了深厚的友谊。我时时刻刻都铭记着这些温暖时光，也在这种环境下养成了随机应变的能力、永远保持向上的激情、朝既定目标不断努力的韧劲。

森林希望小学是我人生的第一个起点，没有每位老师的用心培养，就没有今天的我。现在我有一个幸福的家庭，有一个执教高中的漂亮妻子，有一个可爱的儿子，生活十分幸福，感谢森林希望小学。

现在我从事交通方面的工作，保护国家公路路产、路权，维护公路完整、安全、畅通，为人民的安全出行提供保障。我一直坚持做一名依法执政、文明执法的交通人，谢谢！

第八章 绿色教育引领教师专业发展

教师历来被称作"科学知识的传播者、文明之树的栽培者、人类灵魂的设计者"[①],在制度化的学校教育体系中扮演着不可或缺的角色。因此,在充分肯定受教育者主体性地位的同时,必须要承认教师同样是教育系统的最基本要素。为了充分实现绿色教育引领学生成长,教师就必须在绿色教育理念指引下,不断走向职业成熟、逐步达到专业标准,形成专业理想、专业道德和专业能力,从而实现专业自主,以创造生发更加高质量的教育教学。

第一节　教师专业发展

具体而言,教师专业发展是指教师作为专业人员,在专业思想、专业知识、专业能力等方面不断发展和完善的过程[②],教师专业发展是教师个体专业不断发展的历程,是教师不断接受新知识,增长专业技能的过程,是一个教师的职业理想、职业道德、职业情感、社会责任感不断成熟、提升、创新的过程。

一、绿色教育理念下的教师教育观

(一)教育思想:顺木之天,以致其性

绿色教育的核心理念是在追求代际公平前提下,崇尚绿色与自然环境,尊重生命与个性,通过人与自然、经济社会等和谐共生实现彼此的可持续发展。其主要包括环境教育、可持续教育、生命教育等底蕴[③]。作为一种原生态的自然教育,其实现了人文素养与科学精神的融合,充分体现了教育"培养人"的本质。在绿色教育理念下,教师以教书育人为乐,实现了自己的人生价值;学生以愉快学习为伴,拥有最绚烂的童年;学校以不断进取为伍,实现可持续发展。

---

① 郭建.教师即研究者[J].教育研究与实验,2010(01):76-78.
② 邱学青,李正.基于知识管理视角的高校教师专业发展策略研究[J].高等工程教育研究,2013(06):81-85.
③ 张笑涛.生命视野中的绿色教育[J].中国教育学刊,2017(09):86-89.

习近平总书记2014年6月在中国科学院第十七次院士大会、中国工程院第十二次院士大会开幕式上讲,要按照人才成长规律改进人才培养机制,"顺木之天,以致其性"。"顺木之天,以致其性"出自唐代柳宗元的《种树郭橐驼传》。长安人郭橐驼善于种树,成活率高,果树挂果早,还很茂盛,人家问他有什么诀窍,他说自己并没有什么诀窍,不过是"顺木之天,以致其性焉尔"。"天"是道,是树木生长的基本环境和规律。"性"是指树木的本性。"顺木之天,以致其性",就是遵从树木生长的规律,让树木充分实现自己的本性。种树和育人的道理是相通的。这句话启示我们,既要尊重学生群体层面的成长规律,也要提供适合学生自我发展的教育,以生为本,因材施教。上述思想和我们学校的绿色教育理念非常吻合,因此我校将教育思想定为:"顺木之天,以致其性"。

(二)教风:把教育做成艺术

教风即一所学校长期的、稳定的教学风气,是教师在教育教学实践中表现出来的带有倾向性的风气和风貌,由教师群体的职业态度、职业技能、职业认同、职业道德、职业情感、职业精神、职业品质等要素构成。一所学校没有优良的教风,就不会形成严谨的学风,就没有良好校风植根的土壤。教风的优劣是影响教育教学质量高低的关键,直接关系到学生世界观、人生观和价值观的培养。优良的教风是构建中小学生健康成长教育体系的重要组成部分。

我们学校的大多数教师都是经过县公开选拔进城的教师。这部分教师多为八十年代末、九十年代初的中等师范毕业生,是原学校的骨干教师,业务能力较强、工作积极性高、追求上进,但教育理论水平较差。我校少数教师为公招选拔的大学生,有一定的理论水平,但相对而言教学经验少、不愿吃苦、上进心不强、教学质量不高。这些问题严重影响学生的健康成长,阻碍教育教学质量的提升,危害着学校良好形象的树立。基于此,我校将教风确立为:把教育做成艺术。就是说教育是一门艺术,艺术是一种境界,教育无止境,永远在路上。把教育做成艺术既是目标,又是要求、感召,是对教师工作过程的时时激励。把教育当成艺术来打造,应该是教师职业的价值体现。

(三)学风：亲近自然，快乐成长

学风是一所学校的治学精神、治学态度和治学原则[①]，是学校教育的重要组成部分，是学校全面育人不可或缺的重要环节，是展现学校特色的重要平台。通俗一点说，学风是指学校在学习方面的风气。森林希望小学学生绝大部分来自农村，了解农村，对农村很多植物习性比较了解，喜欢和大自然接触，同时学校也希望学生在学校度过快乐而幸福的小学时光。因此，我校将学风确立为：亲近自然，快乐成长。学习需亲近自然、实践自然、热爱自然、敬畏生命；做人要善良淳朴、求真求实；教育力求自然，追求人性本真，遵循人发展的规律；成长要全面均衡，自主自由，力求个性发展，享受成长快乐。

二、绿色教育理念下的教师成长观

(一)专业成长

我校注重学校教师和学生的同步发展、可持续发展。学校以绿色教育为土壤，系统打造以"绿色管理、绿色环境、绿色课程、绿色课堂、绿色团队、绿色评价、绿色德育、绿色科研"为抓手的绿色教育内涵。其中，绿色课程和绿色课堂是绿色教育实施的载体。在绿色教育的理念下衍生出的"绿色课堂"，以学生为本，着眼于学生的可持续发展，关注学生的生命成长。在遵循课堂教学规律的同时，注重学生人文素质的提高，用发展的眼光评价学生，用赏识的方法激励学生。绿色课堂是充满生机、高效的课堂。它需要全体老师运用科研手段，共同探索课程，向课堂四十分钟要质量，提高课堂效率，打造卓越课堂。

为了促进教师专业成长，学校定期邀请专家到校指导科研工作，还组织观摩名师课堂、聆听专家讲座等活动，为教师提供了大量成长的机会。如2010年秋，全校教师分期分批到重庆市人民小学交流学习，谋求共同发展。通过不断地走出去、请进来，教师们在森林的沃土中迅速成长，建成了一支有教育情怀、厚德博学、业务精纯、与时俱进，能把"教育做成艺术"的研究型教师队伍。

---

① 彭时代.确立"双严"方略 建设特色学风[J].中国高等教育,2006(07):43-44.

(二)分层培养

教师队伍的提升是一个缓慢的过程。结合学校实际情况,我校把全校145名教师按教龄进行了划分:①入门期,教龄0~3年;②发展期,教龄4~10年;③成熟期,教龄10~20年;④定型期,教龄20年以上。

入门期教师(新教师)是实施素质教育、推进教育现代化的生力军,是未来教育改革与发展的希望。学校在不断的摸索和实践中,逐步完善新教师校本培养方式方法,特别将新教师专业团队发展作为重中之重来抓好、抓实,使新教师逐步成为学校沸腾的血液,成为各方面工作的主力军。比如,为新来教师安排优质导师,进行师徒结队,举行"青蓝工程"签字仪式,并给青方教师发方聘书。同时发放师徒结队《研修手册》,师徒相互听课,每期至少听二十节课。青方教师对蓝方教师的每一堂课都要认真点评并做记录,学校定期抽查听课笔记。蓝方教师上一堂全校性的汇报课,直到经学校领导考核达标为止。

发展期的教师是学校发展的中坚力量,我校主要以各项比赛为抓手,设计多维度的培养计划,助推教师的阶段性成长。学校定期开展青年教师朗诵、演讲、粉笔字、说课、教学设计、课堂教学等基本功竞赛,定期招聘专家指导教师进行教学设计、课题申报和班级管理等。发展期教师经常代表学校参加片区、县市级赛课活动,老师们在各级各类教学比赛中磨炼师技,在实践中升华师艺;不断地更新教育教学理念,熟练掌握运用现代教育技术,大胆创新教学方法,全面提高教学才艺。通过几年的压担子、铺路子、给法子,发展期教师在导师的带领下迅速成长。

成熟期和定型期教师是学校发展的中流砥柱,是学校骨干队伍的储备力量,是学校教师团队发展的"核心"。学校推荐这些教师参与学科教育指导、国培培训,以比赛活动为抓手,培养他们成为市、县级骨干和学科带头人。学校建立各类"名师工作室",开设"成长讲堂",以培养专家型的教师为抓手,使老师们在做好教育教学工作的同时,积极参与课题研究,利用课余时间编写校本课程。他们除了要获得每学期教师专业发展学分外,还要每学期做一次校级或以上层面的专业发展报告;主持一项校级或以上科研课题,在培养期内结题,并通过鉴定;给全校教师做一次课程标准解读;执教一堂体现个人教学特色的示范引领课;指导徒弟上好一节研讨课等。

此外，我校还通过导师带教促提升。学校每年定期邀请名师带教全校教师，并结合"名师工作室""种子教师"特色项目组织教学研究活动，以求诊断课堂、指点迷津，生发教学智慧。在交流、沟通和研讨中注入活力，以开阔眼界，打开思路。我校教师专业发展提升计划不仅有效地规范了教师行为，也显著地唤起了教师团队的成长意识。

（三）团队价值

我校教师心往一处想，劲往一处使，在过去几年中取得了较多的荣誉。在组内成员的共同奋力拼搏下，五年级组的女同胞们在2012年荣获县妇联颁发的"巾帼文明岗"光荣称号，2014年再次荣膺市教委和市政府颁发的"巾帼文明岗"光荣称号。书法组在2014年获市级优秀团队的殊荣。王娅老师的群文阅读教学荣获市级一等奖。体育组利用集体备课教研的机会提出了专题式教研、问题式教研、互动式教研、随机性教研、反思式教研等教研形式，并通过听课、评课、竞赛等形式开展问题会诊和同伴互助，以打造精品课堂。该组培养出的青年教师李俊峰、谭文峰一路过关斩将，在赛课和基本功大赛中分别荣获市级一等奖，豆淑琼、李高老师分获县级体育赛课一等奖。

三、绿色教育理念下教师专业发展

（一）教师专业发展途径与策略

老师们在搞好教育教学的同时，不断地加强教育教学理论学习，系统学习先进的教育理念和教学思想，扎实地掌握教育理论和学科专业知识。

1. 校本培训是教师专业成长的重要手段

首先，学校始终坚持师德师风建设不放松，大力宣讲《森林小学教师基本素质要求》《森林小学教师礼仪规范》《森林小学师德建设的管理规定》。充分发挥教师在学校文化建设中的中流砥柱作用，开展"森林大讲堂——师德论坛"，评选"森林好教师"，弘扬身边的师德标兵，并形成常态化机制。其次，加强新课程理论培训，以适应课程改革的需要。通过新课程理论培训更新教育观念，增强教育创新意识和创新能力，构建合理的知识结构，掌握新课程的理念和教学技能。第三，加强教育科研培训,提高教师科研水平。通过课题培训使教师掌握课题研究的步骤、方法,将教学与科研融为一体。同时,加强信息技术培训,提高课堂教学效果。通过信息技术培训,特别是现代化教育技术培训和电子白板操作培训,帮助教师掌握多媒体技术,提高资源应用、课件制作及信息技术与学科整合设计的能力。

2.校本科研是教师专业发展的基石

一是要加强备课组建设,促进教师共同提高。由学校精选备课组长,备课组长有足够的自主权,包括决策权、执行权、评价激励权等。组长制订计划、明确分工、责任到人,确保各项活动有序进行。集体备课是我校的一大亮点,长期坚持集体备课,集思广益,有利于促进教师在学科专业知识和教学技能上互补互促、互激互进。

二是以校本科研为主要手段,引领教师实现经验型—学习型—学者型的成长。建立教师全员参与行动德育和劳动与实践课题研究的科研机制。全校教师关注教学过程中的实际问题,把问题作为课题进行研究,注重针对性和实效性,形成一种带着研究意识和角度去进行教学的行为模式,学会在教学中研究和在研究中教学。健全科研管理机制。加强课题研究管理,做到课题申报与评审立项制度化、课题研究进程规范化、课题成果鉴定科学化。

3.开展多种团队活动,创新培养模式

学校的发展关键在教师,只有拥有高品位的教师,学校才能走上可持续发展之路。全方位开展教师培养的顶层设计,从培养目标、培养阶段、培养内容、培养方式、培养师资等方面进行细化。大力推行"青蓝工程"和"五课制"的分层培训计划,促进不同层面教师凸显个性与特征,分层发展,形成教师梯队。

坚持以教师发展为本,强化教研团队作用,裁减形而上学的校本研修内容,开展"主题式"大教研组团队教研活动。定期邀请专家名师到校指导科研工作,如学校聘请重庆市市级数学名师张健老师对我校数学深度教学探究进行跟岗指导,成立数学名师工作室。积极鼓励和支持教师通过伙伴合作形式开展各类教学活动:校内研究课、同课异构,共同设计课程,从而优化课堂教学,提高校本培训的实效性。

4.搭建培训平台,加大教师培训力度

为优秀教师创建更多学习、交流、展示的机会,扩大我校优秀教师在市、县层面的影响力。我校加大了骨干教师培养力度,支持中青年教师参加市级脱产培训及其他相关层次的培训,鼓励教师参加市、县骨干教师的评定。从2017年秋开始,根据《森林小学名师培养方案》《森林小学学科骨干教师评定标准》开展新一轮校级骨干教师的评定,通过多种途径、方式落实骨干教师待遇。

创建竞争平台培养优秀教师,在竞赛中发现和培养优秀教师。学校开展各类教学竞赛,如课堂教学设计、班主任基本功大赛(我的班主任观、我的成长叙事、个案分析)、论文(案例)撰写、教育故事等评比活动。利用集体备课形式,科学制定片区、县、市级赛课三级选拔机制。以教学竞赛为载体,促进教师快速成长。定期开展教师论坛,对学校教育中代表性问题进行研究,增强教育科研的现实指导性。

5.营造浓郁的读书氛围,培养学习型教师

建立教师终身学习制度,努力形成一种弥漫于群体中的学习气氛。教师必须广泛阅读,博览群书、兼收并蓄,才能建构起合理的知识结构以满足现代教育的需求。学校规定入门期和发展期的教师每学期都要学习两本以上教育理论书籍,并做好笔记,写读书心得进行分享交流。成熟期和定型期的教师与经典为友,读一些经典著作,形成深厚的文化底蕴、高品位的人文修养和艺术美感,形成饱有学识的智者气质。学校还定期组织教师就某个问题进行交流讨论,使学习成为一种环境,一种对话,一种问题意识,一种反思意识。

(二)教师专业发展现状

我校根据教师的教龄,对教师的专业成长实行分层培养、严格考核。

1.分层要求

以人员分类为基础,坚持以人为本,尊重个体差异,立足个体纵向发展的工作思路,对同一类别人员作分层要求:教育教学管理类人员按岗位职责进行分类;学科教育教学类人员以年龄和业绩为主要分类依据,按新教师、青年教师、成熟教师、骨干教师、名特教师等不同层面对教师作不同的评价要求,力求做到各层面人员任务明确、职责清晰、绩效优化。

2.科学制定考评方案,严格考核

学校制定了《彭水苗族土家族自治县汉葭街道森林希望小学校关于教师专业提升的实施方案》(森小〔2016〕4号),以供每月月检及教学常规检查遵照执行。方案将教师专业发展评价体系主要确立为教育教学设计、组织与实施、激励与评价、反思与发展四个权重相等的维度,且各维度下均有具体的指标。此方案与学校评职晋级挂钩,使教师评价工作科学化、透明化,极大地激发了全体教师个性化发展的内生动力。

3.重视教师教学基本功,不断促进教师专业成长

我校至1998年建校以来,特别重视教师的教学基本功,将教师基本功始终放在专业发展的首位。多年来,学校始终把教师的三笔字、简笔画,班主任基本功,教师上课、说课、评课、反思等方面作为教师发展的重点,常抓不懈。每年通过教学大比武、现场书写大赛、辩论赛等形式强化教师的基本功建设。其间,我校书法教师在点面结合的师资培养模式下,取得了亮眼的发展与成长。简要介绍如下:

从面上:实施全员策略,充盈师资活水。师资从何而来,特色师资队伍如何构建?对于这个问题,我们坚持走校本发展之路,培养全员书法教师,构建永不枯竭的师资队伍活水。

(1)为了让每一位老师能进行系统训练,学校特为老师们准备了笔、墨、纸、砚,并精选了字帖,每个年级组搁上三五本。我们要求每位老师一个月交四篇自己的得意之作,教导处还把它当作月检任务,在每月的常规工作中进行月检。教师的硬、软笔书写水平得以极大提升。

(2)书法教研组还针对教师练习中的问题,定期开展书法教师培训会,开展书法教师沙龙活动,书法教师在一起练习书法,相互切磋技艺,共同提高。

从点上:培养专业过硬的老师,遴选师资柱石。

(1)有针对性地培养,遴选书法教育队伍柱石。

全员书法政策旨在为学校构建书法教育人力资源库。我们深知,并非所有教师都适合书法教育。通过书法练习作品,我们从中择选优者,有针对性地培养一批素质过硬、专业过硬的书法教师,为书法教育队伍遴选柱石。

(2)积极组织教师外出培训,激发教师书法学习的兴趣。

学校历来倡导,培训就是教师最大的福利。学校关注对书法教育热爱,专业过硬的教师。组织他们外出学习取经,参加国家、市、县书法培训,观摩书法赛事活动,开阔眼界,拓宽研究思路。以此激发教师练习书法的兴趣。

当然，仅凭这两项措施，构建我校书法教育特色师资队伍，实现专业素养提升还略有不足。学校还实施了"分层培养的方式"推进专职书法教师的培养。实施这一策略的理由是：一是学校如今的书法教师队伍集中在中青年，中年居多。如何维系书法教师队伍不断层，青年教师的培养是关键。二是青年教师的书法培养的可塑性明显占优势；三是青年教师更有朝气和活力。对此，学校对教龄在10年之内的教师进行重点培养，除了上课期间的书法练习，假期之内，学校依然为他们布置书法练习任务。平时，由两位中书协会员对这部分教师进行个别辅导，让这部分教师快速成长起来。同时，通过各级书法赛事，打磨他们的书法课。几年下来，我们培养了豆兴菊、严丽、吴芳、马艳等多名专业和课堂教学能力相对过硬的书法教师，为充实学校的书法教师队伍提供了保障。

通过多年培养，学校书法教育特色师资队伍的建设和专业素养的提升取得了较大成效。同时，课题研究取得了一系列成果，师生多次在各级各类书法活动中取得国家、市、县书法作品奖、论文奖；学校也先后获得了"重庆市书法特色学校"、"重庆市书法示范校"等荣誉称号。教师中，多人取得专业荣誉，到目前为止，我校有两位中书协会员，8名重庆市书协会员，县书协会员38人，确保了我校有一支优秀的书法教育特色师资队伍。学校书法特色教育的成功实施，打造了学校书法特色教育名片，更是培养了一大批具有书法特长的学生。学校书法特色在区域教育内起了示范引领作用，并得到各级各类领导的肯定，获得了广大家长的认可。2012年，学校还被重庆市教委命名为"全市52所老百姓心目中的好学校"之一。2014年书法组获市"最美教师团队"荣誉称号。

第二节　优秀教师代表案例

"绿色教育奠基绿色人生"理念不仅仅对学生，对教师成长也大有裨益。在绿色教育理念引领下，20余年来，森林希望小学培养出大批优秀中青年骨干教师，部分优秀教师被选调到重庆市主城学校工作，还有相当部分市县优秀骨干教师仍默默耕耘在彭水县森林希望小学这片充满希望和活力的沃土上，践行他们赤诚的教育初心。

优秀教师代表案例一：

陶昌舟，男，汉族，1977年12月27日出生，1994年7月毕业于酉阳师范学校，1997年7月参加工作，2002年9月到森林希望小学工作，现任四年级8班班主任、语文教师。

每个教师都是一道风景

森林希望小学

走过阳光，习过风雨，不知不觉做老师已二十个年头了，我困惑过、迷茫过，我伤心过、高兴过，但我却深深地爱上了这一行。发自肺腑地说，当老师真累，当老师真苦，但累中有一种欣慰，苦中带着甜。二十来年的风风雨雨，使我清醒地认识到，如果你俯下身子走进孩子们的心，精心地呵护，换来的一定是满园飘香、果实累累，这就是爱的魅力、爱的效应。

我于1999年专科毕业，到桑柘中学工作，2002年7月到森林希望小学工作。在从事教育工作的这些年，我满怀热情，积极进取，勇于探索，大胆求新，视教学为艺术，视语文教学为艺术中的精品。从学生角度去思考并实施教育教学策略，在教学中重视学生的感悟与美读，重视学生的语言交际与实际，尊重学生在语文学习中的灵感和自由。因此，我十分注重自身教学基本功的磨炼及人文素质的提高，在教学中，我扮演着一个个精彩的角色。

一、做一个微笑面对生活的快乐者

微笑的力量是巨大的，每天以微笑的姿态出现在学生面前，就像给了学生阳光雨露，让学生从小就受到积极乐观的情感的熏陶。所以，"幸福的诠释是微笑，快乐的意义是微笑，温暖的真谛是微笑，挫折的鼓励是微笑，坚强的象征仍然是微笑！"在孩子面前我微笑，微笑能让孩子的生命开花！

二、做一个言传身教的教育者

教师在教与学的师生互动中起着主导作用，是影响学生学习和教育过程的一个重要因素。在社会的要求和期望下，教师在学校教育中充当教书育人的角色。常言道："育人先育己"，"教人先正其身"。在教育改革思潮的导航下，我努力地从多方面去强化自己，修身养性，保持自身的心理健康，使自身具有正确而敏锐的认知，稳定的情绪，积极的情感，高尚的情操，坚强的意志，用开放的心态去面对教学、面对学生,对学生起表率作用。

三、做一个不断开拓的工作者

作为一名教师,一方面要正确地分析自己,老老实实做学问,对自身的缺点和错误要勇于改正;另一方面,要虚心地向别人求教,甚至"不耻下问"地向学生学习。不偏听偏信,不人云亦云,应独立地去发现问题和解决问题,做一个不断开拓的工作者。在教学中,我不断地改进教学方法,传授知识力争求精求活,教养能力力求实在,做到真正的"教师为主导,学生为主体,训练为主线"的"三为主"的教学原则。使学生获知、获法于课内,得益于课外。

四、做一个爱的传递者

生活中,我关爱学生,和他们交朋友。我常常告诉学生要有爱心,要做一个善良的人。因为享受了爱,才懂得去爱,要用自己的爱去赢得别人的爱。学生做错事,我给他一个批评的眼神,私下谈话悄悄解决。所有和学生在一起的时候,我都十分注意与他们进行情感交流,比如让真诚的微笑挂在脸上,用满含期待的眼神注视他们,冷了热了提醒他们增减衣服等等。我还特别注意运用体态语言来传达自己对孩子们的关心和爱护,经常拍拍他们的肩,牵着他们手,抚摸他们的头,或者替他们整整衣服,理理头发……每一个动作、语言、神态都是真情的流露,它像春天的细雨滋润着学生的心田,它像煦暖的阳光照耀着学生的心灵,在我和孩子们之间架起了一座友谊的桥梁。

五、做一个勤劳的耕耘者

俗话说:一分耕耘,就会有一分收获。在脚踏实地地勤奋工作,持之以恒地求索中,我在教育教学方面也取得了良好的成绩。虽然成绩只能说明过去,脚下的路就像无限延伸的起跑线,今天的终点,只能是明天的起点,但我相信,用心耕耘,用爱浇灌,就一定会看到繁花似锦的春天和果实累累的秋天。

每个教师都是一道风景,一道独特而亮丽的风景。我们守着三尺讲台,用语言来播种,用粉笔来耕耘,用汗水来浇灌,用心血来滋润。我们用辛勤的劳动为学生打开一扇扇窗,敲开一道道门,给学生一个个色彩斑斓的世界。

优秀教师代表案例二：

吴芳，女，1990年出生，2011年至今，一直供职于森林希望小学，现任教六年级语文。

绿色教育托起我的教育梦

森林希望小学

2011年7月，大学刚毕业的我，带着对教育的满腔热血来到了彭水县森林希望小学，开启了我的教育生涯。

学校让我担任一年级一班的班主任兼语文教师，对一个新手来说，这是一次难得的学习、锻炼机会，我心想：之前看了那么多教育理论书籍，这份工作我一定能胜任！信心满满的我甚至期待早日见到学生。

开学第一天，当我看到五十四个稚嫩、懵懂的小孩，看到五十四位家长的殷殷期待，我更是暗自告诫自己：一定要当一名好教师，绝不误人子弟。然而，尽管我将所有的时间和精力放在教学上，研读各类教参，上网搜集各种优秀教案，并认真撰写详案，天天对着镜子练习拼音发音口型，班上所有大小事都亲力亲为，自己一天忙得像个陀螺，可是课堂效果并不突出，班主任工作也不堪重负。我有太多的困惑，在教学上、班主任工作上、自我专业成长上，无数个问题萦绕在我心间，又不知如何着手解决。就在我极度迷茫、极度需要帮助之时，学校仿佛听到了我的召唤，及时解救我于水火。

一、启动青蓝工程

开学第二周，学校基于"绿色教育"的办学理念，考虑新老师的可持续发展，给新入职的老师找了个"师傅"，这些"师傅"都是各学科领域的领头羊，他们既有理论知识，又有实践经验。我们每天先听师傅怎么上课，再选择性地移植到自己的课堂，师傅也天天听我们的课，全面指出问题，并教授解决的办法。

我的师傅陈小敏老师总用实践教我怎样引导学生，也用自身的学识和涵养为我树立了榜样。她总会逐字逐句地帮我修改教案，每一句、每个词该怎么说，她都不放过。上课时，每每看到她，我就像是吃了"定心丸"。她无私的付出，一直温暖着我的心，念之无以为报，便想和她一般，做一个传递温暖的人。青蓝工程持续一年，这一年，我们的教育教学能力、课堂应变能力、对学生的掌控能力都有了质的飞跃。

二、开展班主任培训

一年级的孩子问题多，爱闹腾。开学第一个月，我嘶哑的声音从未痊愈。学校知道每个年段孩子的心理，了解新手班主任的难处，于是，每月开展不同主题的班主任培训，聘请学校里经验丰富的班主任主讲，也请各领域的专家来讲，接受培训后，我惊奇地发现，原来当班主任有这么大的学问。

通过培训，我知道好的习惯完全靠班主任来培养和训练，课前准备、课间玩耍、如厕、就餐等各个方面都有大学问，班主任要对这些常规工作细心指导和培训，让他们养成好习惯，而且所采取的方式要符合孩子的心理特点和年段特征。

通过班主任培训，我知道了班委会的重大作用，当班主任要学会"放权"，选好小帮手，自己就能省心省力。边学边干，我立即选举、培养了一批小干部，安排给他们具体的工作，并交给他们实施的方法。这样一来，我的事少了，学生倒是动起来了，每个孩子都有事做，这让他们的积极性高涨，自信心也提升不少。

三、实施教师专业成长计划

学校根据老师的年龄、学科、教龄等差异，制订了专属于个人的成长计划，老师每学期根据自己的专业成长去完成相应板块的学习，修完规定的学分才算合格。专业成长计划中包括写教育论文、读教育论著、练好三笔字等。学校还经常派我们出去学习，以取他山之石，来攻我校教育之玉。此外，每周三下午分学科分年级召开教研会，研讨课程的实施、教学困惑……这一系列的专业成长培养计划，让我们得以进步。

回首间，我在森林小学已有九年多的时间，一路坚持下来，我的专业能力得到极大提升，也获得了诸多教学奖项和个人荣誉。而我的快速成长完全得益于学校"绿色教育奠基绿色人生"的办学理念。绿色教育，让每个老师得以舒展个性，在自己擅长的领域大展身手。绿色教育，让我感受到了一个老师的幸福，也让我摆脱了当初的稚嫩，离我的教育梦更近一步！我将不忘初心，继续前行，始终践行绿色教育的理念，用它托起我的教育梦。

优秀教师代表案例三：

王娅，女，苗族，生于1983年2月15日，2013年9月调入森林希望小学，现任2020级2班语文教师兼班主任。

我在森林里成长

森林希望小学

森林希望小学,是学生成长的摇篮,也是教师成长的沃土。曾记得,2011年"教师大比武"森林片区活动时,在下岩西小学任教的我,来到森林小学,参与听课学习,亲身感受森林团队的温馨和谐,切身体会绿色森林的朝气蓬勃,从中收获了满满的感动与温暖。2013年,经过公选考试,我正式加入了森林小学,成为森林团队中的一员,开始新的教育生活,走进新的成长旅程。

在"青蓝工程"中成为新秀

森林小学的"青蓝工程",是为每一位刚进入森林小学的教师们开展的为期一年的"以老带新"教研活动。进入森林的每一位新教师,作为青方徒弟,在"青蓝工程"活动中,都会得到一位经验丰富的蓝方师傅的指导,第一学期上好见面课,第二学期完成验收课。在蓝方师傅的指引下,青方徒弟可以更快地适应新的岗位,更好地融入新的环境。我的师傅陈海霞老师,无论是在教育教学、心理素质,还是为人处事等各方面,都带给我很多启发和影响。从西师版语文二上《让猫头鹰好好睡觉》的见面课,到西师版语文二下《谁跟小羚羊去避暑》的验收课,我们都经历多次讨论与磨课,从课件制作到朗读指导等很多细节,都反复改进,从平平常常的见面课,到板块分明的验收课,我们的辛勤付出得到学校领导的鼓励与好评,我也从中感受到了自我成长与进步,在2014年秋被评为学校"教坛新秀"。

在赛事活动中磨炼成长

2014—2019年,我执教的课先后在"一师一优课,一课一名师"活动中获评市优课、县优课;参与市级小学群文阅读现场优质课大赛决赛获一等奖;在市、县、校级演讲朗诵比赛中多次荣获一、二、三等奖;还带领任教班级参与学校举行的班级文化建设评比活动、"队会活动课"等,多次获得校级一等奖,并多次获评校级优秀班主任。

在网络研修中提升自我

2018年,我自主参与童喜喜老师的说写线上课程培训,并在班上实践"说写课程",孩子们对此兴趣浓厚,我也从中梳理了文章《遇见说写,幸福起航》,获市级论文比赛二等奖。

2019年，我加入"彩虹花"整本书共读公益线上课程导教团队，并承担一定的工作职务。通过带着班上孩子参与"彩虹花"线上晨读课和整本书阅读课，并在课后组织孩子们积极参与晨读诗配画与即兴说写，拓宽了孩子们的视野，丰富了孩子们的课余生活，班级也荣获"彩虹花优秀班集体"称号。

2020年春天，新冠疫情下，我们开启线上教学模式，宅在家里的闲暇时间里，我参加了第25期远川阅读指导师线上课程培训，并通过网络测试取得阅读指导师初级证书。

在工作与学习中，唯有继续努力，持之以恒，突破自我，不断成长，才能成为更优秀的人民教师。

优秀教师代表案例四：

夏翔飞，男，汉族，1978年11月生，2009年9月由小厂乡中心校调入森林希望小学，现为书法专职教师。

涪水长流——我在苗乡教书法

森林希望小学

墨绿色的乌江水翻着白浪，倒映着竹林边上的吊脚楼，楼上的那串红辣椒愈发娇艳馋人，老黄牛深深地吸了一口江水，静静地听着那小男孩用苞谷叶子吹出的一曲《娇阿依》……

十年前我从武陵山深处来到乌江边上的小县城，考进了城边的森林希望小学，后来教起了书法课。学生大部分是留守儿童，过完年父母就走了，只留下老人带着孩子上学。这些懵懂少年，由初识笔墨，到爱上临帖，渐渐开始模糊了他们的土家和苗寨，后来和我成了朋友。我不厌其烦地讲解示范，他们反反复复地读帖临摹，功夫果然不负有心人，孩子们不断在全国、省、县各级专业书法赛事中获奖。教学相长，我也小有所获。书法竟然成了学校的特色，从最初的"书法实验学校"到现在的"重庆市书法示范学校"，我们只用了五年时间，其中艰辛难以言表，全都浸进作品的字里行间了。学生一茬一茬地出，又一茬一茬地进，我等师者还得重复昨天的故事，选良帖而学，择善法而教。遥想当年涪翁于斯，不也如是乎，岂不快哉！

在这几年里，我也走了不少弯路，初习魏晋小楷，后涉二王行草，皆不得法。好在我勇于放弃，退以元人赵松雪手札为门，稍晓笔趣，复归二王，忽然感觉轻松了许多,有茅塞顿开之感。我虽天资愚钝,但不断学习古人,果断否定自我又是我的长处。自以为不算老,总是喜欢去挑战,读书习字,涉猎的东西逐渐多了起来。曾夜临黄山谷大草不得法,披衣行至绿荫轩下,俯看乌江渔火,仰观摩围明月,原来今人不划桨,故我难得法,奈何奈何!蚩尤也然传说,山谷遗踪尤在,涪水依旧长流!

我一直认为自己是很幸运的,让人羡慕的,那便是我的工作和爱好能结合在一起,这无疑是许多人追求的理想状态。当然,我也深知,作为一名书法老师在文化修养、艺术技能与审美欣赏等层面上,应当有更高的要求。于是我不断努力学习,又把自己所学转换落实到教学活动中。每每看到孩子们那双渴求的眼睛时,我都会告诫自己要不忘初心,尽自己最大努力,以期"薪火相传",让书法这门传统艺术在贫瘠的武陵山区开花结果!

优秀教师代表案例五:

刘晓清,女,苗族,1989年出生,2016年至今,一直供职于森林希望小学,现任教二年级数学。

绿色教育伴我成长

森林希望小学

2016年8月,我第一次踏进森林希望小学,整齐的教学楼,干净整洁的校园,绿树鲜花相映相衬,到处焕发出的勃勃生机,给我留下了深刻而美好的印象。特别是教学楼上"绿色教育奠基绿色人生"这几个大字,让我特别好奇,绿色教育到底是怎样的教育。

正式上班的第一天,我的内心的疑惑就得到了解答,真真切切感受到了绿色教育。"绿色教育"就是在充分考虑社会需要的前提下按教育规律来办教育,"引导"人的内在因素合乎规律地全面而主动地"发展",营造一个"引导"与"发展"相适宜的"绿"色环境,并精心地使这两方面协调起来。并且绿色教育不单针对学生而言,也包含了对教师的培养。校长经常讲"一个学校要发展,教师先行",突出了学校对教师成长的重视。由于我非师范专业毕业,毕业后的工作也与教育无关,所以课堂对于我这名新手教师是极大的挑战。

迷茫间,学校的"青蓝工程"解了我的燃眉之急。学校基于"绿色教育"的办学理念,考虑到新教师的成长,给我们每位新教师都安排了一位经验丰富的老师当师傅。我的师傅是郭晓春老师,她经验丰富,对我特别耐心和宽容,像一位大姐姐一样一直鼓励和帮助我。每当在教学中遇到困惑,我都会去请教我的师傅和其他老师,他们都会耐心地帮我解惑。当我没有课时,也会去听他们的课,把他们的好方法借鉴到自己的课堂中,以实现快速成长。经过一年的学习和实践,我的课堂教学渐入佳境。因而,特别感谢学校给我们提供"青蓝工程"这样一个平台,以及每位蓝方教师的无私帮助。

绿色教育不但关注新教师的成长,也关注所有教师的可持续发展。为了提高数学课堂教学质量,促进教师的专业成长,从而更好地践行绿色教育,学校在2018年10月成立了"数学张建名师工作室",我有幸成为其中的一员。在"名师工作室"的学习,让我的课堂发生了质的改变,从浅层教学走向深度教学。深度教学,一定要抓本质。自己以前的教学特别重视教材上文字的提炼,重视方法和结论。现在的教学关注学生的起点,用旧知识推动新知识的学习,突出概念的本质属性。比如在教学《进位加法》时重点关注学生对算理的理解以及对算理到方法的认知过程,而不再简单关注浅表的东西。而且学校工作室的所有数学老师经常一起研讨什么是深度教学、如何实现深度教学……正是在这样的学习气氛中大家共同进步、成长,从稚嫩走向成熟。

春去秋来,岁月如歌,不知不觉我已经来到森林希望小学5年了。在这5年里,无论是"青蓝工程",还是"名师工作室"等等,学校都在不遗余力地给我们搭建学习成长平台。领导关怀,同事们帮助,让我不断成长。我越发感觉森林小学是一个温暖有教育情怀的大家庭。能加入森林希望小学,我感到无比荣幸和感恩。我会和我的同事们一起,用我们的青春和智慧,继续践行绿色教育,让绿色教育伴着我们和孩子们一起成长。

优秀教师代表案例六:

赵小霞,女,苗族,1981年9月出生,1999年走上工作岗位,任教于汉葭镇下塘小学,2009年加入森林希望小学,2014年来到重庆两江新区童心小学。小学语文一级教师。曾获市级识字课赛课二等奖,市级班主任大赛三等奖,市级论文比赛一、二、三等奖,县级赛课、班主任基本功大赛一等奖。

好平台助成长

重庆市两江新区童心小学

2009年9月,通过选调考试的我怀着忐忑不安的心情来到了森林希望小学,开始了教学生涯的新一段旅程。

从加入的第一天起,就明显感觉到了许多不一样。办公室里,每一个老师都在伏案工作,交流的也是关于专业和教育教学的话题;教室里,老师们用心教学,学生们认真听讲,课堂气氛严肃又活跃;走道上,每一个身影都是匆匆而过。教育教学、专业成长、校内外活动、各级检查如井喷一般向我砸来,一种前所未有的压力向我袭来。我意识到:要立即调整自己的心理状态,要立即规划自己的时间,要尽快适应现在的工作节奏,要尽快融入森林这个大家庭。

令人欣慰的是,学校管理层早就预想到了新教师会遇到的困难。他们安排了系列帮扶措施。比如,指定一对一的师父,从生活、教育教学、专业学习等方面进行指导;德育处、教务处领导的关怀;进入同年级老师的班级,向他们学习班级管理和教学技巧;举行新教师过关课,督促新老师快速成长……就这样,我在较短时间里,已经比较好地适应了学校的工作节奏。我从心底里感谢学校里的每一个人,他们都或直接或间接地教会我怎样成为一个"森林人"。

当我已经能够迈着轻松愉悦的步伐上下班时,新的挑战出现在我的面前——赛课。紧张是有的,但不害怕。因为我知道我的背后有强大的团队,他们会毫无保留地任劳任怨地帮助我,"森林"这个好的平台就是我的底气!果然,校长、教导处的领导们、学校教学能力强的老师们一次次地指导我,不在乎上下班时间,其实,更多是下班时间。大家的努力终于有了好的结果,从片区级到县级,再到市级;从语文教学到班主任基本功大赛;从演讲比赛到舞台表演,我一路前行。在森林的五年里,我不记得参加了多少比赛,只觉得每一天都处于准备比赛中,更记得每一个帮助我的"森林人"。我何其有幸,能在教学生涯的关键节点里来到森林希望小学这个最好的平台,获得了最好的成长。

2014年,带着"森林人"的底气,我来到两江新区童心小学,这一次,我没有了五年前的慌张,更多的是期待,期待自己能将"森林人"的风采在新的学校里展示出来。时至今日,我来童心已有六年了,也取得一些荣誉。但我更加明白了"学无止境"的内涵，于是督促自己"读好书，交高人"；我也体会到"予人玫瑰，手有余香"的快乐，提醒自己要和伙伴"互帮互助"。

森林五年，童心六年，都让我感受到了一个好平台对成长的重要性。童心如斯，森林如斯。

优秀教师代表案例七：

豆淑琼，女，汉族，38岁，2008年9月调入彭水森林希望小学，2013年7月考入重庆两江新区翠云小学。

飞翔的一只鹰

重庆市两江新区翠云小学

雏鹰需要母鹰一次次残忍的历练才能翱翔天际，需要忍受痛苦和磨难才能重获新生。如果我是一只雏鹰，那么森林就是母鹰。

2008年9月—2013年7月，在陈恒平校长的领导下，根据学校"绿色教育奠基绿色人生"教育理念，陈容老师领着我们体育组四人，在完成自身教学任务的同时再抓好其他各项工作。时光不负努力，青春不负自己。其间我多次参与并主持了校田径运动会、跳绳比赛等多项大型活动，所参与设计的大课间活动在重庆市各学校都极具影响力。撰写论文获市级二等奖，书法作品多次获县级奖项。带队参加县田径运动会连续三年获县团体第一名的好成绩，带队参加花样跳绳比赛两次获县一等奖、一次获市级三等奖。多次在学校上体育展示课，在2012年5月参加县体育优质赛课获一等奖，并代表彭水县参加重庆市级赛课。五年的时间，通过各类活动，我一次次历练，快速地成长了起来。

鹰之眼，有敏锐的洞察力、甄别力，我捕捉到了最前沿的信息；鹰之翼，是空中翱翔的动力，我要不断学习，用最先进的思想武装自己。2013年9月我通过了两江新区的选调招聘考入了翠云小学，在工作中我不断磨炼自己，把学校的各项运动会搞得有声有色，自编绳操并更换学校大课间活动内容，组织并承办区级跳绳比赛，华龙网针对学校的花样跳绳活动做了专访。带队参加区级各项运动会均取得较好的成绩，足球队多次获得市级一、二等奖，论文多次获国家级、市级奖项并发表，多次参加区级赛课并获奖，疫情期间录制微课等。2016年9月参加了刘勇名师工作室，跟着优秀的团队学习更多的理论和实践经验。几年时间，翠云小学体育板块的各项工作有了突飞猛进的发展。2018年9月受新区委托回彭水支教,其间带队参加花样跳绳比赛获一等奖,并被彭水教委评为优秀支教工作者。

老鹰能经历磨难翱翔蓝天,我们也能努力学习进取,不断完善自我,活出一段又一段有意义的人生。在新时代的教育路上,我们一起追梦吧!

优秀教师代表案例八:

谭文峰,男,汉族,出生于1984年12月26日。2009年6月毕业于长江师范学院;2009年9月—2016年6月工作于彭水县森林希望小学;2016年9月至今工作于渝中区实验幼儿园。

绿色伴我成长
重庆市渝中区实验幼儿园

只争朝夕,不负韶华,是我前行的动力;手拿戒尺,两眼有光,是我的教育追求。怀揣教育梦的我,自工作以来,兢兢业业,慧思敏行。2009年9月—2016年6月,在森林希望小学和谐美好团队里,我迅速从一名懵懂的新教师成长为一名有思想、有经验、有创新的体育组骨干教师,出色地完成了学校各项体育教育教学工作。7年"森小"生涯,我带队参加县田径运动会连续六年蝉联县小学组团体第一;2014年带队参加县羽毛球比赛荣获团体第二的成绩;我个人在2014年6月视频录像课比赛中荣获市级二等奖;2015年6月组织并训练校足球队参加县足球联赛,分别以男女第一名的成绩出线;同年10月代表彭水县参加市级足球联赛渝东南片区赛,荣获片区第六名的好成绩;2015年4月参加县第四届体育教师"岗位大练兵 教学大比武"优质现场赛课,荣获小学体育一等奖;2015年5月代表彭水县参加重庆市第四届中小学体育教师基本功技能大赛,荣获团体第一。同时,多次承担彭水县体育展示课,获得专家、同行的一致好评。

2016年7月,我通过渝中区区外优秀教师选聘考入渝中区实验幼儿园。在新的岗位,我不断鞭策自己,其间多次培训实幼教育集团教师的体育基本知识和基本技能;把园所的体育教育教学活动、教师们的体育教学课堂组织能力、幼儿的身体素质以及幼儿的体育基本技能带上了一个新的台阶。组织园内幼儿体能活动,策划的幼儿园运动会深受幼儿和家长们的喜欢。同时,也再次取得多项市级、区县级荣誉。

展望未来，我将心怀教育梦想，以"敢拼敢搏"的体育精神，以"心有阳光"的教育精神，奋力前行。青春有我，未来可期！

优秀教师代表案例九：

李峻峰，男，1993年7月11日生，苗族，本科学历，2015年7月工作于森林希望小学校，担任体育教学工作，2018—2019年担任学校体育学科教研组长，2019年9月考入重庆两江新区星光学校。

这 片 绿

重庆市两江新区星光学校

如果我是一棵树，森林这片土就是滋润我的地方。"绿色教育奠基绿色人生"，让一棵树发出绿芽到枝繁叶茂，再到茁壮成长。

2015年的夏天，我坐着晏建红主任的爱心摩托车来到了森林。校园郁郁葱葱、鸟语花香，认识森林从绿开始。体育组的哥哥姐姐为我介绍校园文化，石梯中草木修剪而成的"希望"二字生机盎然，十分醒目，仿佛就要活过来般；迈过阶梯，方正大气的立柱上屹立的校徽独具匠心，令人眼前一亮；教学楼楼顶"绿色教育奠基绿色人生"的办学理念，让我对森林充满无数幻想。

就这样我开启了森林之旅，第一次面向全校师生庄严宣誓，我斗志昂扬，同事为我拍下了在这片土地上的第一张照片。在学校领导的带领下，我积极主动参与学校的各项事务及活动，2015年10月，第一次带队参加全县中小学生田径比赛，在团队的共同努力下我校获得小学组团体第一名的好成绩；2016年6月带领我校女足获得县小学女子组冠军，渝东南片区第八名的优异成绩；2017年6月在我校组织的赛课活动中获得体育学科赛课第一名；2018年5月获县进修校推荐，代表彭水县参加重庆市中小学体育教师赛课，在全体森林人的悉心帮助下，我不负众望，斩获市级赛课一等奖；2019年5月，再次代表彭水县参加重庆市第六届中小学体育教师基本功技能大赛，获得团体一等奖和个人一等奖（小学组全市个人排名第七）的可喜成绩等。就这样我在森林度过了人生中最快乐的五年，我知道这所有的成绩都离不开这片土地给予我的充足营养。

2019年9月我成功通过了重庆市两江新区教师招聘考试，来到了现在的星光学校，虽然目前只有短短的一年时间，但在工作中我积极组织并参与学校各类赛事活动,受到了学校领导的充分肯定,特别是在学校组织的行政进课堂听课活动中受到了领导的一致好评。工作之余我也不忘加强专业学习,所发表论文《浅谈如何在小学体育教学中培养学习兴趣》在全国优秀论文评比活动中荣获一等奖。在彭水县进修校郭云飞老师的邀请下,我在"彭水县2014—2018年入职体育教师第三阶段"中做"始于辛劳,收于平淡"主题讲座,分享这五年的成长历程,平台、领导、团队、导师;辛勤、努力、拼搏、收获。回想起的点点滴滴,便是我的绿色人生!

"绿色教育奠基绿色人生",祝愿这片绿点缀世界的每一个角落。如果我是一棵树,这即是我的开始,祝福您——森林,祝福您越来越好!

第九章 绿色教育引领学校发展

学校坚持以绿色发展为导向，实施人本化建设和管理。这种人本思想既体现为想学生所想，急学生所急，又体现为想教师所想，急教师所急，致力于办好教师和学生都满意的教育。在长期的实践摸索中，学校在全体师生共同努力下形成了一套完备的绿色教育理论和实践体系，培育了一批批优秀的学生和专业教师，并成功实现自身从小规模学校向区域龙头学校的转型。

第一节 学校发展成就

在绿色教育理念引领下，学校建设紧跟时代步伐，校园文化建设、基础设施设备建设、学校内部治理结构等均走在区域前列，学校办学质量也得到了同行、家长和社会的高度评价。

一、绿色教育理念成为成就"人"的源动力

（一）绿色教育理念引领学校文化内涵建设紧跟"时代步伐"

打开百度，搜索"绿色教育"，可以搜索到4320万个结果，全国有数百所学校在实施"绿色教育"，可见其已是蔚然成风。而在绿色教育方兴未艾的2008年，森林希望小学为什么选择"绿色教育"？又是怎样走上"绿色教育"道路的呢？

1997年，通过引资办学，原重庆市南方集团董事长孙甚林先生捐款50万元，选址沙沱街太守路49号（原沙沱居委柑子林处），建成"甚林希望小学"；1998年秋季学期，开始招收学校第一批学生，9月20日开学时，全校仅有84名学生，7个老师；1999年4月，由县人民政府更名为彭水县森林希望小学，在更名的同时，经县长办公会研究，被纳入重庆市市级名校建设计划，并提出了"师资一流、质量一流、管理一流、环境一流、设备一流"五个一流的办学目标。"五个一流"的办学目标，首先在方向上有很明确的指向性——以建设"一流"为标准。其次在内容上有很明确的侧重点，以师资建设为首要、以强化管理为手段、以环境建设为基础、以完善设备为依托，实现学校办学质量的"一流"。这一阶段的森林小学无论是办学规模、体量，还

是办学水平、质量,都处于起步阶段,各个方面的基础都还很薄弱。这是任何一个学校起步阶段必须要经历的过程,不可能避开这样一个过程而走捷径,学校的发展总是循序渐进、由小到大、由弱到强的这样一个动态进化的过程。

2002年,教育部出台了《关于加强基础教育办学管理若干问题的通知》,要求积极推进义务教育阶段学校均衡发展,努力扩大义务教育阶段优质学校的规模,满足人民群众对高质量教育的需求。学校顺应时代要求,提出以"高起点、高规格、高质量"为指引,进一步深化内部改革,优化育人环境,提高办学质量。在此阶段,学校确立了"校美、人和、立善、立美"的办学理念,"团结、协作、坦诚、宽容"的校训,"森林大舞台 有你更精彩"的校风,"我在森林能成才、我在森林会学习、我在森林真快乐"的学风。"一训三风"中的人本思想在这个时候就得以凸显,希望学生在森林快乐成长、快乐学习的基调得到长期坚持,也成为后来绿色教育的雏形。

2010年,《国家中长期教育改革和发展规划纲要》确立了未来十年的五大工作方针:把教育摆在优先发展的战略地位、把育人为本作为教育工作的根本要求、把改革创新作为教育发展的强大动力、把促进公平作为国家基本教育政策、把提高质量作为教育改革发展的核心任务[1]。此时的森林希望小学,办学体量进一步增大,学生人数超千人,教师总量是成立之初的十倍,学校在区域内的影响力也逐渐增强。时任陈恒平校长,顺应时代发展要求,结合对学校教育的深刻理解,采用了"绿色教育"理论并提出了"绿色教育奠基绿色人生"的办学理念。该理念与《国家中长期教育改革和发展规划纲要》的政策思想极为契合,或者说森林学校的绿色教育正是对政策的实践。

2016年,《中国学生发展核心素养》出台,学生发展核心素养,主要指学生应具备的,能够适应终身发展和社会发展需要的必备品格和关键能力。中国学生发展核心素养是关于学生知识、技能、情感、态度、价值观等多方面的综合素养,是每一个生命个体获得幸福、能够适应个体终身发展、进而适应、服务、推动社会发展必须的、必不可少的综合素养[2]。"绿色教育奠基绿色人生"理念与其内涵一脉相承,研究

---

[1] 中国政府网.国家中长期教育改革和发展规划纲要(2010-2020年)[EB/OL]. http://www.gov.cn/jrzg/2010-07/29/content_1666937.htm,2020-12-15.

[2] 林崇德.中国学生发展核心素养:深入回答"立什么德、树什么人"[J].人民教育,2016(19):14-16.

学生发展核心素养是落实立德树人根本任务的一项重要举措,也是适应世界教育改革发展趋势、提升我国教育国际竞争力的迫切需要,更重要的是为全面实施素质教育,进一步丰厚了理论依据、描绘了目标方向、明确了实践策略。2017年,以《中国学生发展核心素养》为理论支撑,集全校众人之智慧,完成了《森林希望小学五年发展规划(2017—2022)》,五年发展规划作为学校的共同行动纲领,以"绿色环境、绿色管理、绿色德育、绿色课程、绿色课堂、绿色团队、绿色评价"为抓手,又以此支撑,全面构建完成绿色教育"一树干,七枝叶"理论和实践体系,围绕"七个抓手"而整合、重组的"运动与健康、阅读与积累、艺术与审美、科技与创新、劳动与实践、责任与担当"六大课程,既是"绿色教育"实践的物质显现,更是"绿色教育"内涵的精神载体。

从绿色教育的雏形到不断丰富、完善的绿色教育理论和实践,森林希望小学的发展稳步向前、蒸蒸日上。学校的发展历程总是具有鲜明的时代特征,同时也烙上了学校自身的印迹。在践行"绿色教育"的过程中,我们也深刻领悟到:一套科学、完善的办学思想体系,既要立足当下,更要着眼未来。只有立足当下,才有实现的现实基础,不然就是"空中楼阁"。只有着眼未来,致力于更高更远的追求,才有生命力,才能实现可持续发展。因此,学校必须遵循绿色教育发展理念,既要立足自身实际,又需要紧跟时代前进的步伐,才能真正地办好人民满意的教育,促进学生更好的发展。

(二)绿色教育理念引领学校办学发展步入"快速通道"

办学能力是指基于学校育人所需的物质基础、师资力量、管理水平以及其他服务于育人工作的学校事项的总称。办学能力是一个综合性的概念,有物质的,也有非物质的,有智力因素,也有非智力因素。学校教育的本质是"育人",学校一切工作指向都是基于"人","绿色教育"的工作目标也不例外。衡量学校办学能力的高低,就是衡量学校各方面工作服务于"育人"的水平高低。绿色教育的实现,必须有高质量的学校办学能力为支撑,而绿色教育理念则又引领、助推学校的办学能力提高。

1.围绕"环境一流、设备一流"的目标,基础设施建设完善加速

围绕"环境一流"的目标,加速校舍场地基础建设。森林希望小学1997年筹备

建校,校地面积从建校初的11867.66平方米,历经三次征地扩建(1999年、2005年、2017年),发展到现在的校地总面积22305平方米,约为建校初的两倍。建校初,学校仅有第一教学楼一、二层共十间教室、两个办公室和一个厕所,校舍面积1176.4平方米。2000年,在第一教学楼上加建两层教室,校舍面积增加到2225.4平方米。2001年,县教委委托学校在第一教学楼右侧修建一幢两层楼房,共4间教室、1间办公室、1个厨房,建筑面积298平方米,作为彭水县特殊教育学校的教学楼。后彭水县特殊教育学校搬离,该教学楼改称学校第二教学楼,学校校舍面积增加到2523.4平方米。2003年,学校又在第二教学楼上加建两层,在操场东北角新修一个厕所,学校建筑面积达到5416.4平方米。2007年,第三教学楼以及综合楼竣工,学校校舍面积达到了8031.8平方米。2019年,在第三次扩建区域上,修建了综合楼、学术报告厅、车库等,共计建筑面积3379.06平方米,由此,校舍总面积合计11410.86平方米。为满足管理运行及师生教育教学的需要,我校对校园空间进行了统筹利用,一是将校园空间进行了整体概念划分,最大效益地发挥环境育人的功效,设为学校愿景区(校门及进校大道)、教学功能区(东西两侧是教学楼)、综合功能区(综合楼各功能性教室和活动室)、行政办公区(行政办公楼)、实践体验区(后山植物园、地理园、种植园)、体育运动区(多功能田径场、风雨篮球场、乒乓球场等)、生活休闲区(学生食堂及林荫休闲道等);二是打通各功能区之间的"壁垒",使学校各功能区又相互形成一个整体空间,每任意两个空间之间均无"隔阂"。师生从大门进入学校后,通过室外场地进入半室外的廊道,再通过相应的交通空间,人员即可分流至每个功能区当中,良好地过渡了室内外空间僵硬的临界点。

2.围绕"设备一流"的目标,设备设施完善加速

2005年,学校运动场开始建设。2009年,在运动场硬化的基础上,开始铺设塑胶运动场,并设置200米环形跑道、100米直跑道、1个足球场、1个篮球场以及羽毛球场。2009-2011年,学校重新装修了阶梯教室、会议室、图书室、阅览室、美术室、心语室、校园电视台等。从2014年起,学校共计利用中央专项资金522121元和其他学校自筹经费876119元投入各设备设施的完善,主要任务涉及:图书室、藏书室、科学实验室、音乐教室、体育专用楼、美术教室、卫生室、劳技室、科技馆、科技活动室、书法教室、计算机教室、心理咨询室、电视台等功能室、畅言互动教学系统、电

子白板、围墙、栏杆维修、运动场、监控设备、学生饮用热水设备、电脑及电脑桌设备、图书及图书架、消防器材、电路整改、教室涂料、门窗维修、厕所改扩建工程、风雨球场建设，共计大小项目20余个，相应的设备设施配套齐全，使用功能均得到了升级改造。学校现有图书35638册，其中纸质图书24769册，数字图书10869册，生均图书15.8册。特别是近五年来，学校积极推行信息化和数字化建设。共计投入资金248218元，涉及信息化硬件添置、软件平台建设等多个维度，全校信息化配备率达到100%，引进社会资金50万元，升级学校"科技馆"，现学校设备总值达到了1255146元，生均设备值达到1226元，超过国家平均指标。

3.本着"人本、规范、高效"的理念，内部管理精细化得到落实

学校管理能力和水平，是体现办学能力的重要指标之一。绿色教育理念下的学校管理，本着"人本、规范、高效"的理念，始终树立管理即服务的理念，即为学生发展服务，为教师发展服务。充分关注师生的发展需求，创设尊重、信任、关怀的人文环境，设计有利于师生发展的制度环境、评价环境。要实现"人本、规范、高效"的教育教学管理，就得摒弃"粗线条"、"简略化"的管理方式，坚持走精细化管理的道路。

促进学校理念认同，为实现"人本、规范、高效"的管理打好"人文"基础。学校办学思想、办学目标、办学方向、包括年度计划、阶段性工作重点，不能只是少数人掌握，必须众人知晓且认同。学校建设与发展不能"单相思"，更不能想当然，必须"睡双人枕"，你情我愿，学校的进步与成长，需要形成合力。如果剃头担子一头热，老师不知晓、不认可，那只能走入死胡同，谈不上发展进步。理念认同的最好方式，就是让教师亲自参与设计、亲自参与决策，自家的孩子自家抱，自己的劳动成果才最珍惜。绿色教育体系的完善是由所有教师设计并决策的。绿色教育理念系统下的校徽、校旗、校报、校刊、校服、吉祥物等，也都是师生共同智慧的结晶，学校文化环境、教室环境创设，也都是师生自己设计、自己决策、自己布置。师生在设计与决策中接纳、在设计与决策中创造，进而在设计与决策中认同。

全面完成制度建设，为实现"人本、规范、高效"打下"物质"基础。在制度建设上，在赋予制度以学校文化色彩的同时，赋予老师更多的抉择权。比如出勤上我们特设了"森林关爱假"、"特殊情绪假"等，规则制定既遵守政策原则，又满足大众意

愿,自己的规则自己制定,自己的规则自己遵守,形成尊重、民主、信任、关怀的人文环境。

坚持精细施策,为实现"人本、规范、高效"做出过程保障。坚持精细施策,为各项工作提供全方位的过程保障,其主要体现在两个方面:一是对照"五年发展规划",结合当年度上级安排的重点工作,采取一上一下的方式确立年度工作计划。二则体现在某一件具体的工作上,谁安排、具体要求是什么、谁评价,作明确的要求和落实,在实际每项工作开展过程中,落实"双向"运行机制,无论由上而下任务下达,还是由下而上情况反馈,做到每个环节有任务、有职责、有监督,高效解决日常工作中的具体问题。

4. 立足"将教育做成艺术"的追求,铸造研究型教师队伍

师资水平是衡量学校办学能力的核心指标,其高低、强弱既关系到办学理念是否在具体的工作中得到执行与落地,又关系到在执行与落地的过程中,是否始终在学校办学理念的"轨道"上,不偏离、不走样、不脱轨。立足"将教育做成艺术"的追求,绿色教育理念引领师资水平建设走向"研究型教师队伍"道路。

聚焦师德,坚持底线思维。教育是一件需要情怀的事业,师德是"情怀"的保障,也是"研究型教师队伍"的基础。师德工作如何抓,过去一味地说教,一味地要求,效果很不明显。2017年开始,我们尝试改革教师例会,在教师例会的第一阶段(前十分钟)设置"森林大讲堂"环节,由一老一少两位教师分别讲述自己在森林的故事,以充分发挥教师在学校师德建设中的主体作用,一切正能量的内容,经分管领导审核后均可上"森林大讲堂"宣讲。凡有森林大讲堂的时候,是老师们听得最为专心的时候。聚焦师德师风建设,充分发挥教师的主体作用,还表现在利用教师的正面激励作用,通过月度人物推荐、青年才俊展示、党员风采、森林好教师等称号和荣誉的评选,弘扬身边的师德标兵,充分发挥身边榜样的示范引领作用,传播正能量,形成风清气正的良好教育生态。

以人为本,坚持分层培养。教师专业提升坚持以人为本,因人施策,综合教师的年龄结构、认知水平、执教能力等多方面因素,统筹研判,并以此作为分层的依据,不同的教师分层要求。如针对入门期教师(教龄3年以内),重在基础性培养。培养目标从"应知应会"着手,使新调入教师、新入职教师规范、全面地掌握教育教

学的常规要求和教学技能。而对定型期(教龄20年以上)的教师,目标则是让其形成自己独特的教学风格,促使教师"把教育做成艺术"。通过分层培养,助力教师专业成长,构筑教师专业尊严,让不同的人在横向、纵向上都有收获、有进步,充分彰显"绿色教育"理念,即始终致力于个体终身全面可持续发展。

以爱育爱,营造和谐氛围。爱是可以接力的,爱也是可以传递的,学校怎样爱老师,老师就会用同样的方式去爱学生。老师在学校有成就感、有归属感,学生在这里就有获得感、幸福感。"人本、规范、高效"的管理理念,目标指向是——做一名幸福的森林教师,学校发展始终将教师需求放在第一位,在岗位安排、学生入学等相关工作的安排布置上,坚持整体一盘棋的思路及原则,充分考虑各个教师的实际情况,让教师切身感受到被需求、被尊重、被认可的幸福感、获得感。进一步提升森林教师社会认可度及社会尊重度。进一步优化各项活动安排,始终将职工健康、快乐放在团队建设重要地位,增强团队凝聚力,营造和谐的团队氛围。

(三)绿色教育理念引领师生教学行为立足"全面发展"

绿色教育理念指向人的"全面发展"。全面发展指人的体力和智力的充分发展,又指人在德智体美各方面和谐的发展。2019年,《中国教育现代化2035》指出"培养德智体美劳全面发展的社会主义建设者和接班人","弘扬劳动精神,强化实践动手能力、合作能力、创新能力的培养"。对此,全面发展应是人在"德智体美劳"各方面和谐的发展。人类很早就萌芽了对人的完美、和谐发展的追求,但直到19世纪,马克思和恩格斯才在继承和发展前人思想的基础上,首先对这一问题做了科学的历史分析,指出人的发展与社会发展的一致性,并强调人的全面发展只有在合理的社会制度下才能完全彻底地实现[1]。

学校的办学理念是"绿色教育奠基绿色人生",绿色人生应是指"德智体美劳"全面发展,具有可持续发展的人生。全面发展是一种理念,一种追求,一个目标,而实现这个目标最重要的载体便是课程。我们常自省,一个人的身体需要营养搭配均衡,否则会营养不良。每一个人对食物的喜爱均有所好,我们只有供应多个品种的食物,才会满足更多人的需要。国家课程是一个学生最基本的搭配均衡的营养,校本课程则是根据个人爱好所设置的课程,让所有学生根据自己所好,选修一门,

---

[1] 肖子华.习近平流动人口社会融合思想研究[J].人口与社会,2016,32(03):36-50+97.

或者多门课程,培养自己的特长。这样既满足学生全面发展的需求,同时,也促进了学生的个性发展,最后达成学生"健康文明、博学多才、手脑并用、阳光上进"的规范要求。学校根据这一指导思想,构建了"责任与担当、阅读与积累、科学与创新、运动与健康、劳动与实践、艺术与审美"六大绿色辅助课程,整合国家、地方、校本三级课程,在学校以课程为主阵地,辅以社团活动。同时,将培养阵地延伸到家庭、社会,将六大课程落到实处。如科技与创新课程则是通过课堂这一主阵地达成全员育人。社团活动相继开发出了"七巧板""科技模型""科技创新""小小实验家"等近十个辅助课程内容。学生则根据自己的爱好选择课程进行学习,满足学生个性发展。假期,则布置学生参加项目式学习,学生根据自己参加的项目进行研究性学习。学生"学"的模式转变了,倒逼着教师"教"的行为转变。首先是教师必须拓展自己的知识面,"学生需要一杯水,教师需要一桶水",这种对教师传统意义上的要求亦然过时。现在应是学生需要一杯水,教师需要成为一潭汩汩流动的活水。进入人工智能时代,知识日新月异,教师的知识储备和学习更是需要动态变化。同时,在人工智能时代,分工更为精细化,岗位专业化迫在眉睫,传统上应试教育显然无法满足这一要求,应该说这种只重视学生分数,关注智力发展的教育已成过去式。我校尤其注重学生全面发展,分数不再是衡量一个学生素质发展的唯一标准。以我校已经实施十多年的六年级毕业生推荐上初中的评价标准为例,我们将学生的德育、体育、荣获各类活动奖励和表彰,分别以百分之十的比例进行量化考核,评价标准对师生的"教"与"学"起着了很好的引领作用。综上所述,以课程为基,为学生全面素质发展提供保障,以评价为盾,为学生全面素质发展掌舵护航。

(四)绿色教育理念引领社会价值取向选择"素质教育"

应试教育通常被视为以提升学生应试能力为主要目的,十分看重于考试成绩的教育制度。这种教育方式的实质在于将知识一味灌输给学生,犹如在鸭子饲养的过程中养鸭者用含糖量高的饲料塞进鸭子嘴里使其快速增肥,而其他如鸭子划水生存的能耐等则不会是关注重点,因此得名填鸭式教育。应试教育把应试作为主要的教育目标,它是一种片面的教育模式,其弊端对中国基础教育产生了巨大而不可逆转的影响。

素质教育,则是以全面提高人的基本素质为根本目的,以尊重人的主体性和主动精神,以人的性格为基础,注重开发人的智慧潜能,注重形成人的健全个性为根本特征的教育[1]。素质教育,是社会发展的实际需要,要达到让人正确面临和处理自身所处社会环境的一切事物和现象的目的。新世纪初,知识经济已见端倪,世界范围内的科技竞争、经济竞争,尤其是人才的竞争日趋激烈,国力的强弱越来越取决于劳动者素质的高低,取决于各类人才的质量和数量,而教育在综合国力形成中处于基础地位,承担着培养高素质人才的重任。面对知识经济的挑战,我们清楚地认识到,现行教育在体制、结构、人才培养模式以及教学内容、教学方法上都与培养现代化建设需要的创新人才有较大差距,因而掀起了声势浩大的课程改革运动。相较于应试教育更多关注知识的传授和掌握,技能的习得,素质教育更多关注人的发展。但在教育实际中,素质教育落实不尽如人意,一些教师甚至校长仍然认为素质教育不好具体操作,难落实,于是工作仍停留在喊口号、走过场、摆形式上。受凯洛夫教育思想的禁锢,许多学校还存在着片面追求升学率,课业负担过重,只重视智育,而忽视其他方面教育的问题,极大地阻碍了少年儿童的全面发展。为此,加强对素质教育思想的认识,是摆在我们广大教育工作者面前的一项艰巨而紧迫的战略任务。

小学教育作为基础教育的奠基阶段,正是接受和践行素质教育的关键期,对学生未来的发展有着举足轻重的作用。因此,我校践行绿色教育理念,为学生的绿色人生奠基,追求学生全面发展,与素质教育有异曲同工之妙,殊途同归。具体教育教学实践中,我校以"六大"辅助课程为载体,构建绿色评价体系,践行和推动素质教育向前发展。首先,树立"均衡"课程概念。实施绿色教育,我们追求的学生全面发展,即德智体美劳的发展。正是基于这个概念下的课程,改变了传统观念中的"主科"和"副科"的应试教育观。考试科目为"主科",其余为"副科",这种片面性发展的应试观念唯分数论,仅重视学生智育发展。而学校践行的绿色教育,关注的是学生德智体美劳各个方面的均衡发展,智育仅是全面发展中的一部分,所有学科均衡发展,彻底打破"主科"与"副科"的传统禁锢,为师生和家长树立了正确的学科发展观。其次,学校实现学科师资全员专业化。每一门学科教师设置专业化岗位,学校通过专业师资配备和教师自主转岗培训,组建了一支专业型的师资队伍,以此真正实现"把教育做成艺术"的教风构想。专业的师资队伍推动学科课程的特色打

---

[1] 文建兵.论素质教育和教师聘任制[J].湖南教育学院学报,2000(S3):96.

造,学校先后被评为"重庆市科技特色学校""重庆市书法示范校""重庆市少儿美术实践基地""重庆市自然教育示范校""教育部首批全国体育示范校"等。在此过程,学生成了最大的受益者。学生根据自己所需进行选择,培养自己的特长,实现自身的德育、智育、美育、体育、劳动教育等全面发展。学校由此实现全员育人、全面育人的理念构想。学校因此也获得社会的一致好评,同时也引领着区域内学校素质教育的发展。最后,绿色评价的构建促进素质教育的发展。评价机制是对办学方向的导航,同时,也是维系办学行为的基石。学校从教师和学生评价两块出发,一改过去应试教育唯分数论的评价机制。教师评价,以教师为本、尊重教育规律。尊重教师的主体性,充分考虑教师工作的复杂性、育人性、长期性、实践性等特征。对全校教师实行分类平行评价,按主要工作内容不同,平行分为教育管理和学科教育教学两大类。其中,教育管理分行政管理和后勤保障两类,全体校委会成员纳入行政管理类,负责相关后勤工作占主导地位的非校委会成员纳入后勤保障类;学科教育教学则分语文、数学、英语、幼儿、音乐、体育、美术书法、信息技术等类别,学科教育教学分类以教师任教学科为依据,担任多门学科教师按个人课时量占比高的学科进行归类。学生评价,以六年级毕业生推荐方案和毕业生校长实名制推荐办法为主,构建素质评价的平台。评价是导向,评价机制的改变,转变了教师、学生、家长的观念。学校每年组织的各种大型活动,艺术周、体育节、科技节、阅读节等成了学生追捧的节日,也成了教师和家长关注的教育方式。学生全面素质的培养和发展,深受兄弟学校和初中学校的好评。"森林的学生后劲足""森林的学生字写得好""森林的学生组织能力强""森林的学生艺体水平高"……这是初中学校对我们学生的评价。学生全面发展已成为家长的自觉,主动关注学校课程开设的全面性,主动关注班上是否按课表上课,主动关注学生参与社团的情况。从意识到行动的改变,学校也迎来了素质教育质的飞跃。

二、绿色教育理念成为引领区域均衡发展的风向标

(一)担当责任,主动确立区域内领先地位

学校作为社会公益性组织机构,其担当的社会责任,一方面是学校自身的育人功能、育人水平的呈现。另一方面,无论是优质学校还是普通学校,总是置于一定

的社会环境中,社会各界对于学校正面、负面的评价,影响着一定区域内,教育在社会各界的影响力、公信力。办好每一所学校,提升民众对于教育的认可度、满意度,也是每一所学校肩负的社会责任与社会使命。森林希望小学坚持学生全面发展办学方向、坚持素质教育道路,"不唯特色而特色,全面兼修"的发展思路,不以外显特色为追求目标,也不以项目的特色化、环境的特色化为唯一,始终把学校发展道路定位为促进"师生"的生命成长,促进学校的内涵发展。学校已形成德育、书法、科技、体育、美术、音乐等多元办学特色。先后荣获重庆市首批52所义务教育阶段体育艺术(书法)特色学校、重庆市书法示范学校、美术(水墨画)特色先进单位、重庆市科技特色学校等称号。学校办学水平、育人质量始终保持高位运行,多年处于县域领先地位。基于学校多年各级各类考核评价的领先水平,学校坚持素质教育的办学方略,得到了同级同类学校的认可。作为初中学生生源输出地,学生输出质量得到了各类初中学校的一致好评。民众对于学校办学质量的认可度、满意度多年处于高比率位置。社会对于学校的正面评价占主导地位,良好的教育生态正"润物细无声"地影响着诸多社会生态的良性发展。

(二)辐射扩散,致力于校际交流合作

一所学校的公益性和社会担当,不仅是要实现自己校内师生的普遍性、个性化成长和发展,还体现在基于自身发展的同时,对于区域内其他学校的辐射和扩散,实现校际协同发展、共同进步。义务教育从"基本均衡"走向"优质均衡",目标是实现区域内学校齐头并进、共同发展。从基本均衡向高位均衡升级,提高教育质量、促进优质均衡发展,是国家重要的战略目标,也是满足广大人民群众"上好学"的现实需求。

2010年,在上级教育行政主管部门的安排下,学校尝试建构"N+1+N"城乡学校统筹发展模式,实施城乡教育统筹发展战略。第一个"N",指向学习、吸收、内化,森林希望小学通过学习和吸收市内外优质学校先进的管理理念和教学手段,内化为自己的发展动力。第二个"N"指向辐射、传递、带动,森林希望小学利用自身优势,发挥辐射带动作用,结对县域内的乡镇小学,通过双向的交流与合作,实现校际双赢。学校先"走出去",与市内的重庆市人民小学、九龙坡实验一小等结为友好学校,通过派遣学校管理干部、教师到这些学校培训、观摩、跟岗,助力自身强大。作

为造血功能的输出方,再一次"走下去",先后与县内的万足中心校、小厂中心校、桑柘中心校等10余所乡镇学校"自主结对"发展,从2011年到2014年,县域内其他乡镇学校到森林希望小学交流培训教师达500余人次。2012年,学校落实县教委在全县实施"中小学领雁工程"试点工作的决定,作为县内14所"领雁工程"之一的示范学校,与项目学校棣棠中心校结对发展,建立发展共同体。2013年,学校根据县教委安排,成立森林教育集团,统筹万足中心校、岩东中心校、庐山完小,辐射带动三所学校"规范+特色"发展。2017年秋,按全县脱贫攻坚工作的安排,我们又与大垭中心校结对发展,帮扶工作开展以来,学校从"行政管理、队伍建设、质量提升、全面育人、特色发展、学生评价"六个板块介入大垭中心校,实现帮扶工作全覆盖。整个帮扶工作科学、高效,有前测调研,有方案,有计划,有激励措施。帮扶过程,我们采取固定与灵活相结合的原则。每学年派出两名老师长期蹲点帮扶;灵活方面,每周,学校精选业务能力强的学科骨干教师在科室负责人的领导下入驻大垭中心校,与大垭中心校教师一对一、面对面进行交流探讨,首先大垭中心校教师执教,通过课堂入手,诊断问题,然后由我校教师上示范课,并针对课堂教学的若干问题,从教学设计、上课、作业批阅、单元复习等多方面进行深度分享交流,有效提升大垭中心校教师的业务素养,真正实现帮扶工作"帮根本"、"找源泉"的工作目标,为大垭中心校的可持续发展进一步夯实了基础。

第二节　　社会综合评价

森林希望小学建校二十多年来,学校以团队合力取胜,求真务实、锐意进取、躬耕教育,抓教改,促教学,质量一直名列全县前茅,形成书法、科技、体育、美术、德育等多元办学特色,先后获得重庆市优秀卫生单位、绿色学校、平安校园、依法治校示范校、52所老百姓身边的好学校、文明单位、书法示范校、教育科研实验基地、自然教育示范学校、文明校园、全国学校文化建设研究基地、国家青少年体育俱乐部等荣誉称号。

一、荣誉篇

重庆市自然教育示范学校　　　　　重庆市文明校园

二、关怀篇

1.2012年3月7日下午,重庆市教委主任周旭、副主任钟燕、会计师邓睿等领导来到森林希望小学视察工作。周旭主任高度评价:森林小学环境很优美、森林小学教师有活力、森林小学学生很阳光!

2.2012年8月23日下午,重庆市市政园林局汤勤局长、陈时进处长一行到森林希望小学,对学校创建市级园林式单位进行了检查验收。

汤局长在总结发言中,高度评价我校校园环境打造的三大特点:一是领导重视,规划适宜;二是校园文化氛围浓,环境育人做得好;三是学校绿树成荫,绿色景观特色突出。

3.2012年10月9日下午,重庆市书法家协会秘书长周树明、吴老师一行莅临森林希望小学,就学校创"重庆市书法艺术示范学校"进行实地考察。领导专家认为校园环境彰显文化气息,与书法艺术的气质相映生辉;对学校开展书法教育工作的认识高度、重视程度、开展情况及场地配置、设施投入等方面由衷予以肯定,认为学校开展书法教育工作做得扎扎实实,已初显成效。

4.2013年5月27日,市评估院负责校园文化建设的评估专家熊德雅一行来到我校,开展县级特色学校评估工作。

熊德雅主任对我校校园文化建设工作作出高度评价,充分肯定了我校特色教育取得的成绩。他指出,我校的绿色教育文化本身就是一种特色文化,希望全校师生进一步挖掘绿色教育的内涵,继续秉承"绿色教育奠基绿色人生"的办学理念,将特色教育做好、做深、做透。

5.2014年10月23日下午,重庆市人民政府副市长吴刚来学校视察指导工作。

吴市长对我校先进的教学理念、良好育人环境和各项管理制度创新给予了高度评价;并鼓励学校要进一步深化内涵发展,突出办学特色,引领全市教育高水平、高质量的发展。

6.2015年5月14日,中国舞蹈家协会调研组专家来森林希望小学调研指导新农村少儿舞蹈美育工程——少数民族舞蹈课堂开展情况。

在交流中,调研组详细了解了孩子们的生活、训练情况、家庭背景,鼓励老师们要坚持将舞蹈教育进行下去,使农村孩子也能感受到高雅艺术的魅力。专家们就"美育工程"在我校的开展情况给予了高度评价。

7.2015年10月21日,彭水县教育界耆宿代表团深入森林小学参观并指导工作。

代表团成员们对学校近几年教学条件的改善表示赞许,尤其对学校管理体制、特色办学等方面在全县所作的龙头作用表示肯定。

"森林小学堪为我县学校前锋,我们志有继者,幸甚至哉!"目睹了森林小学在各方面所取得的成果,宿老们大为赞叹!

8.2019年12月2日,忠县关工委常务副主任张精龙、办公室副主任杨素森、乐邦金等一行5人莅临森林希望小学调研指导关心下一代工作。

交流中,张主任肯定了学校在加强青少年学生教育和服务学校发展方面所做的工作,对学校整合教育资源、传承传统文化、开发校本教材、促进学生全面发展的做法给予高度评价。

三、同行篇

1.2015年4月初,重庆轩辕文化研究会慕名找到彭水县森林希望小学夏翔飞老师,希望他能为中国国民党副主席、台湾"立法院"院长王金平先生创作一幅书法作品,为海峡两岸文化交流、和平发展尽一点微薄之力。

夏老师欣然应允,谢绝了丰厚酬金,挥毫写就作品。"王者荣光耀祖宗,金声玉振族中龙。平心静气赢殊誉,君子德高屹劲松。"看到这幅行云流水、苍劲有力、饱含深情的作品,王金平先生赞不绝口,连表谢意!

2.2015年10月28日,重庆市第三届书法"卓越课堂"优质课竞赛系列活动在彭水县森林希望小学隆重举行。

森林小书法家的精彩表演赢得了参会老师的啧啧赞叹,来自全市的书法老师对森林书法教育纷纷点赞,重庆市书协主席刘庆渝更是即兴赋诗一首,尔后还将此内容在森林书法室挥毫题写留作纪念。最后,参会代表参观了森林希望小学的校园文化。大家纷纷表示,此次活动开展很成功,森林的书法教育很有特色。

3.2015年11月11日下午,重庆市第二十九届中小学校长培训班学员组成的参观团来到彭水县森林希望小学,参观了学校的校园文化建设。

整洁优美的校园环境,主题鲜明的走廊文化,独具匠心的班级文化,各具特色的功能室文化,给来宾们留下了深刻的印象。他们边看边记录,不时按下手中的快门,捕捉一个个精彩的画面。

4.2016年1月13日上午,黔江区民族小学田校长一行13人,来到彭水县森林希望小学参观学习。

座谈会上,大家互相交流了各自在教育教学发展中的一些心得和体会。田校长非常认可我校校长陈恒平的教育理念,其他随行人员也一致表示交流学习使他们受益匪浅,要把我校的经验带回去,进而努力创建自己的教育教学特色。

5.到森林小学参观学习留言摘录:

森林有希望,希望在森林。

——龙塘乡中心校 张志昌

回归本质的教育在森林茁壮成长,森林的教育呈现了个人的希望、祖国的未来!

——龙塘乡中心校 徐维乾

当你问我来森林最大的收获是什么时,我会告诉你:那就是老师的敬业精神!当你问我什么人生是最理想的人生时,我会告诉你:那就是绿色人生!

——龙塘乡中心校 廖国书

森林小学,祖国的希望,我人生的方向。

——大垭乡中心校 任泰吉

先进的育人理念,高超的教育技能,敬业的团队精神,铸就了森林美好的希望!

人才在森林,森林出人才。

——朗溪乡中心校　冯保奎

学生成长的摇篮,教师圆梦的沃土。

——朗溪乡中心校　王云志

窗口学校、精品学校,森林小学当之无愧!

——朗溪乡中心校　徐成胜

潜力在这里得到挖掘,个性在这里得到张扬!

——同河小学　　王　彪

可爱的孩子可爱的笑脸,可敬的老师可敬的精神,森林因你们更美丽,世界因你们更精彩,感谢森林!!!

——同河小学　　刘云兰

森林小学:绿色! 阳光! 快乐! 是学生成长的摇篮。

——同河小学　　张春莲

亮点就在身边!

——同河小学　　张勇生

"森林"是孩子成长的天堂,是教师净化心灵的仙境!

——黄家镇中学　黄大胜

——朗溪乡中心校　罗建平

四、社会篇

森林希望小学赋

家长委员会主任　侯洪文

夫森林者,取孙公甚林先生大名之谐音,命名学校以作纪念也! 甚林助教育,学府添新韵;教育有希望,森林奔远景!

园林学校,特色鲜明。绿色教育,健康人生。观嘉园胜状,赞毓秀钟灵。绿树成荫,其叶萋萋;繁花似锦,其馨纷纷。浅草青青,地毯茵茵。广场浩浩,高楼森森。跃跃点水蜻蜓,悠悠附枝蝉音。更看鸟儿登枝,还闻蛙叫鸹鸣。如诗如画,有色有声。天真童孩兮虎跃,烂漫校园兮龙腾。欣喜三千花朵,都是未来精英。拥有百余园丁,发挥集体智能。教学用功,育苗勤奋。爱生如子兮舔犊情真,尊敬良师兮如爱至亲。

办学辟新径,兴校举明灯。教纲作指南,匠心独运;方针指航向,阔步前进。最难忘,乱石岩上酬壮志;忱记取,简陋校舍献赤忱。乍有七人奠基,牢牢扎根;更有三届创业,勤勤耕耘。踏着坎坷路,冒着风雨行。壮苗天天长,成果年年增。建校十余载,培育万多人。虬龙奔海洋,凤凰出森林。

上级关怀,领导亲临。县委书记留下脚印,指导精准;教委主任留下身影,指点迷津。和重庆名校结对,架金桥铺路联姻。探教学之经验,求管理之学问。切磋砥砺,互帮共赢。家校结合,密不可分。家长与学校,教师和百姓,共为教育而沥血,同为办学而呕心。

丰花显耀杏坛,业绩誉满黉门。树学校之形象,创文明之典型;擎教苑之大纛,作小教之标兵。蓬勃发展,赖阳光之校训;茁壮成长,练学子之品性。和谐团队,造就美妙之人文;务实班子,构建青蓝之工程。城乡统筹,教育均衡;素质培养,全面进军。教学、科研、艺术评比奖牌必领;书法、体育、美术比赛金榜题名。争先进,群策群力;创一流,同德同心。提高声望兮咸钦,崭露头角兮峥嵘。殚精竭虑兮兴业,鞠躬尽瘁兮建勋。

展望未来,树人兴校任非轻,奋进克难永不停。凤愿力酬培茂树,森林昌盛万年春!

凤愿力酬,桃繁李茂荣千里

宏猷丕展,志壮心雄创一流

有力回天,逆转乾坤开混沌

无心谋利,可同日月比清新

2.2020年1月19日,森林希望小学师生在彭水县城十字街开展"祖国新春好"送春联活动。

义写春联的现场挤满了前来观看的群众。他们时而驻足观望,时而精心挑选……市民们看着学生们书写的春联,一个个啧啧赞叹,前来领取春联的群众更是络绎不绝。"现场书写的春联跟店里买的印刷春联感觉就是不一样,现场写春联让人感觉年味更浓,学校组织开展这样的活动很有意义。"现场很多家长不禁赞叹道。

3.学校立足"绿色教育奠基绿色人生"的办学理念,依照三级课程体系建设要求,统筹推进"运动与健康、阅读与积累、艺术与审美、科技与创新、劳动与实践、责任与担当"六大课程,形成了具有本校文化特色的绿色课程体系。

"我们提倡的所谓'绿色教育',旨在做到以生为本,着眼于学生的可持续发展,使其享有终身幸福的能力。"校长王子川解读。

何为关注学生的可持续发展？以森林希望小学最具代表性的书法课为例,教师在课堂上并非单纯地传授学生书写的技能,而是通过与传统文化、民俗民风等知识相结合,不仅教会学生技能,更是从品行上规范学生,让核心素养在学生心中落地生根。

围绕"怎样教"下功夫,坚持"教什么"先行、"教得怎么样"同步跟进,学校以国家课程为纲领,推进晨诵、书法、水墨画等特色校本课程建设,把好课程评价的尺度,学校的绿色文化在丰富的课程体系中,实现尊重生命个体、彰显生命价值,达成自然和谐的教育目标。

看阳光普照,绿水长流。彭水森林希望小学以一系列优良的硬件和精细的管理,挥洒豪情,书写着一幅希望与阳光的壮美画卷！在年轻的森林校园,年轻的森林人脸上写满阳光与自信,浸润灿烂与幸福,怀揣绿色梦想,充实着绿色的每一天,森林因他们而更精彩！沐浴阳光雨露,森林之绿愈显苍翠,绽放着青春与希望！